"一带一路"的践行者
——中亚跨国天然气管道投资与建设

孟繁春　主编

中国建筑工业出版社

图书在版编目（CIP）数据

"一带一路"的践行者——中亚跨国天然气管道
投资与建设/孟繁春主编. —北京：中国建筑工业出
版社，2018.6
ISBN 978-7-112-22242-1

Ⅰ.①一… Ⅱ.①孟… Ⅲ.①天然气管道-天然气
运输-对外投资-研究-中亚②天然气管道-管道施
工-研究-中亚Ⅳ.①F436.62②TE973.8

中国版本图书馆CIP数据核字（2018）第094466号

本书详细阐述了中亚跨国天然气管道项目的投资与建设过程，共包括9章：中亚天然气管道与中国能源战略通道构建、中亚天然气管道前期规划（可研）与初步设计、中亚天然气管道投资决策与控制、中亚天然气管道合资公司建立与运作、中亚天然气管道AB/C线建设管理、中亚天然气管道投产准备与试运行、中亚天然气管道AB/C线项目后评价、中亚天然气管道建设经典案例集锦，以及中亚天然气管道投资与建设管理经验总结与理论提升。

本书适合中亚天然气管道建设者、"走出去"企业人员及其他工程建设人员参考学习。

责任编辑：朱首明　李天虹
书籍设计：锋尚设计
责任校对：李美娜

"一带一路"的践行者——中亚跨国天然气管道投资与建设
孟繁春　主编
＊
中国建筑工业出版社出版、发行（北京海淀三里河路9号）
各地新华书店、建筑书店经销
北京锋尚制版有限公司制版
环球东方（北京）印务有限公司印刷
＊
开本：787×1092毫米　1/16　印张：16¾　字数：306千字
2018年6月第一版　2018年6月第一次印刷
定价：58.00元
ISBN 978-7-112-22242-1
（32126）

编 委 会

序

PREFACE

20世纪90年代以来，全球能源结构发生了深刻变化，能源多元化、清洁低碳化趋势明显。天然气作为一种优质、高效、清洁的低碳能源，在能源消费中的地位日益显著。由于受资源禀赋等因素影响，我国天然气发展一直受制于资源供应，长期遵循"以产定需"原则。21世纪以来，随着我国国民经济持续稳定快速增长，人民群众生活水平的不断提高，对天然气等清洁能源的需求越来越大，国内天然气产量的增长远远不能满足国民经济发展的需要，原国家计委开始组织研究在我国东南沿海地区进口液化天然气试点问题；同时，开展研究从周边国家进口管道天然气问题，以实施利用"两种资源、两个市场"发展战略，增加我国天然气供应，缓解国内天然气供需矛盾，改善能源结构，治理环境污染。

2005年5月，时任国家主席胡锦涛参加俄罗斯卫国战争胜利60周年纪念活动期间，土库曼斯坦时任总统尼亚佐夫向胡锦涛主席提出，土库曼斯坦有着丰富的天然气资源，可以从土库曼斯坦修建一条天然气管道向中国出口天然气。2005年7月，时任国务院副总理吴仪访问土库曼斯坦时，土方提出将阿姆河右岸区块以"产品分成模式"交由中方企业负责开发。2005年12月，土方派时任副总理兼油气工业部长别尔德耶夫访华，与时任国家发改委副主任张国宝商谈中土天然气合作具体事宜。2006年1月，国家发改委副主任张国宝率团访问土库曼斯坦，外交部、商务部和中石油同志随团出访，此访旨在落实两国元首达成的共识，具体磋商中土天然气合作问题，我也有幸作为代表团成员参加了此次访问。

2006年4月，土库曼斯坦总统尼亚佐夫访华期间，时任国家主席胡锦涛亲自与尼亚佐夫总统共同签署两国政府间天然气合作总协议，这是我国能源领域合作中第一个由国家元首签署的政府间合作协议，充分表明党和国家对该项目的高度重视。按照中土双方签署的政府间协议，2009年底中亚天然气管道要建成投产通气，过境乌、哈两国的政府间协议谈判必须提到议事日程。国家发改委具体负责与过境国乌兹别克斯坦和哈萨克斯坦磋商管道过境政府间协议。两个国家各有自己的利益诉求，法律环境也各有差异，谈判既要最大限度地维护中方利益，又要考虑过境国的关切，谈判非常困难。为实现预期目标，国家发改委会同中石油以及驻外使馆在充分了解两国利益诉求的基础上，有理有节地开展与乌、哈两国的谈判。特别是与哈萨克斯坦的过境政府间协议谈判异常艰苦，双方僵持不下。2007年8月15日，时任国家发改委主任马凯陪同国家主席胡锦涛赴吉尔吉斯斯坦参加上海合作组织比什凯克峰会时，当晚与参加峰会的时任哈萨克斯坦能矿部长伊兹穆哈姆别托夫就过境协议进行了长达4个小时磋商，最终对重要问题达成了共识，为中哈两国政府间协议具体条款的谈判扫清了障碍。8月18日，时任国家主席胡锦涛访问哈萨克斯坦时，签署了中哈两国政府间协议。要实现2009年底中亚天然气管道建成投产通气，此时也只有28个月的时间。开工建设之前，中石油还必须与乌、哈两国企业就成立合资公司事宜达成一致，签署合资公司创建协议，推动管道建设可行性研究等工作。跨境乌、哈两个国家，中亚天然气管道项目在商务模式和建设模式上无经验可循。中石油作为国家特大型企业，肩负着国家能源供应的使命，为此抽调精兵强将按时完成上述谈判工作。

2008年6月底，中亚天然气管道AB线正式开工建设，此时距离2009年底建成通气的目标只有18个月的时间。国家发改委按照"急事急办、特事特办"原则与有关部门积极协商，其他部门也都是按"急事急办、特事特办"原则大力支持中亚天然气管道建设的各项工作。中石油更是统筹协调各种资源，充分发挥一体化优势，全力支持和推动项目实施。在石油建设者"智慧加拼命"的奋斗中，在人民群众的期盼和关注里，途经乌哈两国、单线长度1833公里的中亚天然气管道AB线仅用18个月的时间完成了工程建设，实现单线通气。这条管道的建设速度创造了业界的历史纪录，以跨国能源大动脉的姿态呈现在世人面前。2009年12月14日，时任中国国家主席胡锦涛与土库曼斯坦总统别尔德穆哈梅多夫、乌兹别克斯坦时任总统卡里莫夫、哈萨克斯坦总统纳扎尔巴耶夫共同出席了中亚天然气管道通气仪式。

时光飞逝，弹指一挥间。举世闻名的中亚天然气管道从开工建设到今年整整10年了，累计向我国供气超过2000亿立方米，约占我国同期进口天然气总量的50%。中亚天然气管道已成为我国天然气供应的"生命线"和"主渠道"。

随着中亚天然气管道C线的全面建成，每年将有550亿立方米的天然气源源不断地输送到中国。目前，中亚天然气已经成为我国经济社会发展需要的清洁能源、优质能源的主要来源之一，对我国调整能源结构、治理大气污染、改善人民生活质量发挥了重要作用，对整体布局我国天然气进口，推进与周边国家谈判进口管道天然气起到了积极有效的促进作用。

钢铁巨龙，气势恢宏。回顾中亚天然气管道项目的投资与建设历程，共商、共建、共享是可持续发展的根基，科学管理、创新思维是高效推进的基础，攻坚克难的铁人精神是不竭的精神源泉。在全球化视野、全过程覆盖以及多层次管控组合拳下，中亚天然气管道的建设者充分借鉴中石油海外投资与管理经验，用智慧和勇气以及坚忍不拔的精神化解重重压力、克服种种困难，实现了项目治理机制、管理模式、制度安排等方面的突破与创新，创造了复杂环境下跨国管道建设和运营的中亚模式，打造了举世瞩目的中亚速度。

古丝绸之路绵亘万里，延续千年，积淀了以和平合作、开放包容、互学互鉴、互利共赢为核心的丝路精神，并作为人类文明的宝贵遗产被不断传承和发扬。时隔两千年，沿着古丝绸之路，一条能源新丝路在中国和中亚人民眼前徐徐展开。可以自豪地说，中亚天然气管道凝结着中国与中亚人民的珍贵友谊，是习主席提出的"人类命运共同体"的生动注解，是"一带一路"倡议的探索与实践！

前言

FOREWORD

中国天然气需求已经进入高速增长期，结合中亚地区能源出口多元化的需求，中亚天然气管道项目应运而生。"一带一路"倡议为国内企业"走出去"开展海外投资与建设提供了契机，同时复杂、多变、相互竞争和相互依赖的国际市场环境，也要求企业持续提高海外工程投资与建设管理水平。"一带一路"上的中亚天然气管道项目为中亚—中国能源合作起到了良好示范作用，其投资与建设的实践经验也会对国内其他企业提供借鉴。同时，恰逢中亚天然气管道公司（现更名为中油国际管道有限公司）成立十周年，本书既是对中亚天然气管道项目投资与建设经验的总结，同时也是向中亚天然气管道公司十周年的献礼。

本书第1章至第7章是对中亚天然气管道项目投资与建设全过程经验的总结，第8章描述投资与建设过程中的典型案例，第9章是中亚天然气管道项目从实践到理论的提升，重点阐述跨国工程共同体理论。

本书在编写过程中，中油国际管道有限公司和天津大学的领导及管理人员对本书的现场调研、访谈和编写给予了大力支持，在此表示感谢。同时感谢马骅、马小良两位专家对书稿的审定。

尽管编写人员力求归纳、总结出中亚天然气管道AB、C线建设经验的精华以对D线建设和国内企业在未来的跨国投资与建设中有所借鉴，但受到时间和能力的限制，仍可能存在不完善的地方，希望广大读者提出宝贵意见。

目录

CONTENTS

第 **1** 章

中亚天然气管道与中国能源战略通道构建

经济发展为世界和中国带来了更大的能源需求，能源局势的深刻变革对能源发展提出了低碳、清洁的新要求。天然气作为一种优质清洁的能源资源，将为经济社会的可持续发展提供源源不断的动力。面对国内天然气市场需求，国际能源合作为中国提供了多元化的能源通道。中亚地区因为其丰富的天然气和石油资源而成为世界各大能源需求国的重要战略伙伴，中国紧紧抓住能源合作的战略机遇，将中亚—中国的天然气合作不断推向新高度。中亚天然气管道作为首条进口境外天然气的跨国能源通道承载着沿线万千人民的福祉，将中亚国家和中国的命运紧紧联系在一起。中亚地区是"一带一路"合作的重点区域，中亚天然气管道对中国与中亚地区的油气合作起到了重要的示范和推动作用，为"一带一路"共商共建共享提供了宝贵的实践经验。

1.1 中国经济发展与能源消费结构转型

进入新世纪以来，全球能源格局深刻变化，能源结构加快调整，清洁能源发展较快，多元化、清洁化和低碳化趋势明显。国际能源资源竞争日趋激烈，主要国家都把能源问题作为国家安全的优先领域。中国工业和经济迅猛发展下对能源的需求不断提升，经济的可持续发展需要更加丰富且清洁的能源。当前中国已经成为世界上最大的能源生产国和消费国，形成了煤、石油、天然气、电力、新能源和可再生能源全面发展的能源供给体系，基本满足了经济社会发展的需要，但能源需求压力大、能源消费结构尚待优化等问题依然存在。世界能源低碳化和清洁化趋势下，天然气作为一种优质的清洁能源，成为中国经济与能源发展的战略选择。

1.1.1 能源清洁化趋势

能源是人类赖以生存和发展的重要物质基础，其作为必要的生产要素和战略物资，与劳动力和资本一样，对经济增长有着重要的影响。长期以来，世界能源消费总量持续增长，能源结构不断调整。随着生产力水平和科技水平的提升，人类对能源的利用必将向清洁化转型，全球新能源和可再生能源的快速发展将成为一种持续性趋势，但短期内经济社会发展依然还要依赖油气等传统能源。20世纪末以来，有"蓝金"之称的天然气逐步登上人类工业化能源的舞台，总体上形成"煤炭、石油、天然气三分天下，清洁能源快速发展"的格局。作为清洁能源的代表，天然气的使用将进一步推动全球能源消费由化石能源向可再生绿色能源转化的变革。相比于煤炭等化石能源，天然气几乎不含硫、粉尘和其他有害物质，其燃烧大大减少了氮氧化物和硫化物的排放，同等情况下燃烧产生的二氧化碳少于其他化石燃料。在运输方面，天然气既可以液化运输，又可以通过管道运输。在成本方面，天然气开采成本更低，相关的维修和环境治理费用也相对更低。随着技术的不断进步，天然气因其优质、高效、清洁的优势而迅速普及，逐渐占领市场。

从世界范围内看，天然气消费年增长速度逐步超过石油，天然气在全球能源消费结构中的比重越来越大。据BP能源统计数据预测，到2035年，全球天然气需求量将达到140.7亿立方米/日，全球天然气需求在展望期内年均增长将达到1.9%；到2035年，天然气在一次能源中的比重约为24%[1]。

能源是现代化的基础和动力。能源供应和安全事关中国现代化建设全局。中国仍然是世界上最大的能源消费国，占全球能源消费量的23%以及全球能源需求增长的27%[2]。"十二五"开局时，中国工业实现持续快速发展，经济呈现出强劲的增长态势，能源消耗总量也呈不断上升的趋势，如图1-1所示。中国能源消耗与经济增长呈现正相关关系，经济的持续增长对能源消耗具有依赖性，中国经济的高速发展使能源需求出现迅猛扩大。"十三五"以来，我国经济发展进入新常态，产业结构优化明显加快，能源消费增速放缓。但随着工业化、城镇化进程加快和消费结构持续升级，我国能源需求仍处于刚性增长阶段，经济发展遭遇能源安全、生态环境以及气候变化问题，能源资源使用效率与资源开发可持续性之间的矛盾日益尖锐，资源环境问题仍是制约我国经济社会发展的瓶颈之一，节能减排依然形势严峻、任务艰巨。

因此，天然气是实现能源结构升级的重要清洁能源，大力推广天然气的使用既是全球能源市场发展趋势，也是中国能源发展的战略选择。

发展低碳能源，是中国缓解能源与资源供需矛盾、遏制环境污染的重要途径，是新时代发展中国特色社会主义经济、全面落实科学发展观、加快推进新型工业化的必

---

[1] 数据来源：《BP 2035年世界能源展望》
[2] 数据来源：《BP世界能源统计年鉴2017》

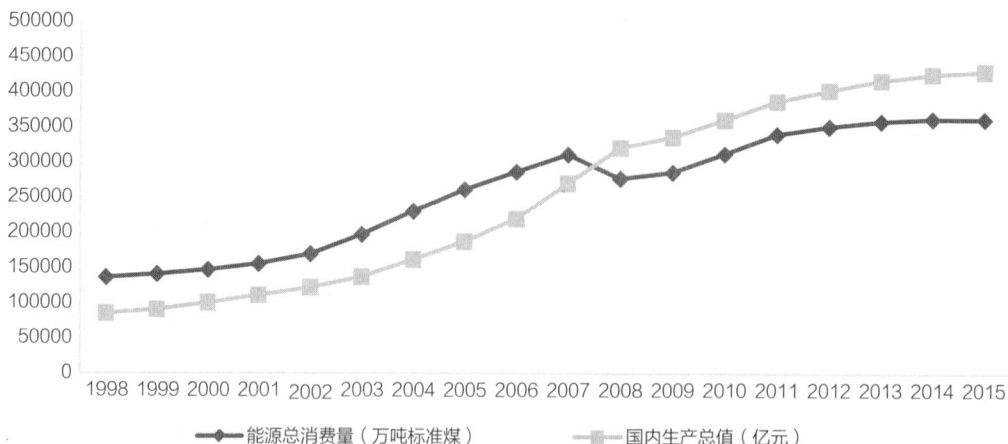

数据来源：国家统计局

图1-1　1998年至2015年中国国内生产总值与能源总消费量

然选择，同时也是建设资源节约型和环境友好型社会的重要举措。面对我国能源结构调整的趋势与现实，我国颁布实施系列能源政策保证我国能源清洁化、推进天然气的利用以促进能源消费结构调整。

纵观我国的能源发展战略，持续强调并逐步明确了清洁能源的发展及改革策略。"十一五"规划纲要确立了"努力构建稳定、经济、清洁的能源供应体系"的能源战略。"十二五"规划纲要提出了"着力推进能源体制机制创新和科技创新，着力加快能源生产和利用方式变革，强化节能优先战略，全面提升能源开发转化和利用效率，控制能源消费总量，构建安全、稳定、经济、清洁的现代能源产业体系"的发展战略。"十三五"规划纲要描绘了中国"以能源发展质量和效益为中心，以能源供给结构性改革为主线，构建清洁、安全、高效的现代能源体系"的战略路线。国务院《"十三五"节能减排综合工作方案》（以下简称"方案"）指出，要落实节约资源和保护环境基本国策，以提高能源利用效率和改善生态环境质量为目标，以推进供给侧结构性改革和实施创新驱动发展战略为动力，加快建设资源节约型、环境友好型社会。"方案"明确指出，推动能源结构优化是"十三五"节能减排工作的重要部署，国务院积极倡导加强煤炭安全绿色开发和清洁高效利用，推广使用优质煤、洁净型煤，推进煤改气、煤改电，鼓励利用可再生能源、天然气、电力等优质能源替代燃煤使用。到2020年，全国化学需氧量、氨氮、二氧化硫、氮氧化物排放总量分别控制在2001万吨、207万吨、1580万吨、1574万吨以内❶。此外，我国《能源发展战略行

---

❶　来源：国务院《"十三五"节能减排综合工作方案》

动计划（2014-2020年）》明确了我国能源发展的战略方针和目标，即坚持"节约、清洁、安全"的战略方针，重点实施"节能优先、绿色低碳、立足国内、创新驱动"四大战略，加快构建低碳、高效、可持续的现代能源体系。

为加快推进天然气利用，提高天然气在我国一次能源消费结构中的比重，稳步推进能源消费革命，有效治理大气污染，积极应对气候变化，国家发展和改革委员会（以下简称"国家发改委"）出台《加快推进天然气利用的意见》，提出牢固树立创新、协调、绿色、开放、共享的发展理念，加快推进天然气在城镇燃气、工业燃料、燃气发电、交通运输等领域的大规模高效科学利用，实现产业上中下游协调发展，并施行更加严格的环保政策保障天然气利用的推广。国家发改委提出，逐步将天然气培育成为我国现代清洁能源体系的主体能源之一，到2020年，天然气在一次能源消费结构中的占比力争达到10%左右，到2030年，力争将天然气在一次能源消费中的占比提高到15%左右。

1.1.2　中国能源消费结构优化与中国天然气需求

在中国能源消费结构中，煤炭一直是基础能源和主体能源。根据国家统计局公布数据，1998年至2015年，煤炭消费量在能源消费结构中所占比重都在60.0%以上，如图1-2所示。近年来，中国能源需求持续增长，煤炭消费增速放缓，煤炭消费量在国内能源总消费量中的占比略微下降，且从2014年出现绝对消费量首次下降，但中国煤炭消费总量在全球煤炭消费总量中的占比依然居世界首位，约为5.6%。2015年，中国能源消费中，煤炭消费总量约为273849.49万吨标准煤，消费比重为63.7%。

2000年至2015年间，中国能源消费结构正逐步发生变化，虽然仍以煤炭为主，但天然气、水电、核电、风电等能源比重正逐步上升，如图1-3所示。同时，如图1-4所示，2006年后天然气消费增长率远远高于其他能源，特别是自2009年中亚天然气管道建成通气后，中国天然气消费增长率迅猛增加，同比增长近12%；石油消费量增长率基本保持稳定；煤炭消费增长量逐渐减少，特别是2014年以来，首次出现负增长率。在产业结构调整和环境治理等目标指引下，我国天然气消费增长快于一次能源平均消费增速，但占我国一次能源消费的比例仍仅为6%左右，为全球平均水平约24%的1/4[1]。我国化石能源内部结构仍然不合理。

---

❶　来源:《世界能源蓝皮书:世界能源发展报告（2017）》

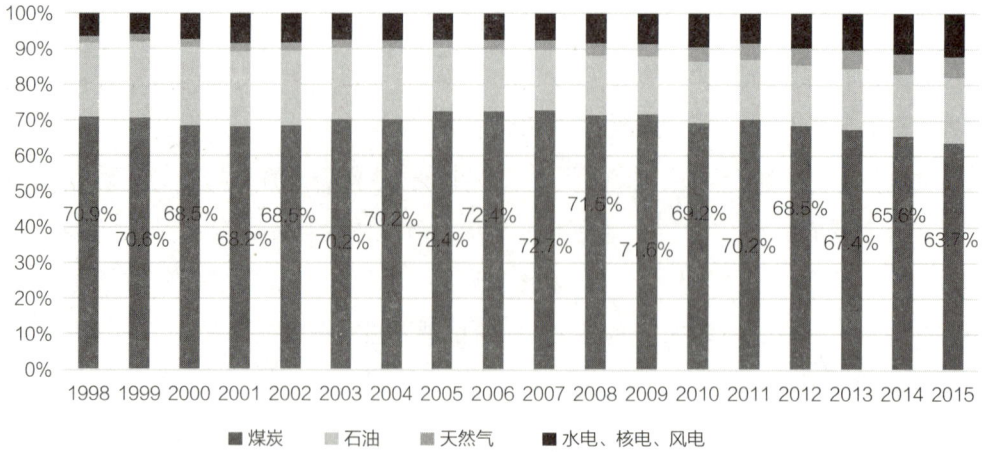

数据来源：国家统计局

图1-2　1998年至2015年中国能源消费结构

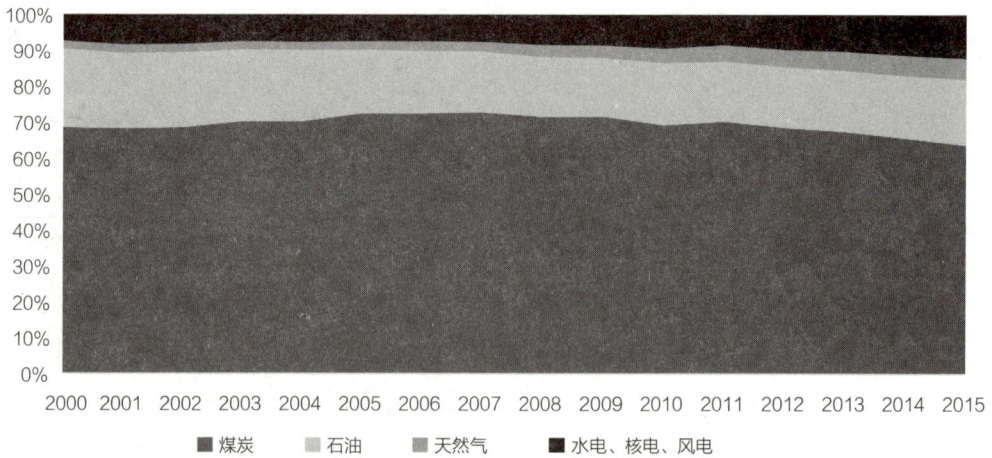

数据来源：国家统计局

图1-3　2000年至2015年中国能源消费结构变化

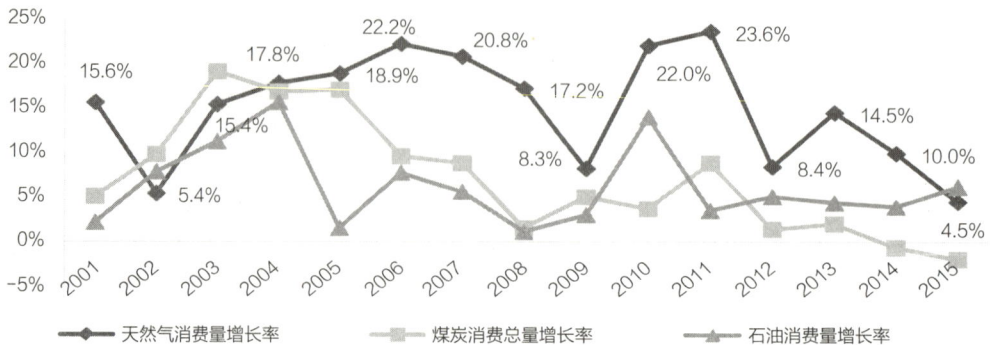

数据来源：国家统计局

图1-4　2001年至2015年中国主要能源增长率变化

在可持续的发展需求下，天然气消费市场不断发展壮大，如图1-5所示。2016年，中国天然气总消费量约为2058亿立方米，同比增长6.6%。此外，中国管输天然气市场增长迅速，管输天然气销售量在全国天然气市场销售总量中的比例逐渐增大；天然气消费市场区域不断扩大，见表1-1，全国天然气的城市普及率从2007年的87.4%增长到2015年的95.3%。随着城市环保要求的提高和天然气利用产业政策的颁布，居民、公共福利以及城市其他用户天然气消费量越来越大，城市燃气成为天然气的重要利用方向，天然气发电、工业燃料升级、交通燃料升级等工程的推广有效增加了天然气的利用途径。

2004 年至 2015 年全国城市天然气普及率   表1-1

年份	天然气普及率	年份	天然气普及率
2004	81.5%	2010	92.0%
2005	82.1%	2011	92.4%
2006	79.1%	2012	93.2%
2007	87.4%	2013	94.3%
2008	89.6%	2014	94.6%
2009	91.4%	2015	95.3%

数据来源：国家统计局

天然气作为清洁能源的代表逐渐成为中国能源消费结构的重要组成部分，中国的能源政策日渐偏重于对天然气消费占比的重视，为天然气能源消费提供了政策和制度支持。面对国内持续稳定的天然气需求，我国高度重视天然气供应的保障，积极支持企业在增加国内天然气生产的同时，进口海外天然气资源，为中国天然气需求提供多元化战略安全保障。中国天然气供应的主要来源为国内自产、管道天然气进口和LNG（Liquefied Natural Gas）进口。截至2016年底，中国天然气探明储量约为5.4万亿立方米，约占全球天然气探明储量的2.89%[1]。国内天然气产量并不能满足天然气的消费需求，尤其在进入天然气能源快速发展的阶段后，供不应求的局势持续演进，且天然气消费量的增长率持续领先于国内产量的增长率，供需矛盾日益突出，如图1-5所示。为了满足国内能源市场对天然气的需求，中国不断扩大天然气进口量，如图1-6所示。

---

[1] 来源:《BP世界能源统计年鉴2017》

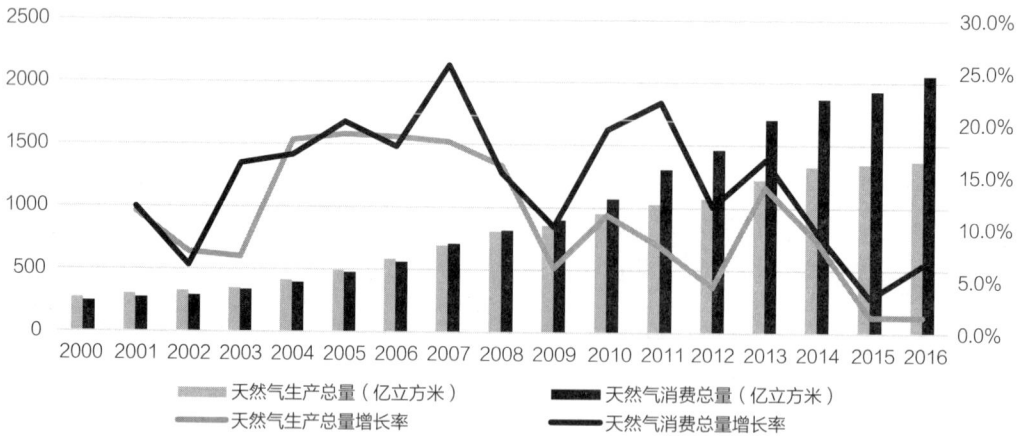

数据来源：国家统计局、国家发改委

图1-5　2000年至2016年中国天然气市场供需情况

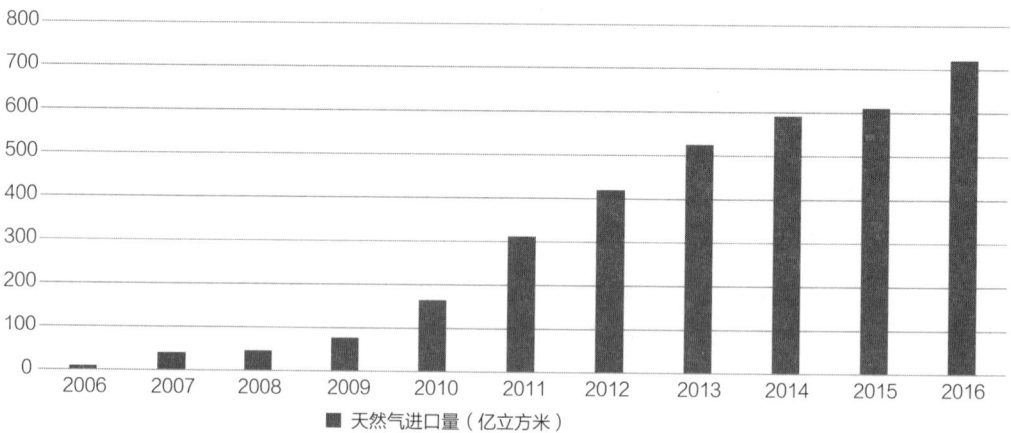

数据来源：国家统计局、国家发改委

图1-6　2006年至2016年中国天然气进口量

1.2　中亚天然气资源

　　世界经济的持续发展促进了新兴能源的勘探和开发。随着天然气市场发展脚步的加快，富有油气资源的中亚地区逐渐成为世界"21世纪的能源基地"。中亚地区以其重要的地缘战略地位和丰富的天然气资源吸引了世界大国的目光，在能源政治与能源外交的驱动下，中亚地区成为世界大国争相开展能源合作的对象，中亚地区也因此形成多元化、多流向的天然气外输态势。

1.2.1　中亚天然气资源概况

（1）中亚天然气资源分布

《BP世界能源统计》（2016）公布的数据显示，世界天然气资源主要分布在中东和欧洲及欧亚大陆。2016年底，欧洲与欧亚大陆探明天然气储量约为56.7万亿立方米，约占世界天然气探明储量的30.4%。欧洲及欧亚大陆长期以来位居世界天然气资源储量的第二位，而俄罗斯和以土库曼斯坦为代表的中亚地区是欧亚大陆天然气资源的主要贡献者。中亚地区地处欧亚大陆，处于欧、亚和中东的交汇点，是里海以东、西西伯利亚以南、阿富汗以及我国新疆以西的亚洲中部地区，包括土库曼斯坦、乌兹别克斯坦、哈萨克斯坦、塔吉克斯坦和吉尔吉斯斯坦五个国家。中亚地区不仅是重要的军事战略要地，而且是重要的资源战略要地，是一个矿产资源丰富的地区，主要蕴藏着大量的石油、天然气及有色金属资源。表1-2显示，BP能源2014年公布中亚三国（土库曼斯坦、乌兹别克斯坦、哈萨克斯坦）常规天然气资源丰富，其资源总量为31万亿方，其中中亚三国常规天然气总剩余探明可采储量为20.1万亿方，土库曼斯坦占87.1%；中亚三国已知气田增长储量、待发现资源量分别为3.4万亿方和7.5万亿方，上述资源64.8%集中在土库曼斯坦。2007年至2016年，土库曼斯坦天然气探明储量由2.67万亿立方米上升至17.5万亿立方米，排在世界第4位，十年间天然气探明储量大大增加。2016年天然气探明储量居世界前20位的国家或地区见表1-3。

中亚国家主要常规天然气资源潜力情况表（单位：万亿方）　　　　表1-2

资源国	剩余探明可采储量	已知气田储量增长	待发现可采资源量	合计
土库曼斯坦	17.5	2.4	4.6	24.5
乌兹别克斯坦	1.1	0.5	0.6	2.2
哈萨克斯坦	1.5	0.5	2.3	4.3
合计	20.1	3.4	7.5	31

数据来源：《BP世界能源统计2014》，中国石油勘探开发研究院2012年数据。

2016 年天然气探明储量居世界前 20 位的国家或地区（单位：万亿立方米）　　表1-3

国家	2007 年	2016 年	2016 年占全球份额	储产比	2007 年探明储量世界排名	2016 年探明储量世界排名
伊朗	27.8	33.5	18.0%	165.5	2	1
俄罗斯	44.7	32.3	17.3%	55.7	1	2
卡塔尔	25.6	24.3	13.0%	134.1	3	3

续表

国家	2007年	2016年	2016年占全球份额	储产比	2007年探明储量世界排名	2016年探明储量世界排名
土库曼斯坦	2.7	17.5	9.4%	261.7	13	4
美国	6.0	8.7	4.7%	11.6	6	5
沙特阿拉伯	7.2	8.4	4.5%	77.0	4	6
阿联酋	6.1	6.1	3.3%	98.5	5	7
委内瑞拉	5.2	5.7	3.1%	166.3	8	8
中国	1.7	5.4	2.9%	38.8	18	9
尼日利亚	5.3	5.3	2.8%	117.7	7	10
阿尔及利亚	4.5	4.5	2.4%	49.3	9	11
伊拉克	3.2	3.7	2.0%	*	10	12
澳大利亚	2.5	3.5	1.9%	38.1	14	13
印度尼西亚	3.0	2.9	1.4%	41.1	11	14
加拿大	1.6	2.2	1.2%	14.3	19	15
科威特	1.8	1.8	1.0%	104.2	17	16
埃及	2.1	1.8	1.0%	44.1	16	16
挪威	3.0	1.8	0.9%	15.1	12	16
利比亚	1.4	1.5	0.8%	149.2	20	17
印度	1.1	1.2	0.7%	44.4	23	18
马来西亚	2.5	1.2	0.6%	15.8	15	18
缅甸	0.6	1.2	0.6%	63.0	28	18
乌兹别克斯坦	1.2	1.1	0.6%	17.3	22	19
哈萨克斯坦	1.3	1.0	0.5%	48.3	21	20

注：*储产比超过500年
数据来源：《BP世界能源统计2017》

土库曼斯坦为中亚产气大国。海陆总共发现183个油气田，其中油田和带气顶油田34个，气田和凝析气田149个，主要集中分布在东西两个含油气盆地。东部阿姆河盆地为富气盆地，土库曼斯坦95%以及乌兹别克斯坦86%的天然气存储量位于此地[1]。阿姆河盆地是一个大型中生界富气盆地，分属土库曼斯坦东部和乌兹别克斯坦西南部，其分界线为阿姆河一线，盆地东南部向阿富汗北部延伸。该盆地的天然气田主要位于土库曼斯坦中东部，土库曼斯坦的天然气气田主要富集在阿姆河盆地的盆地边缘断阶带，具有气田规模大、储量丰度高的特征。

乌兹别克斯坦的天然气气田主要分布于卡拉库姆盆地东北部边缘的查尔米和布哈

---

[1] 来源：Woodmac, 2014

拉地带，以及吉萨尔山脉西南部和布哈拉—希瓦油气区内。哈萨克斯坦的天然气资源主要与原油相伴而生，纯天然气储量较少，油气资源主要分布在西部的曼格拉半岛和里海洼地。在哈萨克斯坦探明天然气储量构成中，油中溶解气占据较大的比例。

（2）中亚天然气资源开发与利用

土库曼斯坦天然气资源储量和产量居世界领先水平，是重要的能源生产国和出口国。《BP世界能源统计》数据显示，1997年至2016年间，土库曼斯坦的天然气产量逐年提高，消费量增长态势趋平（图1-7）。2016年土库曼天然气探明储量为17.5万亿立方米，占世界总探明储量的9.4%；产量为668亿立方米，占世界总产量的18.8%。相对于天然气的产量，土库曼斯坦国内每年天然气消费量在250亿立方米左右，天然气产量远远超过国内消费量，国内消费剩余天然气全部出口，其主要出口对象是独联体国家和伊朗。2003年，土俄签订天然气购买协议后，俄罗斯几乎买断土库曼斯坦向独联体出口的天然气。土库曼斯坦对独联体国家的出口几乎全部经由俄罗斯管道，最大消费者是乌克兰，此外还有格鲁吉亚、亚美尼亚、阿塞拜疆、摩尔多瓦、哈萨克斯坦等。从保障能源安全、增加国内投资、改善民生的角度出发，土库曼斯坦开始积极推行天然气出口多元化战略。土库曼斯坦实现天然气资源出口多元化的需要与中国天然气资源进口多元化需求一拍即合。2009年，随着中亚天然气管道的建成通气，土库曼斯坦的出口通道实现多元化。

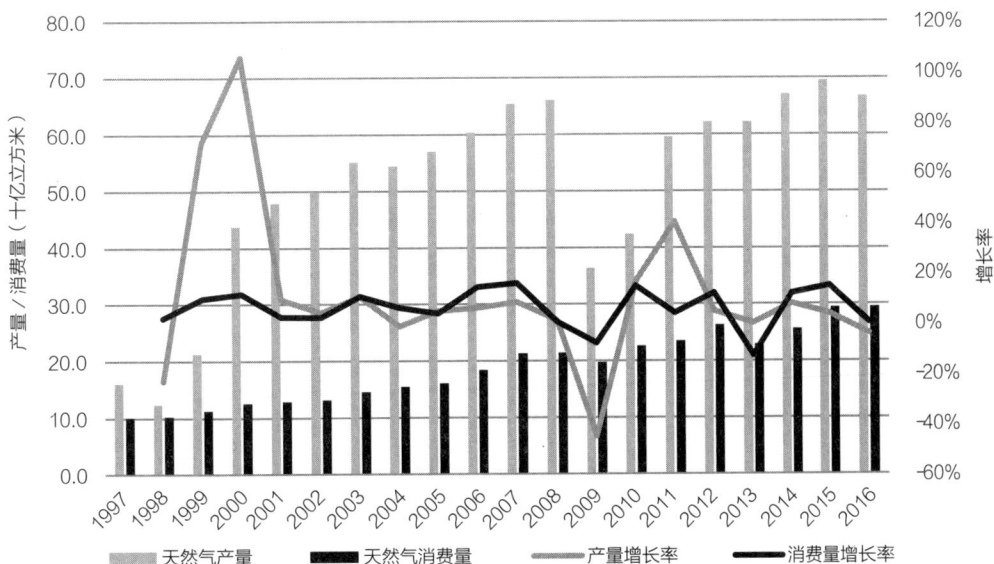

数据来源：《BP世界能源统计》

图1-7 1997年至2016年土库曼斯坦天然气产量与消费量

至此，土库曼斯坦管道天然气出口方向主要有三个：一是向南，通过管道向伊朗出口；二是向北，通过管道经乌兹别克斯坦、哈萨克斯坦向俄罗斯出口；三是向东，通过中亚天然气管道，经乌兹别克斯坦和哈萨克斯坦向中国出口，见表1-4。

土库曼斯坦管道天然气出口方向及出口量（单位：亿立方米）   表1-4

年份	出口苏联地区	出口伊朗	出口中国
2003年	400	30	—
2004年	370	50	—
2005年	394	58	—
2006年	420	52	—
2007年	460	61	—
2008年	*	65	—
2009年	*	*	—
2010年	96.5	65	35.5
2011年	101	102	143
2012年	108	90	213
2013年	102	77.5	234
2014年	96	65	255
2015年	32	72	277
2016年	12	67	294

*数据不明
数据来源：中华人民共和国国土资源部发布数据和《BP能源统计年鉴2017》

乌兹别克斯坦开采的天然气基本全部供应国内市场，少量天然气用于出口，主要出口对象为俄罗斯、塔吉克斯坦、吉尔吉斯斯坦和哈萨克斯坦等国。中亚天然气管道C线建成后，乌兹别克斯坦开始向中国出口天然气。哈萨克斯坦天然气产量总体上也高于国内消费量，国内一部分天然气用于出口，其中大部分天然气出口俄罗斯，少部分天然气向吉尔吉斯斯坦出口。哈萨克斯坦天然气产销结构严重不均衡，天然气产区主要集中在西北部而消费区主要集中在东南部，所以哈萨克斯坦每年都需要通过进口少量的天然气（主要进口来源为俄罗斯和乌兹别克斯坦）以实现国内的供需均衡。中亚天然气管道C线建成后，哈萨克斯坦具备了向中国出口天然气的能力。

1.2.2 中亚天然气总体外输态势

随着中亚地区地缘政治、经济地位和战略价值日益凸显，能源战略合作日益丰富。一方面，中亚各国独立后，与世界各国合作进行石油天然气资源的勘探开发成为吸引资金、发展经济的重要手段。中亚地区地处欧亚大陆中部，远离世界重要天然气消费市场，由于历史和现实的原因，大部分天然气依靠俄罗斯方面的通道，输往欧洲消费市场。因此中亚国家希望借助国际力量，走能源出口多元化的道路，以保障能源与经济安全。另一方面，中亚地区作为地缘政治意义上的"欧亚大陆心脏地带"，自古就是兵家必争之地，不仅拥有丰富的天然气资源，而且拥有十分重要的战略位置，因此该地也是长期以来各方势力争相竞逐的焦点区域。

围绕着中亚地区丰富的油气资源，世界大国尽显神通。俄罗斯通过苏联遗留下来的管道系统控制着中亚地区的油气出口；美国努力推动"大中亚"战略；欧盟积极介入"争夺大战"，不断提出新的管道敷设方案；中国也在积极寻求与中亚各国的能源合作，力求获得能源保障。对于中亚各国而言，他们希望遵循多元化的能源出口战略，以消除被某一方完全控制的局面。

在中亚地区，世界各国的能源博弈主要体现在不同流向的油气管道上，通过油气管道的建立实现其诉求。中国牢牢把握能源合作的契机，将合作的目光瞄准天然气资源丰富的中亚地区，由土库曼斯坦作为气源国，参与到中亚地区的能源博弈与合作。截至2016年底，中亚地区已经建成和计划在建的天然气管道描述如下：

（1）北向通道

中亚地区天然气一直沿着土库曼斯坦—乌兹别克斯坦—哈萨克斯坦—俄罗斯这一线路输出，已经建成"中亚—中央"天然气管道和"布哈拉—乌拉尔"天然气管道两条输气干线。

"中亚—中央"天然气管道（Central Asia Centre Pipeline，简称CAC）建设时间为1966年至1985年，起自土库曼斯坦，经乌兹别克斯坦、哈萨克斯坦、俄罗斯至乌克兰等国，是连接中亚地区和俄罗斯最主要的国际管道。该管道主要由三条管径ϕ1220mm和两条管径ϕ1420mm的输气管道组成，共有250个加压站，设计压力为5.5MP，设计年输气能力为800亿立方米，实际年输气能力为200亿立方米。2007年，土库曼斯坦、哈萨克斯坦和俄罗斯三国总统发表声明，在新修一条沿里海天然气管道的同时，更新改造已有的"中亚—中央"天然气管道，使其年输气能力达到800亿立方米。

"布哈拉—乌拉尔"天然气管道（Bukhara Ural Pipeline）建设时间为1965年，1977年至1979年曾被大修，管道从乌兹别克斯坦的布哈拉经哈萨克斯坦至俄罗斯乌拉尔地区，以输送乌兹别克斯坦和哈萨克斯坦的天然气为主，是主要向欧洲及俄罗斯出口天然气的管道。该管道由两条管径ϕ1020mm的输气管道组成，设计压力为5.5MP，设计年输气能力为150亿立方米，目前该管道的年输气量不到设计年输气量的一半。

（2）南向通道

土库曼斯坦能源出口多元化的南向通道主要指"土库曼斯坦—阿富汗—巴基斯坦—印度"天然气管道（TAPI Pipeline，简称TAPI），于1993年被提出，2002年土库曼斯坦、阿富汗和巴基斯坦签署了管道建设协议，2006年印度表示希望参与该项目，并购买土库曼斯坦天然气。该项目路由计划从土库曼斯坦东南地区的大型气田多夫列达巴特出发，向东到达印巴边境的法济尔卡，主要向南亚地区提供出口天然气。该管道采用管径ϕ1422mm的管道，设计压力为10MP，设计年输气能力为330亿立方米，管道全长1680km，其中土库曼斯坦境内145km，阿富汗境内735km，巴基斯坦境内800km。

（3）西向通道

中亚地区的西向通道主要通过"跨里海"管道向欧洲输气。"跨里海"天然气管道由美国和欧盟提议建设，从土库曼斯坦的土库曼巴什穿越里海海底，到达阿塞拜疆的巴库，然后沿靠南高加索天然气管道接入拟建的纳布科输气管道，将天然气输往欧洲。该管道全长约为2000km，设计年输气能力为300亿立方米。该项目目前处于议而未决的状态。

（4）东向通道

中亚地区的东向天然气通道主要是通过中亚天然气管道向中国供气。中亚天然气管道（Central Asia China Pipeline）AB线于2007年开工建设，A线于2009年底投产通气；B线于2010年投产通气；C线于2012年开工建设，2014年投产通气。中亚天然气管道AB/C线管道起自土库曼斯坦和乌兹别克斯坦边境的格达伊姆，经乌兹别克斯坦和哈萨克斯坦，至中国新疆霍尔果斯，AB线与中国西气东输二线相连，C线与西气东输三线相连。AB线管道由两条管径ϕ1067mm的输气管道组成，C线管道由单条管径ϕ1219mm的输气管道组成，设计年输气能力分别为300亿立方米和250亿立方米，设计压力均为10MPa，单线管道全长1833km，其中乌兹别克斯坦境内529km，哈萨克斯坦境内1300km，中国境内4km。

1.3 中亚天然气管道项目与"一带一路"

中国的天然气需求已经进入高速增长时期，结合中亚地区能源出口多元化的需求，中亚—中国的天然气战略合作提上日程，中亚天然气管道项目应运而生。天然气资源的战略互补性以及中国狠抓时机的执行力促进了中亚天然气管道的谋篇布局。同时，作为中国首条进口原油管道，中哈原油管道的建成为中亚地区油气出口开辟了一条全新的通道，也为中亚天然气管道的建设积累了宝贵的经验。中亚天然气管道的建成为"一带一路"背景下的中亚—中国能源合作起了良好的示范作用。

1.3.1 中亚能源战略通道构建

中国石油天然气集团公司（以下简称"中石油"或"中石油集团"）通过不懈努力在中亚能源博弈中牢牢把握机遇，将能源合作战略规划转化为行动速度，将中亚地区的优质天然气源源不断输送到中国的千家万户。中亚天然气管道的建设具有非凡的战略和现实意义，在保障中国天然气资源进口安全的同时，优化中国能源消费结构，为中国经济社会持续健康发展注入了能源动力。

（1）构建能源战略通道，保障中国能源安全

中亚天然气管道作为中国的西北能源通道，与中俄东北通道、中缅西南通道和LNG海上通道一起构成中国能源进口战略布局四大通道。作为我国最重要的陆上进口能源战略通道，中亚天然气管道与2006年建成输油的中哈原油管道一起构成的西北通道撑起了陆上能源进口的半壁江山。

中亚天然气管道设计输气能力达550亿立方米/年，可有效补充中国天然气资源，保障国内天然气资源安全，缓解国内天然气市场压力。国内供需不平衡的格局使得我国已然成为石油和天然气资源的净进口国。2016年，中国石油资源对外依存度已超过65%❶。天然气对外依存度也持续攀升。2007年，中国天然气进口量仅为40.2亿立方米。2009年，随着中亚天然气管道A线建成通气，中国天然气进口量显著增加，达到76.3亿立方米，同比增长65.9%。2016年，全国天然气产量为1371亿立方米，天然气进口量达到721亿立方米，天然气对外依存度继续上升至34%。2017年1月至8月中国天然气对外依存度达37.9%❷。中亚天然气管道对国内天然气能源战略安全的保障

---

❶ 数据来源：中石油经济技术研究院《2016年国内外油气行业发展报告》
❷ 数据来源：国家发改委公布数据

作用愈发突出。

目前我国已经基本形成了"海陆并举、液气俱重"的多种天然气进口渠道保障国内天然气能源战略安全。液化天然气是我国天然气进口的重要来源之一，中国积极参与LNG国际贸易，通过海运途径进口天然气。管输天然气是陆上天然气进口特有的途径，实现了天然气能源进口途径的多元化。中国进口管道气始于中亚天然气管道A线与西气东输二线西段工程的建成投产。在此之前，中国已初步形成"西气东输"、"海气登陆"、"海外进口"、"液化天然气"四个气源为主体的天然气发展框架。随着中亚天然气管道的建成，中国形成了西北、西南、东北和海上四大能源通道，其中西北方向的中亚管道和西南方向的中缅管道构成中国进口管道气两大渠道，主要从中亚、缅甸两个地区进口天然气，东北方向的中俄天然气管道也将为中国天然气资源提供管道气供给保障。

伴随着能源进口战略通道的建设，我国也在积极构建国内天然气运输通道，逐步实现天然气运输管网化。随着2004年国内西气东输一线、2007年中亚天然气管道AB线以及2008年西气东输二线的建设，全国城市天然气管道增速迅猛，一方面为天然气资源的运输和利用提供了基础设施保障，另一方面也反映了国内天然气利用和普及的迅猛势头。截至2015年底，全国天然气管道总长度已经由2004年的7.1万千米增至约49.8万千米，实现了连续11年同比增长10%以上❶。

（2）优化能源消费结构，实现能源战略规划

作为清洁、环保的优质能源，天然气具有热能转化效率高、碳排放量小的经济优势和低碳优势。中亚天然气管道的建成，有效缓解了中国天然气供应紧张的局面，保障了天然气资源消费结构。

中亚天然气清洁能源的供应，为改善我国环境、减少污染物排放、治理雾霾天气、重现碧水蓝天做出了巨大贡献。中亚天然气管道AB线建成且满输的条件下，每年向中国输送300亿立方米天然气，相当于3990万吨标准煤产生的能量。据测算，每年可减少二氧化碳排放423万吨、二氧化硫排放66万吨，为实现"十三五"规划中构建"清洁、安全、高效的现代能源体系"起到强有力的保障作用。

（3）中亚天然气管道概况

中亚天然气管道是中国首条跨国天然气能源通道，经过土库曼斯坦、乌兹别克斯

---

❶　来源：国家统计局公布数据

坦、哈萨克斯坦、吉尔吉斯斯坦、塔吉克斯坦和中国共六个国家，先后建成或规划了AB/C/D四条管线，是中国西北部重要的能源战略通道。

中亚天然气管道AB线起于阿姆河右岸的土乌边境格达伊姆，经乌兹别克斯坦中部和哈萨克斯坦南部，由新疆霍尔果斯进入中国境内，与国内西气东输管道相连。管道分A、B线双管敷设，单线总长1833km，管道设计压力10MPa，设计输量300亿立方米/年，管材等级X70。沿线设压缩机站8座，清管站10座，计量站2座，线路阀室160座。管道在沿线乌兹别克斯坦境内的布哈拉和哈萨克斯坦境内的阿拉木图分别设置调控中心，负责对管线进行集中监控、优化运行和统一调度管理。北京总部也设有调控中心，负责对整条管线进行集中监控、优化运行和统一调度管理。

中亚天然气管道为土库曼斯坦向中国供应的300亿立方米天然气（包括阿姆河右岸区块的产品分成气和向土库曼斯坦购买的合同气）提供运输便利，在土乌边境交接计量后，经由格达伊姆进入乌兹别克斯坦。在乌兹别克斯坦境内，管道由土乌边境的格达伊姆开始，向西绕行加兹里后转向东北方向，主要穿过乌兹别克斯坦的中东部地区到达乌哈边境。管线由乌哈边境进入哈萨克斯坦后，主要沿哈萨克斯坦东南部敷设，经过边境沙丘地段、穿越锡尔河后，到达奇姆肯特，然后向东经江布尔州、阿拉木图州，穿越伊犁河，到达中哈边境。中亚天然气管道AB线由新疆的霍尔果斯进入中国境内，中国境内管线长度4km。末站位于霍尔果斯，在此与国内西气东输二线相接。

中亚天然气管道C线的首站、末站以及路由均与AB线相同，与AB线并行敷设。C线管道总长1833km，管道单管敷设，采用管径ϕ1219mm的输气管，设计压力10MPa，设计年输量250亿立方米，管材等级X80。C线在哈国境内穿越AB线多次，在AB线和C线设置8处跨接线，并且考虑预留23处与将来可能的新管线跨接。在哈萨克斯坦境内的阿拉木图设置调控中心，负责对哈国境内的管线进行集中监控、优化运行和统一调度管理。中亚天然气管道C线由新疆霍尔果斯进入中国境内，中国境内管线长度3.6km。末站位于霍尔果斯，在此与国内西气东输三线相接。

即将实施的中亚天然气管道D线路由不同于AB/C线，由土库曼斯坦的复兴气田出发，途经乌兹别克斯坦、塔吉克斯坦和吉尔吉斯斯坦到达中国新疆。D线管道总长966km，境外段管线长度811km，采用管径ϕ1219mm的输气管，设计压力12MPa（乌兹别克斯坦段首站前22km管道管径为ϕ1422mm，设计压力10MPa），设计年输量300亿立方米。D线线路地形地貌复杂多样，共穿跨越大中型河流46条，穿越山体隧道42条，江底隧道1条，隧道总长达到67km。D线由新疆伊尔克什坦进入中国境内，中国境内管线长度155km。末站位于乌恰，在此与国内西气东输管网相接。

1.3.2 "一带一路"上的中亚天然气管道项目

从古至今，中亚地区一直是整个欧亚大陆的枢纽，战略意义重大，各国都不断试图加强在这一地区的影响力。两千多年前，亚欧大陆上勤劳勇敢的人民探索出多条连接亚欧非几大文明的贸易和人文交流通道，后人将其统称为"丝绸之路"。古丝绸之路将中国与欧亚大陆联系在一起，促进了不同文明交流和发展。千百年来，"和平合作、开放包容、互学互鉴、互利共赢"的丝绸之路精神薪火相传。

两千年后的今天，绵延千里的中亚天然气管道，与古老的丝绸之路形成了地理位置上的契合，将中亚与中国人民的情谊融入清洁的"蓝金"资源，源源不断地通过钢铁巨龙输送到中国。在以和平、发展、合作、共赢为主题的新时代，面对复苏乏力的全球经济形势、纷繁复杂的国际和地区局面，中国于2013年提出共建"丝绸之路经济带"和"21世纪海上丝绸之路"（以下简称"一带一路"）倡议，得到国际社会高度关注和积极响应。

中亚天然气管道项目不仅沿着古丝绸之路将中国与中亚地区紧密联系在一起，发挥沿线各国的资源禀赋，实现优势互补，而且把中国同沿线国家的利益紧紧绑定在一起，让各国人民共享高质量发展的红利。中石油中亚天然气管道有限公司（以下简称"中亚管道公司"）与合作方共同着力打造基于责任、权力和利益的跨国工程共同体，有利于实现沿线各国的多元、自主、平衡、可持续发展，符合"一带一路"打造区域利益共同体和命运共同体的理念。中亚天然气管道项目是开放包容的，不是中国一家的独奏，而是沿线国家的合唱。中亚管道公司所坚持的"中方引领、真诚合作、实现共赢"的思想是以合作共赢为核心的新型国际关系的具体实践，与"一带一路"所秉承的"共商共建共享"原则相互呼应，符合中国和中亚各国的根本利益。中亚天然气管道项目在"一带一路"倡议明确提出前便吹响了重走古丝绸之路的号角，秉承与"一带一路"倡议高度一致的理念与愿景，又在"一带一路"建设的推动下行稳致远，不断扩大，不断深化。

（1）积极实践，创"一带一路"上的旗舰项目

"一带一路"建设的总体思路在于：秉持"和平合作、开放包容、互学互鉴、互利共赢"的理念，以"五通"，即政策沟通、设施联通、贸易畅通、资金融通、民心相通为主要内容，全方位推进务实合作，打造政治互信、经济融合、文化包容的利益

共同体、责任共同体和命运共同体。与此相呼应，中亚天然气管道项目的投资与建设很好地诠释了基于责任、权力和利益的跨国工程共同体理念，开创了中亚天然气管道合作新模式。基础设施互联互通是实现"一带一路"融合发展的基本条件，中亚地区的油气战略合作是"一带一路"倡议重点战略区域的重点合作领域。"一带一路"建设是中国参与全球治理的顶层设计，中亚天然气管道项目为世界能源基础设施互联互通积累了宝贵的实践经验，也为践行"共商共建共享"理念提供了深刻借鉴。

中亚天然气管道是中国第一条陆上天然气通道，同时在中亚地区开辟了一条重要的天然气出口通道，使中国在中亚地区的天然气国际合作中占据一席之地。中亚天然气管道对增加资源国和过境国的收入、促进当地天然气资源的开发投资、设备制造、工程建设行业发展和人员就业以及培养技术人才、促进相关技术进步都具有重要的意义，也因此为中亚—中国后续的能源合作奠定了基础，为21世纪中国与中亚能源友好合作关系提供了切入点。中亚天然气管道的投资决策与项目实施在政策沟通、设施联通、贸易畅通、民心相通等方面很好地阐述和契合了"一带一路"构想的内涵。

首先，政策沟通是共建"一带一路"的重要保障。政策沟通将以高层互访为引领，加强政府间合作，着力推进双边多边合作，积极构建多层次政府间政策交流机制和联动机制。中亚天然气管道项目注重政府间合作，强化政策交流对接，"双边协议+多边协作"项目治理机制的构建以及项目推进过程中遇到的问题有赖于政府高层的对接和及时协商解决，为中亚天然气管道项目的快速推进营造良好的政策环境。

其次，交通、能源和通信建设是设施联通的重点领域。中亚天然气管道作为清洁能源的运输载体，走在了基础设施低碳化发展的前列。中亚天然气管道建设过程中成功推行了国际标准和技术标准，与"一带一路"基础设施建设规划、技术标准体系对接的建议相呼应。中亚天然气管道的建成将有效推进国际能源骨干通道建设，逐步形成连接亚洲各区域以及亚非欧之间的基础设施网络。

第三，投资贸易合作是推进"一带一路"建设的传统领域。实现贸易畅通，解决投资贸易便利化问题，消除投资和贸易壁垒，构建良好的营商环境，是"一带一路"建设的重中之重。中亚天然气管道项目在工作签证、投资环境、税收优惠政策等问题上努力协调并取得了一定的成果，为将来的双边投资保护协定、避免双重征税协定、消除投资壁垒和保护投资者的合法权益起到了很好的示范作用。

第四，民心相通是"一带一路"建设的社会根基，传承和弘扬丝绸之路的友好合作精神，推动中国与沿线各国广泛开展文化等多领域的交流合作，不仅能够为其他领域的合作打下坚实的民心基础，而且在交融往来中可以实现不同文明的互学互鉴与共同发展。中亚天然气管道项目注重与中亚国家的和平协商与友好往来，通过开展教育培训领域的合作加深中亚国家与中国之间的友谊，属地化政策也在一定程度上增加了中国与沿线国家的交流和合作。

"一带一路"上的中亚天然气管道项目在提升基础设施、强化产业带动、增加就业机会、促进技术转移、发挥社会贡献和践行生态文明等方面对"一带一路"沿线国家经济和社会发展做出了积极的示范，如图1-8所示。

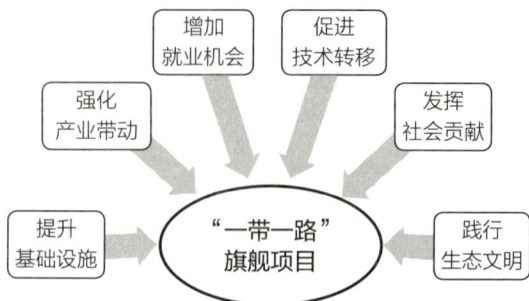

图1-8 中亚天然气管道项目与"一带一路"

（2）争优创先，为全球治理贡献经验

中亚天然气管道的建设促进了中亚地区资源的开发投资，提升了中亚国家设备制造、工程建设等行业的技术水平，全方位带动中亚国家能源的发展，对发展中亚国家经济、拉动内需起到了重要作用。中亚天然气管道的建设在为中亚国家带来显著经济效益的同时，也为中亚国家积累了管道建设经验，培养了专业化人才。

放眼全球，中国将积极参与全球治理体系建设，努力为完善全球治理贡献中国智慧，同世界各国人民一道，推动国际秩序和全球治理体系朝着更加公正合理的方向发展。中亚管道公司在境外投资和经营中会进一步发挥制度正效应，兼顾双方利益，与"一带一路"沿线的其他国家共同努力，逐步提高制度质量，为中国企业"走出去"进而扩大国际影响力奠定基础，也为改善双边关系并推进区域经济合作发展积累经验。2017年5月，"一带一路"峰会在北京顺利召开，基础设施和能源资源合作是峰会重点讨论的两大方面，新一轮能源结构调整和能源技术变革趋势正在上演，建设全球能源互联网，实现绿色低碳发展将是"一带一路"设施联通建设的发展方向。中亚管道公司将在新的历史机遇下助推"一带一路"经济带的发展，促进区域发展与财富共享，同时也将宝贵的海外项目投资与建设经验贡献给"一带一路"。

建设"丝绸之路经济带"，能源丝路是核心。中亚天然气管道作为一条无比珍贵的能源动脉，从中亚腹地蜿蜒而出，沿着古丝绸之路东行，将"蓝金"源源不断输向中华大地，开辟了中国进口能源的全新通道，实现了资源进口通道多元化，保障了国家能源供应安全，进一步加深了中国与中亚国家的能源合作，在"丝绸之路经济带"的建设中起到了不可小觑的作用。

建设"丝绸之路经济带",丝路精神是保障。中亚天然气管道作为一个多国合作的建设工程,本着"优势需要互补,合作才能共赢"的理念,紧握中亚国家友谊的双手,将丝路精神传播到中亚地区,不仅成为资源国、过境国经济发展的重要引擎,而且成为汇集中亚人民利益的民生之路,在"丝绸之路经济带"的建设中起到了举足轻重的作用。

建设"丝绸之路经济带",跨国工程是必然。跨国基础设施建设项目,尤其是跨国管道项目,是政策沟通、设施联通、贸易畅通、资金融通、民心相通的综合实现形式。中亚天然气管道以"通"为本,建立了"四国七方跨国"的运行机制,打造多法律主体参与的跨国工程运行协调平台,在特殊环境下保证项目投产后安全平稳且高效的运行,为后续跨国项目的投资及建设树立典范,在"丝绸之路经济带"的建设中起到了领跑借鉴的作用。

如今,中亚天然气管道这条战略能源动脉恰逢新的历史发展机遇——"一带一路"的建设,这让中亚天然气管道责无旁贷地以践行者的姿态继续书写家国同兴的壮丽诗篇。

1.4 中亚天然气管道项目合作历程

1.4.1 砥砺奋进:AB线合作历程

1997年9月,时任中华人民共和国副总理李岚清和时任哈萨克斯坦副总理舒克耶夫签署了《关于在石油和天然气领域合作的协议》,探讨进一步加强在石油天然气领域合作的途径,计划不断扩大合作规模。随后,中石油与哈萨克斯坦能源及矿产资源部签署了《中国石油天然气总公司和哈萨克斯坦共和国能源及矿产资源部关于油田开发和管道建设项目总协议》,双方共同进行研究论证。

2000年7月,时任中华人民共和国主席江泽民对土库曼斯坦进行国事访问,中石油与时任土库曼斯坦副总理古尔班穆拉多夫签署《中国石油天然气集团公司与土库曼斯坦石油天然气部在石油天然气领域合作的谅解备忘录》,中亚天然气管道项目逐渐被提上日程。

2003年6月,时任中华人民共和国主席胡锦涛在访问哈萨克斯坦时,与时任哈萨克斯坦总统努·阿·纳扎尔巴耶夫签署《中华人民共和国与哈萨克斯坦共和国联合声明》，提出就建设两国之间天然气管道的可能性进行研究。

2003年8月，中石油下属中国石油天然气勘探开发公司（以下简称CNODC）与哈萨克斯坦国家油气公司签署《关于加快中哈天然气管道项目预可行性研究的备忘录》，决定"分阶段建设哈萨克斯坦至中国天然气管道建设预可行性研究"项目。

2004年5月，时任中华人民共和国主席胡锦涛与来华访问的哈萨克斯坦共和国时任总统努·阿·纳扎尔巴耶夫签署《中华人民共和国和哈萨克斯坦共和国联合声明》，就中哈双方加快对哈萨克斯坦共和国—中华人民共和国天然气敷设方案的研究作出明确声明。

2005年8月，哈萨克斯坦—中国天然气管道预可行性研究结束后，中石油与哈萨克斯坦国家油气股份公司签署《关于联合开展哈中天然气管道可行性研究的协议》。

2006年4月，中华人民共和国政府和土库曼斯坦政府签署《关于实施中土天然气管道项目和土库曼斯坦向中国出售天然气总协议》，项目正式启动。同年，中石油与土库曼斯坦油气业与矿产资源部签署《关于建设中土两国天然气管道基本原则协议》，土方承诺自2009年起的30年内，每年向中国出口300亿立方米天然气。

2007年4月，中乌双方签署《中华人民共和国与乌兹别克斯坦关于建设和运营中乌天然气管道的原则协议》，双方同意并支持修建途经乌兹别克斯坦的中亚天然气管道，并由中石油与乌兹别克斯坦国家油气控股公司负责中亚天然气管道乌国段的实施。

2007年7月，时任中华人民共和国主席胡锦涛在人民大会堂与来华访问的土库曼斯坦总统别尔德穆哈梅多夫共同签署《中土关于进一步巩固和发展友好合作关系的联合声明》，并一同见证了中石油与土库曼斯坦油气资源管理利用署和国家天然气康采恩签署《中国与土库曼斯坦两国阿姆河右岸产品分成协议》和《中土天然气购销协议》，落实天然气资源，确定土库曼斯坦于2010年1月正式向中国通气。

2007年8月，中国和土库曼斯坦天然气合作项目开工仪式在土库曼斯坦阿姆河右岸地区举行。时任土库曼斯坦总统别尔德穆哈梅多夫在仪式上正式颁发《土库曼斯坦阿姆河右岸勘探开发许可证》等文件，阿姆河右岸天然气项目就此正式启动。

2007年8月，中石油与乌兹别克斯坦国家石油天然气公司（UNG）签署《中国石油天然气集团公司与乌兹别克斯坦国家石油天然气公司关于中乌天然气管道建设和运营的原则协议》，落实管道过境乌兹别克斯坦。

2007年8月，中华人民共和国政府与哈萨克斯坦共和国政府签署了《中华人民共和国政府和哈萨克斯坦共和国政府关于中哈天然气管道建设和运营的合作协议》。

2007年11月，中石油和哈萨克斯坦国家油气公司签署《中国石油天然气集团公司和哈萨克斯坦国家油气公司关于中哈天然气管道建设和运营的基本原则协议》，落实管道过境哈萨克斯坦。

2007年12月，中亚天然气管道建设项目通过国家发改委批准。

2008年2月，中哈天然气管道建设项目可行性研究获得哈萨克斯坦政府的批准。

2008年4月，中乌天然气管道建设项目预可行性研究获得乌兹别克斯坦内阁的批准。

2008年6月，中亚天然气管道乌兹别克斯坦段开工。同年7月，中亚天然气管道哈萨克斯坦段开工。

2009年7月，A线主体焊接全部完成，大型穿越工程全部结束。

2009年11月，首、末站机械完工，全线试压吹扫完成，具备投产条件。

2009年12月，来自土库曼斯坦的天然气抵达中国新疆霍尔果斯，中亚天然气管道A线建成并投产。

2010年10月，天然气管道B线建成通气，实现中亚天然气管道项目的双管建成通气。

1.4.2 再接再厉：C线合作历程

2009年底，中亚天然气管道建设项目A线通气投产，土库曼斯坦因此获得了不菲的经济收益，因此想要加大对中国的输气量，同时乌兹别克斯坦和哈萨克斯坦两国也希望向中国出口天然气。

2009年6月，中石油与土库曼斯坦国家天然气康采恩签订《中国石油天然气集团公司与土库曼斯坦国家天然气康采恩100亿标准立方米/年购销天然气合同》，明确土库曼斯坦每年将向中国增供天然气100亿立方米。

2009年6月，中石油与乌兹别克斯坦国家油气控股公司签订《中国石油天然气集团公司与乌兹别克斯坦国家石油天然气公司关于扩大油气领域合作的协议》，明确乌兹别克斯坦每年向中国供应天然气100亿立方米以内。

2010年6月，中石油国际事业有限公司与乌兹别克国家油气控股公司签订《关于购销天然气框架协议》，明确乌兹别克斯坦将向中国每年供应天然气100亿立方米。

2010年6月，中石油与哈萨克斯坦油气股份公司签订《组织中哈天然气管道二期工程设计、融资、建设和运营基本原则协议》，明确中哈双方将合作建设中哈天然气管道C线工程。

2011年4月，中国与乌兹别克斯坦在北京签订了《中华人民共和国与乌兹别克斯坦共和国政府关于建设和运营中乌天然气管道的原则协议》的补充议定书，决定建设第三条天然气管线。

2011年7月，中国与哈萨克斯坦签署《哈萨克斯坦共和国政府与中华人民共和国政府关于中哈天然气管道建设和运营的合作协议》补充议定书，决定建设C线管道。

2011年9月，中石油与乌兹别克斯坦石油天然气公司签订《关于乌兹别克斯坦–中国天然气管道建设和运营的原则协议》的补充协议，确定双方继续实施中乌天然气管道C线项目。

2011年9月，中石油与哈萨克斯坦石油天然气股份公司签订《中哈天然气管道一期工程C线设计、融资、建设和运营的基本原则协议》，确定中亚C线管道的路由、建设期限、管输能力分配及项目融资等事宜。

2011年10月，中石油国际事业有限公司与乌兹别克斯坦天然气运输股份公司签署了购销天然气合同。

2012年3月，中哈天然气管道项目C线哈萨克斯坦段可行性研究获得哈萨克斯坦国家政府的批准。

2012年11月，中哈天然气管道项目C线哈萨克斯坦段线路初步设计通过哈萨克斯坦国家审批委员会批复。

2013年1月，举行C线开工仪式，中亚天然气管道建设项目C线正式启动。

2013年12月，C线主体焊接完成。

2014年5月，阿姆河天然气进入中亚天然气管道，历经十天到达中国新疆霍尔果斯，中亚天然气管道C线建成投产。

1.4.3　继往开来：D线合作历程

2014年5月，中亚天然气管道项目C线工程投产通气。随着其输气管道的建设和输气量的快速提升，中国和土库曼斯坦成为稳定可靠的天然气贸易伙伴。为了进一步加强与土库曼斯坦的能源合作，保障中国能源进口多元化和能源安全，中亚天然气管道项目D线开始规划和建设。2014年9月13日下午，中亚天然气管道D线塔吉克斯坦段开工仪式在其首都杜尚别隆重举行。中国国家主席习近平和塔吉克斯坦总统拉赫蒙共同出席开工仪式，致辞并为工程揭幕，标志着这一惠及中亚及中国人民的战略性合作项目正式启动。

第2章

中亚天然气管道前期规划（可研）与初步设计

《中国与土库曼斯坦两国阿姆河右岸油气田产量分成协议》和《中国向土库曼斯坦购买天然气协议》于2007年7月17日签署，确定土库曼斯坦2010年1月正式向中国供气，中亚天然气管道必须在2009年底建成通气，工期仅28个月。为确保工期目标的实现，在项目前期规划和初步设计阶段，中亚管道公司确定必须遵循工程项目管理基本程序，同时需要创新工作方法，大规模采用工序交叉、协同工作、并行推进等措施，各方密切协调，最大程度优化可研、详勘和初步设计进度。这些创新的工作方法在项目前期阶段确保了工期节点。此外，在初步设计时并行推进该项目的征地工作，为后期项目顺利实施奠定了坚实的基础。

2.1 中亚天然气管道项目启动

2.1.1 中亚天然气管道项目前期策划

2006年初，国家发改委和中石油组成的代表团奔赴土库曼斯坦就天然气合作项目进行商谈。2006年4月2日，中国与土库曼斯坦在北京签署《关于实施中土天然气管道项目和土库曼斯坦向中国出售天然气总协议》，中国第一条引进境外天然气的陆上战略性管道逐渐从蓝图铺陈成现实。按照外交惯例，政府间的业务协议通常由相关政府主管部门的负责人签署，两国领导人只是见证，但土国总统尼亚佐夫邀请胡锦涛主席亲自签署这一重要的历史性协议，使得该协议成为我国第一个由国家主席与外国元首共同签署的项目协议，其重要性不言而喻。协议签署后中石油集团公司立即在中国石油海外勘探开发公司（简称"勘探开发公司"）成立中亚办公室，开始策划中亚天然气管道项目。2006年6月，勘探开发公司委托中国石油规划总院（以下简称"规划总院"）开展《土库曼斯坦—中国天然气管道工程可行性研究》工作。规划总院为了优质高效地完成中亚天然气管道项目的相关工作，专门成立了中亚天然气管道项目组，与哈萨克斯坦石油天然气研究院（KING）、乌兹别克斯坦石油设计研究院（UZLITI）等相关公司联合负责整个线路的踏勘工作，对哈萨克斯坦、乌兹别克斯坦的政治、经济、地理、地质、气候、社会依托等客观条件和环境进行现场调查，为中亚天然气管道选线做准备。规划总院在20世纪90年代，曾参与"土中日天然气管道"项目的可行性研究工作，因此对中亚地区天然气情况较为熟悉，这为保证中亚天然气管道项目"28个月工期后墙不倒"目标的实现奠定了良好的基础。

2.1.2　中亚天然气管道项目踏勘

踏勘是对管道途经国家的政治、经济、地理、地质、气候、社会依托等客观条件和环境进行现场调查。相关方人员对工程建设所在地进行实地勘察以掌握现场实际情况并进行技术经济调查等的活动，参加方可以是项目建议和论证人员、项目勘察设计人员、项目建设承包商人员等。管道工程项目的踏勘能够确定管线的铺设线路，是管道工程项目可行性研究工作的基础。

（1）哈国踏勘

哈萨克斯坦（简称"哈国"）是中亚地区经济发展较快、政治局势较稳定且社会秩序相对良好的国家。哈国的外汇管理较为宽松，经常项目和资本项目均实行有条件的自由兑换，在进行资本项目下的外汇兑换时，只要投资方与被投资方签署了协议，在办理一定手续后，资本即可自由进出。哈国外汇管理自2007年7月1日起执行欧洲标准，取消外汇管理许可制度，实行通报制度，企业在缴纳各项税费之后，可自由汇出利润。哈国政府对在其境内从事经营活动的非哈国企业征收高达15%的非侨民税。承建哈国境内工程项目的外国企业中标后需要在当地正式注册子公司以执行项目，视同当地法人。哈国对外国劳务人员实行严格的工作许可制度，劳务配额较低且签证手续繁琐，在哈国从事有偿劳务的外国公民必须获得劳动部门颁发的工作许可，否则将被罚款、拘留，直至驱逐出境，哈国劳动部门对外国劳务的数量实行总量控制，按州发放。哈国对环保有较为严格的规定，外资企业开展投资和承包工程如果产生废水、废气、废渣等固体废物，涉及对土壤、植被、动物等可能带来影响的，均需要进行环保评估。环境评估需要经过哈国能源部生态协调委员会和各州政府相关部门审核。2010年1月1日，俄罗斯、白俄罗斯和哈萨克斯坦三国成立关税联盟，相互之间取消关税、商品限制以及其他等效的措施。

中石油在哈国的油气资源开发历史已久。1997年6月，中石油与哈萨克斯坦政府签署阿克纠宾购股协议，阿克纠宾项目是中石油贯彻国家利用"两种资源、两个市场"战略要求的体现，也是我国在中亚地区的第一个油气合作项目。自阿克纠宾项目之后，中石油陆续在哈国获得8个项目共33个油田及区块的合作开发权益。由于具备近十年的油管道项目建设经验，中石油对哈国的政治、经济、地理、社会、工程承包制度、行政程序等条件较为了解，在哈国的社会依托也较好，中哈原油管道一期工程的成功建设更为中亚天然气管道项目直接提供了人才储备和经验储备。

2005年8月，中石油与哈国国家油气公司签署《联合开展哈中气管道可行性研究协议》，规划总院受委托对中哈天然气管道进行预可行性研究，但是由于当时的预可行性研究表明哈国可供出口的天然气资源无法满足中国的需求，以及后续工作中的中哈利益差异等因素，中哈天然气管道可行性研究承包合同最终没有签署成功。尽管如此，中石油管理层对中亚地区的天然气管道可行性研究工作仍然十分重视，也在不断推动这项工作。不过，虽然有一些零散的调研工作在进行，但是一直未正式开展可研的实质性工作。

中亚天然气管道项目计划将土库曼斯坦的天然气经乌兹别克斯坦和哈萨克斯坦输送至中国的霍尔果斯，哈国是中亚天然气管道AB线的过境国，在中方的积极推动下，中哈双方通过寻求利益最大公约数促进中亚天然气管道项目前期工作顺利开展。以这个项目为契机，哈国管道建设的可行性研究工作有了起色。由于规划总院熟悉哈国情况且社会依托比较好，中亚天然气管道项目哈国段的踏勘工作能够较早开始。规划总院在接到中亚天然气管道项目可行性研究工作通知后，为争取在2006年入冬前完成现场踏勘工作，项目组在9月下旬就开始办理赴哈现场踏勘的出国手续。规划总院与哈国石油天然气研究院共同承担哈国的踏勘工作。

当时由于可行性研究的合同还未签署，勘探开发公司所属海外地区公司——中石油哈萨克斯坦公司（CIK）代规划总院提前向哈国的能矿部提出了踏勘申请，哈国能矿部向管道途经州的州政府发出要求协助开展工作的信函。但是踏勘开始时，哈国石油天然气研究院仅收到了个别州收到信函的确认函，多数州的踏勘回函并没有收到，需要踏勘小组边踏勘边完成州政府有关部门的审批手续。

中方人员赴哈国前，对哈国石油天然气研究院的踏勘计划提出了意见，但中哈双方踏勘人员在踏勘的时间安排和队伍方面出现了较大分歧，在时间安排上中方认为踏勘时间过长；队伍分组方面，双方感兴趣的"别依涅乌－奇姆肯特－阿拉木图－阿拉山口"南线线路，哈方希望分为三个组进行踏勘，而中方希望由两个组完成该线。而且中哈双方踏勘人员尽管事前制定了踏勘计划，但是中方踏勘人员到达现场时发现，参与踏勘的哈方人员结构较为复杂，只有领队和司机是哈国石油天然气研究院的职工，其他工程师均为哈国石油天然气研究院外聘的人员，工程师之间事先没有协商沟通，踏勘计划形同虚设，中哈踏勘工作较难达成一致，双方就站址、具体线路位置的确定经常出现分歧。在踏勘工作中，中哈双方踏勘人员就分歧进行了艰苦的协商，哈方仍然坚持原分组，但是在总计划行程和个别路线上作出了让步；踏勘计划的踏勘时间最终缩短十余天，并且还增加了KC13等地点的踏勘任务。

为了加快踏勘进度，中方和哈方每天晚上都提前进行讨论协商，双方在室内确定第二天需踏勘的关键控制点，在达成共识的前提下，以中方为主进行野外踏勘，寻找需要确定的点位，之后与哈方沟通协商。哈方人员则负责完成政府有关部门的踏勘申请和路由权的审批手续。中哈双方人员明确分工，各有所攻，兼顾了双方的利益诉求并且提高了踏勘效率。

勘探组在风雪中不断前行

在哈国踏勘的整个行程中，踏勘人员遭遇了警察罚款、露宿野外、降温雨雪等情况，一路上风尘仆仆，全力以赴，最终在冬季到来前完成踏勘任务。

（2）乌国踏勘

受苏联影响，乌兹别克斯坦（简称"乌国"）独立后的政治架构是总统共和制，总统处于国家的核心地位，掌握国家的最高权力，总统可以通过发布总统令，推行政府意见。转轨后的乌国意识到法律制度对保护外来投资的重要性，设有专门的外国投资法，但是乌国国内的经济、投资等法律制度尚不完善，执行不严格，国家法律经常会被总统令和政府文件改变。乌国外汇管制和外籍劳务准入制度严格。乌国所有的外汇用项需要严格遵守调汇额度，由中央银行及货币信贷委员会审批，如果调汇额度较大还需要内阁的批准。外资企业想要引进外国公民到乌国工作必须获得劳务输入许可，并为外籍工人办理劳动证明，且有效期不得超过一年。在乌国办理劳务签证的费用高、手续繁杂且期限较短，给项目快速推进带来了挑战。

在乌国，工程建设项目一般需要获得针对该项目而颁发的总统令。如果没有总统令，项目很难获得政府相关部门的支持，执行也就没有保障。总统令是项目执行和成立相关法律实体的通行证，也是获得国家给予项目单独优惠和特殊政策的途径之一。乌国的工程项目分为预可行性研究、可行性研究、工程施工建设及投产运行四个阶段，其内容和深度相当于中国管道工程的可行性研究、初步设计、施工建设及投产运行，四个阶段均需报政府相关部门审批并获得相关许可。乌国当地预可行性研究主要是为项目立项服务，而可行性研究类似于国内的初步设计，是项目招标和后期建设的依据。长期以来，中亚地区作为"俄罗斯的后花园"，受俄罗斯的影响较大，乌国所采用的标准也是苏联标准，与我国国内和国际标准存在较大差异。

相较于哈国，当时中石油较为缺乏在乌国的建设经验。2006年，规划总院相关人员前往乌国首先进行了前期调研，主要目的是熟悉乌国的经济、社会环境和相关建设程序。直到2007年4月，当我国与乌国签署了天然气管道协议，取得在乌国进行线路踏勘的法律依据后，乌国段的现场踏勘才正式开始。规划总院与乌国石油设计研究院一起合作进行乌国段的踏勘工作，乌国派少量技术人员参与踏勘。踏勘之前，中方与乌方技术人员就踏勘合同预付款的问题产生争议，乌方设计院坚持收到预付款才开展工作，中方同乌方积极进行沟通，并且上升到领导层进行沟通，最终和乌方勘察人员达成一致意见，在没有预付款的条件下先开始踏勘工作。2007年7月初，乌国的选线基本确定，但是一部分线路却因线路调整需重新踏勘，当时时间紧迫，来不及办理中方人员的相关劳务许可手续再次前往乌国重新踏勘，因此只有一名中方设计代表前往乌国与乌方设计人员一起进行踏勘工作。乌国的7月正是一年中最热的季节，踏勘组无畏酷暑每天坚守在野外重新踏勘路线，经过半个多月艰苦的野外工作，终于在2007年8月初完成了对乌国剩余线路的踏勘工作。

2.1.3　CC+PMT成立

2007年7月17日，中土之间落实了企业间协议，签署《中国与土库曼斯坦两国阿姆河右岸油气田产量分成协议》和《中国向土库曼斯坦购买天然气协议》。2007年8月，中石油正式成立中亚－中国天然气管道项目筹备组，接手之前零散的前期工作，继续开展中亚天然气管道项目工作。由于中亚天然气管道项目建设周期仅有28个月，期间要完成合资公司的成立、项目可行性研究报告的编制与报批、管道线路与地质勘查、初步设计的编制、施工单位的选择、管材及压缩机等长周期设备的招标与采办、管道及站场的施工建设等大量工作，时间异常紧张。

中亚天然气管道项目作为一条跨国能源战略通道项目，工期紧任务重，牵涉到不同国家的重大利益，同时沿线国家的政治经济环境又较为复杂。兵法云："谋定而后动，知止而有得"，首先确定管道的建设和管理模式是中亚天然气管道项目建设的核心。世界上大部分跨国管道通常采取"资源国、过境国和消费国共同组成联合体，过境国天然气运输公司垄断运营权"的建设和运营模式，在这种模式下，各国都有自己的利益诉求，且存在相互冲突，多国之间协调难度大，组成联合体的谈判很难在短时间内完成，往往持续1年以上时间。中亚各国间关于跨国管道建设的法律规定各不相同，而且文化存在差异，如果中亚天然气管道项目采取"联合体"的建设和管理模式，历时漫长的多边谈判无法保证中亚天然气管道项目28个月的紧迫工期。"争一时之长短"，用战术就可以达到，如果"争一世之雌雄"，就需要从全局出发去规划。中亚管道公司没有照搬西方传统跨国管道管理模式，而是结合中亚国家间的特点和中亚天然气管道项目超短工期的特殊要求创新性地提出采取"分国分段建设和运营"的新模式。"分国分段建设和运营"即中方与乌国、哈国分别签订双边协议，在两国分别成立合资公司作为管道建设和运营主体，我国作为天然气的消费国，统筹协调整个中亚天然气管道项目的建设，通过"双边协议+多边协作"的模式，不仅巧妙回避了中亚各国关系紧张这一敏感问题可能给项目带来的影响，还增加了中方的话语权、主动权和项目的可控性。中方分别与过境国进行谈判，成立了由中亚管道公司和乌兹别克斯坦国家石油控股公司联合成立的中乌合资公司，以及与哈萨克斯坦国家石油天然气股份公司的下属公司联合成立的中哈合资公司。

签订双边政府间和企业间协议，组建双边合资公司和形成多边协作的谈判尽管比多边合资谈判时间要短，但同样需要较长时间，如果等合资公司成立后再启动项目前期工作，耗时久，中亚天然气管道项目难以在28个月内完成。因此，在乌国、哈国合资公司正式成立前，为使得前期工作顺利开展，项目筹备组又在组织结构上进行创新，提议由中国和乌国、哈国股东各自提前派出代表，分别在乌国、哈国成立项目协调委员会（CC）和前期项目管理团队（PMT）作为当地合资公司的前期筹备组（CC+PMT），以此为主体代表合资公司整体负责项目的可行性研究、详勘和初设，提前开展工作，并且股东之间约定CC+PMT完成的工作被随后正式成立的合资公司完全认可。合资公司组建工作和可研、详勘、初设工作并行推进，争取宝贵的时间。

中亚天然气管道项目工期短，任务重，是需要速战速决并保质保量的跨国战略工程。要实现项目预期目标，人才是关键资源，需要参与项目的人员具备丰富的海外经验和把握大局的能力。从20世纪90年代，中石油先后在秘鲁、苏丹、委内瑞拉、哈萨克斯坦等国开拓市场，进行石油勘探、开发；中哈原油管道筹建多年，2006年正式投入商业运行，成为我国第一条陆路进口的跨国原油管道，中石油近十年的海外项目发展历程中，数千名石油员工经过海外练兵迅速成长，身经百战的他们是中石油宝贵的资源和财富，更是中亚天然气管道项目成功的先决条件。中亚天然气管道项目在选择中亚天然气管道项目筹备组、合资公司CC和PMT人员时，从百万石油员工中选贤举能，通过系统内直接抽调、借聘借调、技术支持等一系列方式，按照甄选录用的规范程序，在最短时间内组织一批管道建设优秀人才担负这一艰难重大的任务使命成为中亚天然气管道项目顺利完成的关键因素。

2007年8月，中乌项目协调委员会成立；9月，中乌前期PMT成立，中哈项目协调委员会和中哈前期PMT成立。之后直到合资公司正式成立之前，中亚天然气管道项目均以乌国、哈国协调委员会为管理主体，统筹协调前期PMT完成具体项目工作。在中乌、中哈前期PMT中技术人员和技术力量略显不足，可研、详勘和初设时间紧，任务重。为此，前期PMT工作人员主动承担工作责任，积极推动项目进展。并且采取集中办公的方式，双方首先完成各自工作任务，然后与对方协商，经对方修改认可后即定稿。通过及时沟通协商，高效地完成前期工作。

2.2 中亚天然气管道项目可行性研究

2.2.1 可行性研究工作的实施

（1）乌国和哈国段的可行性研究

可行性研究（简称"可研"）是指在现场调查的基础上，通过市场分析、技术分析、经济财务分析以及社会影响分析，对投资项目的技术可行性与经济、社会合理性进行的综合评价。可行性研究的基本任务是对拟建项目的主要问题，在既定的范围内进行方案的论证和选择，以最合理地利用资源，达到预定的经济效益和社会效益。

中亚天然气管道项目采取了"分国分段建设和运营"的模式，可行性研究也相应分成乌国段、哈国段分别进行。中亚天然气管道作为跨国管道项目，不同国家地区采用的标准和行政程序都有所不同。为更好地完成可行性研究工作，规划总院分别与乌国、哈国设计院成立了可行性研究联合体，着手开展可研工作。中亚天然气管道项目乌国段可行性研究工作由中石油和乌石油分别指定的中方规划总院和乌兹别克斯坦石油设计研究院共同承担。中哈双方根据签署的《〈关于联合开展哈萨克斯坦—中国天然气管道可行性研究的协议〉之补充协议No.2》，同意由规划总院与哈萨克斯坦石油天然气研究院组成联合体作为可研的承包商。规划总院1997年就参与过中亚天然气管道方面的相关研究工作，在2005年承担了中哈天然气管道预可行性研究工作，并从2006年开始先后完成了对乌国、哈国的踏勘。规划总院作为中方可研单位继续进行了后续方案设计的技术论证以及经济分析工作，很好的保证了中亚天然气管道项目的可行性研究工作快速、优质地完成。规划总院专门成立可研工作组，加大人力资源投入，为保证项目可研顺利进行，规划总院可研工作组在可行性研究阶段注重前期调研，不断奔波于中、乌、哈之间，逐渐熟悉了过境国的经济社会环境、相关建设程序以及标准规范。

中亚天然气管道途经乌国、哈国两个过境国，对两个国家会产生巨大的地缘政治影响和经济影响。因此中亚天然气管道项目的可行性研究不仅包括针对普通项目的市场分析、技术分析和经济财务分析，其背后还涉及国家层面的利益。中亚天然气管道的过境国各有自己的利益诉求，哈国希望能够征收管道的过境费，并且可以从这条天然气管道下载天然气从而兼顾哈国缺少天然气供应区域的需求；乌国则希望借助中亚天然气管道搭载本国的天然气。在可行性研究阶段，中方与过境国间进行了耐心的谈判，中方在谈判中讲明管道过境给乌国、哈国带来的好处，采取"有理、有利、有节、有效"的方式从政治、经济和社会互利多方面与乌国、哈国进行探讨和磋商。通过多轮艰苦的谈判，中国和过境国之间求同存异，求取利益的最大公约数，最终达成一致意见，维护了中方和过境国的利益。

中亚天然气管道因其跨国性的特点，踏勘选定初步路线后，需要与过境国进行大量的技术谈判，确定后续的方案设计并进行经济可行性分析。中国与乌国、哈国管道采用的标准和经济测算模型不完全相同。中国采用国际标准，而乌国、哈国采用苏联标准，规划总院可研工作组成员在与乌方、哈方人员进行谈判时，经常为一个参数争论很久。规划总院可研工作组人员全力以赴，不断奔波于中、乌、哈之间，就方案设计与乌哈两国人员协商一致，在短时间内完成了技术方案。可研阶段不仅要解决技术问题，还要解决经济问题。在国内普通项目可研阶段经济论证中，需要根据市场定价反映项目经济可行性，投资估算部分由中方与过境国间合作进行，经济评价由中方提供资料，乌方、哈方人员负责编写，充分体现了双方合作的工作模式。经济专家对中亚天然气管道不同方案的投资估算以及不同条件下的经济评价做了大量工作，最后确定了合理的管输费，坚持"互利共赢"。在中石油与哈国石油天然气股份公司、乌国石油控股公司的两个企业间协议中，最终确定了管输能力、管输费、融资方式、资产抵押等项目建设的具体事项和双方重大核心利益问题。

在可研报告编制过程中，规划总院请乌方、哈方设计人员到中国与中方人员一起工作。这种方式一方面能够促进双方设计人员的相互学习，另一方面也节省了相互沟通的时间。同时也让乌方、哈方人员感受中国的巨大变化，一定程度上解决了中外人员不同工作方式的难题。

在工期紧迫的情况下，能否高质量完成可研工作对项目快速推进意义重大，规划总院的可研工作人员承受着巨大的工作压力和强度。规划总院高度重视，项目组人员全力以赴，在2007年8月份中亚天然气管道项目筹备组成立，CC+PMT建立并在各国逐步开展工作之时，中亚天然气管道项目总体可研报告已经基本成型。CC+PMT面临的主要工作是负责尽快协调，将可研关闭，并通过中国石油天然气集团公司的审查，同时加快勘察工作并开展初步设计。

（2）可行性研究报告

规划总院于2007年9月初完成了可研报告。可研报告分别从环境、技术以及经济三方面进行了分析论证，主要内容包括：对资源、市场的分析（涉及资源国、过境国以及需求国）、输气线路、工艺的比选、配套工程的研究以及经济可行性分析。考虑到本项目是跨国管线，项目建设的不确定性高，方案评估要综合考虑工期、工程所在国要求、管材供应、设备订货、施工力量组织等各种制约因素，需要在技术、经济比较中进行方案优化，从而选择最现实可行的方案。

在输气工艺比选方面，对干线管径选取ϕ1422mm和ϕ1067mm×2两个方案进行了技术经济分析。中亚天然气管道是一条长距离的跨国输气管道，管道沿线自然地质条件和社会环境比较复杂，如果出现故障，单线管道检修或抢修时需停输，选用双线管道方案可以保证在一条管道出现故障时，另一条管道仍然可以继续运行不停输，可连续平稳向市场供气，有利于提高天然气战略管道运营的保障程度。经多方论证，以及与乌、哈双方多次协商之后，确定了ϕ1067mm×2双线方案，并且在双线上预留了跨接阀室，能够给管道后期运行带来安全和便利。

在管径方案确定后，中亚管道公司对单直缝埋弧焊管供应能力进行调查和分析，如果项目只采用单直缝埋弧焊管，所需全部钢板在有限时间内完成采购十分困难。为此，中亚管道公司于2007年8月和9月分别致信乌方、哈方，说明理由，并且及时组织国内专家与俄罗斯专家进行交流，结合国内外高压、大口径管道的建设和运行的成功经验，建议在Ⅲ级、Ⅳ级地区（不包括铁路、公路、农田穿跨越地段）采用螺旋焊管。中亚管道公司通过组织中、俄、乌、哈四方专家共同交流和研讨，组织乌方、哈方专家考察我国制管厂、西气东输管道工程等现场活动，在2007年11月，合作方接受了中方螺旋焊管的建议，拓宽了管材的来源渠道。

在经济分析方面，中亚天然气管道A/B线全线建设投资达到92.86亿美元，其中乌国段建设投资27.3亿美元，哈国段建设投资65.56亿美元。通过投资估算，中亚天然气管道项目经济上可行。

在可研编制过程中，中方设计院主动与当地设计院沟通交流，在工作习惯和理念方面做到理解和尊重对方，在方案比选出现分歧时，通过组织国内专家与俄罗斯专家与之进行交流并带对方去国内现场参观，与外方就规范标准达成一致。同时，在整个过程中，中亚天然气管道项目通过配备专业的翻译团队，克服了跨国沟通的交流难题。

2.2.2 可行性研究报告的报批

（1）可研报告在中国的报批

在中国，项目文件的上报分为审批、核准、备案三种，根据中亚天然气管道项目的性质、规模等特点，该项目适用核准制相关要求。

根据中石油内部的投资建设项目管理程序和《境外投资项目核准暂行办法》相关规定，中石油在收到中亚管道公司上报的（预）可行性研究报告后，委托具有相应资质的咨询评估机构，对（预）可行性研究报告的可靠性、真实性、客观性、技术方案合理性以及项目投资是否可行进行评估并确定最佳投资方案，提出评估意见，形成评估报告。之后，中石油将申请报告及附件提交国家发改委进行核准。国家发改委相关部门组织专家组成评审委员会，对项目进行评审，并提出评审意见。

中石油于2007年3月上报了《关于中亚-中国天然气管道项目核准的请示》。2007年9月，中国石油咨询中心对该项目的可行性研究报告进行了评审，咨询中心为国家甲级资质的工程咨询单位，符合咨询业务资质要求。2007年9月12日至13日，中国石油咨询中心对本项目的可行性研究报告进行了评审，咨询中心组织专家组在北京召开了《中亚—中国天然气管道工程可行性研究报告》评估会，重点讨论了中亚天然气管道项目建设的必要性、主体和配套工程技术方案和投资估算及评价。本次评估的原则是在技术、经济比较中选择最现实可行的方案。评估过程中共提出了意见和建议30条，其中意见24条，建议6条。专家组评估认为：中亚天然气管道项目对保障国家能源安全具有特殊意义，项目建设是必要的。可研报告编制单位进行了大量踏勘和调研，可研报告编制内容深度符合国家有关规定要求，提出的管道建设规模与工程方案基本合理。评价报告所提出的问题和建议在后续工作中得到了全面落实，为项目的高质量推进提供了有力保证。

评审通过后，中石油向国家发改委提交了申请报告，国家发改委以咨询中心评估意见作为国家发改委的评审意见并于2007年12月14日以《国家发展改革委关于中亚—中国天然气管道项目核准的批复》对该项目进行核准批复。

（2）可研报告在过境国的报批

中亚天然气管道是跨国管道，可研报告需要通过过境国相关部门的同意。为了可研报告最终的审批需要，必须将《中亚天然气管道项目可行性研究报告》拆分成《中乌天然气管道可行性研究报告》和《中哈天然气管道可行性研究报告》两册，并根据乌国和哈国相关部门对可研报告的审批要求进行修改。

中亚天然气管道项目可研报告于2007年年底完成，在上报国家发改委的同时，2007年11月28日中亚天然气管道哈国段可研报告报请哈国建设委员会审批。由于经济方面有中石油做担保，所以较容易通过经济上的审批，哈国审批重点在于技术方面。哈国也非常重视项目对环境影响，关于环境影响的评估历经多次答辩，迟迟得不到批准。中方组织规划总院、哈国石油天然气研究院针对评估意见对可研报告进行多次修改，为了提高审批进度，中方人员频繁地来往于哈国环境委员会和审批委员会之间，对相关问题进行解释。2008年2月12日，中亚管道公司可行性研究报告哈国段最终获得哈国政府的批准。在乌国，一般由项目发起人以技术任务书为依据，编制预可研报告（在中国相当于可行性研究），经乌国政府建设委员会、经济委员会、国家对外经贸部、国家财政部、国务院信息分析局等部委审批后，由乌国内阁批准。本项目乌国段预可研报告于2008年1月下旬通过了乌石油公司的审查，并提交到乌国政府进行审查，于2008年4月5日获得乌国内阁的批准。

2008年1月30日，中乌合资公司正式成立；2月15日，中哈合资公司正式成立，之前CC+PMT的项目工作分别由中乌、中哈合资公司继续管理。

2.3 中亚天然气管道项目初步设计

2.3.1 中亚天然气管道项目详勘

中亚天然气管道项目要在2008年6月30日开工建设，根据设计工期倒推，2008年3月需要完成初设任务，最迟要在2007年底前提交详勘结果。为满足详勘工作的时间节点，详勘、初步设计和可研报告报批必须并行推进。2007年9月，规划总院基本完成可研报告，向发改委提交申请报告之时，CC+PMT便着手开始详勘的相关工作。

（1）详勘实施的组织

中国石油天然气管道工程有限公司（CPPE，以下简称管道设计院）和乌国勘察院、哈国设计院一起承担了乌、哈两国详勘的实际工作，但是当时可研报告还未被批准，合资公司尚未成立，详勘合同无法签订。最后由可研单位规划总院与当地详勘公司代为签订工程地质详勘合同，但中方实际承担的详勘单位是管道设计院。

（2）现场详勘

开展详勘工作时，线路沿线国家没有可利用的大比例尺地形图，线路设计人员收集购买管道沿线卫星遥感图并在其上选出路由以供现场定线参考。详勘任务时间紧，工作重，管道设计院在外方测量人员的协助下承担勘查工作。管道设计院领导从各项目抽调技术骨干及设备，较为顺利地完成了社会依托条件相对较好的哈国的勘察任务。

但是在乌国，详勘设备入境需要办理繁琐的行政审批手续。设备到达乌国时，要向相关部门申请进入许可，还需要在乌国国家安全部备案，仅仅这些手续的办理就需要较长时间，不能保证项目工期目标的实现。向其他在乌国做项目的中国公司借用设备的方案也因为工期、距离等原因不可行。管道设计院为解决设备难题与乌国勘察院合作。管道设计院

2007年10~12月，在项目没有法律主体的情况下，克服各种困难，抢在深冬来临前完成详勘，使利用冬季时间开展初设成为可能。

最初曾担心乌国勘察院的工作不能满足项目要求，但是该勘察院为完成详勘任务，专门从法国购买了一批先进设备，并从10个州调用技术人员参与勘查工作，给中亚天然气管道项目乌段的勘察提供了很大的支持。乌国勘察院主要完成管道沿线的地质勘查工作，同时承担了后勤和交通保障以及通行许可证等行政手续的办理；管道设计院主要进行现场管理。经过3个月左右的测量，管道设计院和乌国勘察院最终获得相关地质资料，完成现场详勘。

（3）编制勘察报告和审批

2007年下半年，合资公司还没有成立，没有资金，人员也没有到位，处境艰难，依靠拼凑中方人员身边仅有的现金，来支付当地雇佣人员的工资和一些勘察费用。勘察人员经受了恶劣的天气、险要的地形、狼群威胁以及当地警察盘问、罚款、扣留的严峻考验，用3个多月的时间完成了1800多公里的现场详勘工作，终于在2007年深冬到来前完成详勘报告，为管道设计院利用冬季开展中亚天然气管道项目的初设提供了保障。完成详勘比预期提前了十个月，对中亚天然气管道2009年年底实现通气目标起到了关键作用。随后中乌、中哈协调委员会组织审查详勘报告是否符合勘察合同规定，最终通过审批并将审批意见下发至勘察单位。PMT技术部对最终勘察报告进行整理、装订、归档和备案，为接下来的初步设计做好了充足的准备。

2.3.2 中亚天然气管道项目初步设计

设计技术方案直接决定中亚天然气管道项目的安全性、经济性、适用性以及整体工程项目的实施进度，并指导后续施工图的设计和其他相关设计工作。中亚天然气管道项目跨四国，因各国社会环境不同，设计理念也存在很大差异，中亚天然气管道项目工程技术方案设计是一项富有挑战性的工作。

（1）集中办公的联合设计

中亚天然气管道项目在"统筹安排、强化协调、抓大放小、死保节点"十六字方针的指导下，实现了工作的超前准备和并行推进。在2006年提前进行管道沿线的踏勘；在合资公司正式注册成立前，以CC+PMT为管理主体提前启动可研和详勘；在可研获得正式批准前，提前开始初设。通过采取多种工作交叉进行和并行推进的方式，确保了中亚天然气管道项目时间节点。中亚天然气管道项目哈国段的初步设计由管道设计院与哈萨克斯坦石油天然气研究院共同完成。根据2008年3月24日的乌兹别克斯坦总统令，中亚天然气管道乌国段管线的初步设计乌国国内的负责方为乌兹别克斯坦石油研究院，与中国管道设计院联合完成。

在进行初步设计时，在哈国遵守《哈萨克斯坦—中国天然气管道工程可行性研究报告》和《哈萨克斯坦—中国天然气管道工程技术任务书》；在乌国遵守《乌兹别克斯坦—中国天然气管道工程预可行性研究报告》和《乌兹别克斯坦—中国天然气管道工程技术任务书》。

按照惯例，初步设计应在可研报告批准后才能开始，而且要由当地设计院完成并报批。为了规避中方设计院在过境国当地的设计资质问题，同时也有效利用当地设计院资源和地方关系，中亚天然气管道项目采用了中方设计院与当地设计院联合设计的方式开展工作；为了抢时间，中亚天然气管道项目利用中方资源大胆地同步开展初设与可研报告报批，在合资公司成立前，提前启动初步设计；为保证中亚天然气管道全线的技术统一性和项目计划进度，中亚天然气管道项目由中方提前完成主要工作，哈方、乌方设计院配合审查，最终的技术报告上由双方联合签署，以当地设计院和中方联合完成的名义向政府部门申报初步设计，从而抢到了最为宝贵的时间。

在初步设计中，中方管道设计院负责编制项目主要技术方案、项目预算、经济评价初步估算、可行性研究报告和初步设计报告以及中方政府的报批等工作；当地设计院主要负责校对项目主要技术方案，审核项目预算，按照当地经济模型编制经济评价报告、环境评价报告、地质灾害专项报告、工业安全评价报告、考古专项报告等专题报告以及负责当地政府机构的评审和报批等工作。

管道设计院在初步设计过程中通过与规划总院、过境国设计院的充分交流，掌握了中亚天然气管道项目的详细情况，收集设计基本参数和外部输入条件，对可研报告中的重大技术方案，如管道全线水力计算、压缩机选型、站址确定、阀室数量选择、停机坪的设置、阴保方案的确定、线路路由选择、钢管选用、管径和壁厚选择等内容进行认真核对，并且前往中亚各国进行现场调研，提前确定初步设计中的重大技术方案。为了防止中方设计院与过境国设计院工作思路产生分歧，提高双方沟通效率，管道设计院在初步设计过程中，直接将外方设计人员集中邀请到中国，在管道设计院所在地廊坊一起进行初步设计，两国设计人员随时交流，使得初步设计方案既保证了工程质量又符合过境国当地的规范，避免初步设计方案在后期的大量修改，同时大幅度缩短了当地设计院的审查时间。这种集中办公的工作方式，在尊重对方的前提下为项目赢得时间，维护了双方的核心利益。

管道设计院全体员工遵循"周密安排、强力推动、集中力量、有序运行"的工作方针，抓住项目设计龙头，极大地推动了设计和以设计为基础的采购、施工等各项准备工作。在中亚天然气管道项目设计过程中，前期PMT、PMC承包商、乌国及哈国当地设计院始终保持良好的沟通和协调，建立了完善的管理组织架构和严格的设计管理制度，形成了一个沟通顺畅的设计团队，为中亚天然气管道项目的设计提供了保障，为保证工程项目的顺利建成和按期投产奠定了坚实的基础。联合设计和集中办公是中亚天然气管道项目不同于国内项目及其他大部分海外项目的创新，是中方为了有效掌控项目的整体设计、投资、经济效益、规范采用等详细情况而采取的有效措施和介入手段，实现了设计工作在所在国落地，保障项目满足所在国的相关规范和审批流程，推动项目顺利高效地在所在国实施。

（2）PMC的恰当授权和其影响力的妙用

项目管理承包商（以下简称PMC）是业主雇佣的专业化项目管理公司，作为独立的第三方代表PMT管理全部项目活动。PMC参与项目管理是国际常用的方式，但是乌国、哈国采用苏联标准而非国际标准，不倾向使用PMC方式。结合中亚国家的特点，中方缩小了传统的PMC在国际通用模式下的工作范围，重点把控设计审查，侧重中方和过境国之间的界面管理和合同管理，将PMC作为业主团队成员提供咨询服务，协助业主进行项目管理，相对弱化PMC独立咨询商的地位。中亚天然气管道项目选择了技术力量强、工程管理经验丰富的德国ILF公司作为PMC。ILF公司与中石油有过多次基于国际标准和规范的合作经历，选用ILF公司作为PMC以第三方的身份协调管理工程建设，在初步设计过程中，能够在一定程度上说服乌方、哈方，从而使得乌方、哈方与中方在技术问题上达成一致，为中亚天然气管道项目采用中方标准（即国际标准）提供了便利。同时，中亚天然气管道项目优先聘用来自于俄语区的人员参与项目咨询及现场监督和管理工作，既提高了工作效率和沟通的有效性，又减少了差旅费和人工费等支出。

在项目启动伊始，中方就安排ILF公司设计审查团队进驻管道设计院。这种方式加强了PMC同设计人员的沟通和交流，缩短了图纸批复的时间，加快了图纸批复的速度。正因为文件和图纸的快速批准，承包商的提前采购和现场的按时开工得以保障。PMC在乌国段设计方案的压缩机选型方面也发挥了很大的作用。压缩机是天然气管道项目核心设备，技术密集、工艺复杂、造价高昂且生产周期长。在设计方案中的机型选择过程中，双方因为全生命周期成本和环保限定数据采集方式不同，各持己见，僵持不下，为了解决此问题，双方将问题提交ILF公司解决。ILF公司作为第三方机构，拿出了专业的论证报告，使双方较快达成了一致意见，避免了后续工作的延误。

中亚天然气管道项目引入PMC进行项目的建设管理和实施，充分利用PMC作为独立第三方在技术与管理方面的权威，解决股东之间在技术标准、操作规范等方面的分歧。

（3）中国标准（即国际标准）的采用

中亚国家大多采用苏联标准，与我国国内和国际标准存在较大差异。主要表现在以下几个方面：1）中国标准直接采用的就是国际标准，该标准中天然气管道可以采用螺旋管，而根据中亚地区技术标准和惯例天然气管道应全部采用直缝管技术方案；2）苏联的SNIP标准则是直接对各种穿越段管道和特殊段管道进行了非常细致的划分，导致壁厚变化频繁，造成管道施工期间焊接工艺的频繁调整及单独试压管段大量增加；3）当地规范对不同管段的试压次数和试压强度与国内相关规范不一致。

SNIP标准是由苏联油气工业企业建设部为主在20年前编制，其在大口径、长距离的中亚天然气管道项目建设过程中出现很多的不适应，例如管道的安全距离、管道穿越地震带、穿越沟渠的规范要求等。中亚天然气管道项目初步设计方案原则上以当地规范为主，以国际标准规范（中方标准与国际标准接轨）为辅，均衡中国与过境国的利益。在规范不同于国际标准的地区，设计工作要建立在运用成熟技术的基础上，结合相应的国际规范，选择设备要体现高效、精准的原则，节约能耗，降低成本。在环保、消防、安全等方面的设计严格遵循当地规范的要求和国家的强制法规要求，确保设计完整并满足所在国审查和验收的要求。例如：中哈企业间协议中明确规定中亚天然气管道项目应当遵守哈国法律法规、标准及不低于哈国标准的国际通用标准规范。在协议中提出国际通用标准规范，能够为中方提供更大的设计方案选择空间。

2008年2月20日，中亚管道公司对《中亚－中国天然气管道工程初步设计》报告进行了审查，共提出工程技术方面意见81条。审查认为设计人员针对乌国、哈国的特殊情况有针对性的从规范、技术的实用性和可实施性、当地政府的强制性要求等方面开展设计和相关工作，主要技术方案合理、可行，但部分内容需进一步补充完善。初步设计报告的设计内容、设计深度符合国家及行业有关规定的要求，从标准规范上满足设备物资国际招标的技术要求。具体表现为：

1）管材选择采用国际规范和中亚当地的规范，直缝管和螺旋管均在项目应用之列，满足了国际招标的要求和项目管材供货的进度需要；

2）燃气轮机和压缩机组的技术要求采用国际标准，同时结合乌国、哈国对排放标准的要求进行设计和技术规范的编制，从单机能耗方面做到了最优化；

3）由于苏联规范对防腐和阴保的局限性，管材的防腐层设计和阴保设计采用国际标准规范，最大程度的减少了干线阴保站的设置；

4）计量设备引进了国际通行的超声波流量计量系统，提高了天然气计量精度；

5）消防设计则遵照当地标准规范进行，包括设备采购立足于当地标准规范和苏联标准规范，满足了过境国审查和验收的需要；

6）安全设计遵照当地标准规范。例如：根据乌国标准规范的要求，对压气站进行特殊的安全保卫设计（包括围墙、警卫室、瞭望塔、枪械库房等）；

7）配套工程采用的均是国内和国际上比较成熟的技术和配置，全线采用光缆和卫星通信系统及SCADA控制系统。

中亚国家和国际通用的标准规范不统一，中亚管道公司依据政府间协议及企业间协议关于采用标准规范的要求，没有强行推行国际标准规范，而是与所在国权威机构进行有效沟通，采取了当地标准规范和国际标准规范相结合的方式，尽量在使用规范的宽泛性上达成一致。在符合过境国规范要求的基础上，还为双方设计人员提供了更多的选择空间。

在国际合作项目中，无论采用何种标准，是否进行联合设计，目的都是为了确保项目的安全可靠。在这一点上合作各方均有共识，但涉及各自所熟悉的和各自国家所采用的标准体系时，都倾向于使用自己熟悉的标准规范。这也是合作各方坚持采用自己熟悉的标准规范，让自己的设计单位参与工作把控关键的出发点。作为中方投资者，必须严格遵守所在国的法律法规、规范和标准。但同时希望在当地规范基础上，以技术提升的手段提高项目的回报率和竞争力。在中亚跨国管道项目上，中方作为投资者不仅需要考虑投资、回报、输量等利益因素，还需要综合考虑合作者的技术、规范、发展、就业等，将收益与过境国更多因素进行关联，在实现自己目标的同时实现共赢，从而保证项目的长治久安。

（4）初步设计优化

在可研完成后，由于各方在规范和标准采用、技术方案理解上存在分歧，在技术方案的具体细节上还有待进一步完善。进入初步设计阶段，中乌、中哈技术人员在熟悉乌国、哈国设计规范的基础上，经过进一步沟通，并结合以前中亚地区已建工程经验，在初步设计方案中对可行性研究报告中的线路、输气工艺、站场设置等方案做了进一步优化。而且中哈边境只设立了一座计量站，中哈双方就这座计量站建在哈国境内还是中国境内进行了多次谈判。最终，中哈双方确定将计量站建立在中国霍尔果斯，但是由中哈合资公司管理，以此平衡双方利益。这种合资公司跨国境计量的方式得到了哈方认可，也降低了工程项目建设投资，是中亚天然气管道项目设计的优化和创新。通过初步设计优化，不仅节省了投资费用，而且减少了施工的难度，加速了施工进度，为项目的顺利完成提供了保证。

2.4 中亚天然气管道项目征地管理

2.4.1 征地工作程序

中亚天然气管道项目在踏勘确定初步路由后即开始准备征地的相关工作，在初步设计阶段全面开始征地工作。征地的程序分为路由权和征地图（红线图）的上报审批。

（1）路由权

路由权（管道通过权）是管道建设的重要依据之一，对于跨国天然气管道，必须在管道建设初期获得政府批准的路由权，以免在管道开工建设后，因属地国诉求改变路由而导致项目发生重大变化。

获取路由权是项目预可研阶段非常重要的工作，需获得管道途经的所有州府及下属区府盖章同意。项目单位将路由通过当地设计单位上报给所在国项目建设部门、土地规划管理部门、土地测量管理部门等土地使用相关的管理部门，申请路由权。国家相关部门将路由下发至各州政府，组织进行路由审批，各个州政府给予意见，决定是否批准在州范围内进行管道建设。州政府一方面直接将意见下发给合资公司，另一方面报给国家政府部门。路由审批全部通过后，合资公司与项目所在国相关行政机构及利益相关方签订合同，合资公司技术部按照管道路由与当地土地管理部门编制土地征用方案。

（2）征地图

征地图应该依据当地国标准规定的宽度和项目实际需要完成，征地图包括在建设阶段由于施工作业需要的临时征地，以及建设结束后在地面形成的管道附属设施如阀室、清管站、站场等的永久性征地。乌哈两国临时性征地一般为3.5年，永久性征地为30年。乌国的相关标准规定了相应管线对应不同类型的土地的征地宽度和并行管道间的间距。

（3）征地工作

在路由审批通过后，合资公司委托项目所在国当地的征地公司按照征地图进行征地工作。

征地工作主要包括：1）向行政机构申请办理用地许可；2）与被征用土地的地方行政机构和私人共同确定征地位置、面积、补偿额和汇款账号等参数；3）协助合资公司签订征地相关合同协议并进行补偿；4）整理所有征地相关资料，并提交给合资公司；5）协助合资公司解决在使用已被征用土地过程中所发生的纠纷和索赔等事宜，以及后期协助增加用地的征地工作。

征地公司将征地图报给国家相关部门，国家部门下发给各州，再下发给各区，各区进行现场勘查清点土地，根据当地情况对征地图进行审批，审批通过则颁发用地许可。征地公司应当协助合资公司按照项目所在国的规定确定各地区的土地补偿额。中亚国家同时存在国有土地和私有土地，国有土地必须按国家标准赔付；征用私有土地必须跟每一个土地主达成一致，签订合同并依法赔付。实际补偿和赔付后，各区政府才各自进行下发征地，合资公司才能获得土地使用权，接收国家划拨和私人土地所有者转让的土地。

2.4.2 征地中遇到的难题和解决

征地工作是项目建设的难点，建设征地不能落实，管道建设按期完工就变成一纸空谈。中亚天然气管道项目在乌国段通过聘用当地征地公司依照当地法律对相关利益方进行赔付，征地工作开展较为顺利。但是管道哈国段面临严峻的私有土地难题，沿线涉及土地主数量众多，土地主的情况也很复杂，沿线经过三个州24个区，涉及近2000户土地主，征地工作点多面广，如果部分土地主拒不同意管道通过或索取极高额的土地赔偿金额，将会迫使管道改线。开展征地工作需要确定每一户土地主的土地边界、土地面积、土地性质用途，到区政府土地局核对提交资料的合法性，工作量巨大而复杂。加之当时项目人员紧缺，按照整个程序，征地工作很可能要两年以上。

针对这一现状，中哈PMT积极研究相应对策，解决征地问题。为了尽快获得土地使用权，PMT通过唯一来源招标方式，让哈国当地土地管理中心根据线路走向、阀室、站场位置及伴行路设置提供了详细的土地资料，如户主、土地性质、征地土地面积等，合资公司根据这些资料与每位户主根据哈国法律计算赔偿额，并签订合同；对于有争议的赔偿，哈国合资公司聘请了哈国合法的评估公司。PMT采取主动协调的方式，委托当地征地公司，雇佣当地员工，利用当地员工与土地主进行政策解释和沟通。而对那些漫天要价、提出无理要求的钉子户，选择诉之于法律并依法解决。

对于土地主五花八门的要求，征地工作人员一项项去协商解决。同时为了使得征地问题不影响后期施工进度，征地人员经常坐在田间地头与土地主沟通协调，以使得项目先施工、后赔偿损失，为快速推进工程扫清阻碍。征地工作中，征地人员甚至采取了写保证书的方式，先征用土地并保证之后按法律规定进行赔付，不亏待土地主。

实际上，征地工作贯穿了管道建设的全过程。从施工建设开始，不时会有土地主到施工现场闹事、阻工，项目征地人员耐心地接待这些态度极不和善的土地主，态度诚恳，动之以情，晓之以理，争取顺利签订征地合同，为施工赢得时间。有一次，一位持枪土地主雇佣两名持枪者到现场阻工，气氛紧张，但是征地人员保持镇静，与土地主多次耐心沟通，讲道理、讲友谊、讲管道意义、讲当地土地法，并且保证赔付、保证施工后恢复等，千方百计安抚了土地主的情绪，最终成功签订了征地合同。正是征地人员这种面对困难永不退缩的精神，激励着他们共同奋战，才保证工程按期稳步开展。

中亚天然气管道项目哈国段总共妥善解决了200多次土地主纠纷，完成了395起征地案件的法律诉讼，合资公司与2025户私有土地主逐一签订了征地合同，获得了沿线十五个县级区和保护区的用地许可，以及三个州政府的土地使用命令。至2009年6月底，管道线路、9座清管站、120座阀室、26个停机坪均已无征地问题，给EPC承包商的施工创造了良好的条件。

2.5　中亚天然气管道项目前期工作最佳实践

2.5.1　超前谋划力保节点

在中亚天然气管道前期工作开展过程中，实现了"四个并行推进，三个超前准备"，即可研报批与合资公司创建并行推进，锁定管材资源与落实运输方案并行推进，初步设计与招标准备并行推进，工程招标与设备动迁并行推进；在可研获批前，

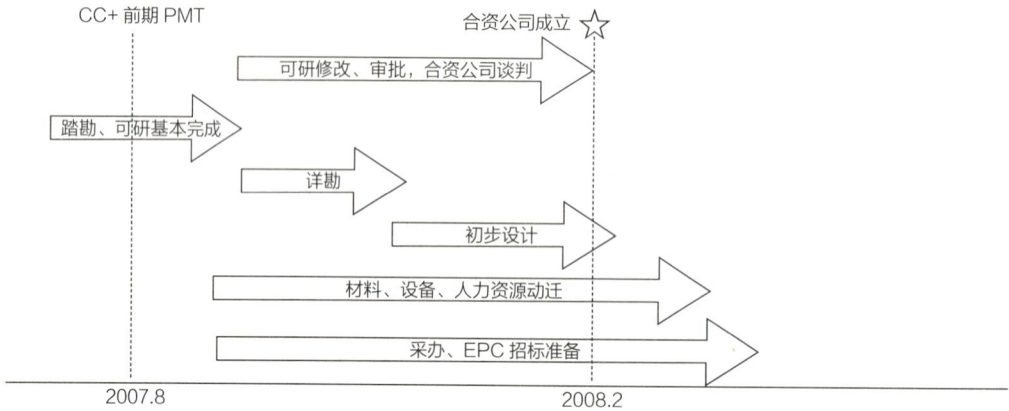

图 2-1　项目前期工作进展示意图

提前启动详勘；在合资公司正式注册成立前，设立CC+PMT；在采购合同未签订前，提前订购72万吨管材，动迁1500余台套设备，如图2-1所示。

在纯商务环境下，这些实践会使得参与方面临巨大的风险，但是中亚天然气管道项目作为国家能源战略项目有其建设的必要性。中亚管道公司确定了"创新思维，超常运作"的思想，创造性地通过外交手段，辅以合同制约，由中石油集团总部统一协调，有效开展"工序交叉、协同工作、并行推进"等建设管理实践，确保了工程的刚性节点，使工期目标得以实现。开创了在紧迫工期条件下举集团之力进行建设管理的创新之路。

2.5.2　实地调研专人监督

在中亚天然气管道项目初期，规划总院深入了解和遵守当地相关的法律法规以及所在国对于中亚管道工程所要求的报批文件和程序，有针对性的做好相关工作。由于对乌国情况不熟悉，规划总院提前一年即对乌国进行实地调研，了解了乌国的基本情况，这些工作为项目后期正式开展打下良好的基础。

中亚天然气管道项目在组织过境国报批过程中，积极主动，有问题及时跟踪处理，争取主动权，做好报批相关工作。项目人员不但积极组织各方专家及时对国家审批委员会提出的问题做出答复及解释说明，而且派专人对这项工作进行跟踪和监督，及时反馈和处理来自审批委员会的信息，确保项目及时、顺利地通过国家审批委员会的批复，并且调动了当地员工积极性，此外，找有经验、熟悉相关程序、有一定社会关系的当地员工参与报批工作，在报批工作中也起到了积极促进的作用。

2.5.3 联合设计引领规则

乌国、哈国沿袭苏联的标准规范，苏联的标准规范与国际通用的标准规范（中国标准与国际标准接轨）依据不同的理论体系，在某些条款的规定上冲突较大。中亚天然气管道项目借助第三方咨询PMC的影响力做了大量的技术协调和缓冲工作，从而较好地解决了当地标准与国际标准冲突较大的问题。

联合设计中中方设计院依托当地有影响力、有资质的设计院，联合开展研究和设计，确保跨国管线的技术统一性和项目计划正常执行。此外，集中办公的工作方式增进了双方的交流沟通，维护了双方的核心利益，既尊重对方也提高了设计效率，保证了中亚天然气管道项目的技术要求和目标。

2.5.4 及时总结推广经验

哈国原油管道的建设培养了一批技术和管理专家，这些业界骨干有力支持了中亚天然气管道项目AB线的快速平稳建设。设计是工程建设的龙头，经过若干项目千锤百炼的设计技术人员和项目管理人员运用其宝贵的经验，依靠其不辞辛劳的品质，最终在短时间内成功完成了项目管线和站场的设计方案，为后期项目建设提供了良好的开端。但是时间的紧迫性无疑会导致较为仓促的设计方案，一些不尽完善的设计会在后期逐渐显现。中亚管道公司及时总结了AB线设计的经验和不足，并在C线的设计中对方案进行合理优化，进一步完善设计方案，确保了更高的设计质量，而C线中暴露的问题必将在未来的D线中得到进一步改进。中亚天然气管道项目通过"设计-建设-运行-反馈-优化"的动态学习机制，不断提高后期工程的设计质量，大大降低了设计不完善的风险。中亚天然气管道项目前期阶段风险点防控示意图如图2-2所示。

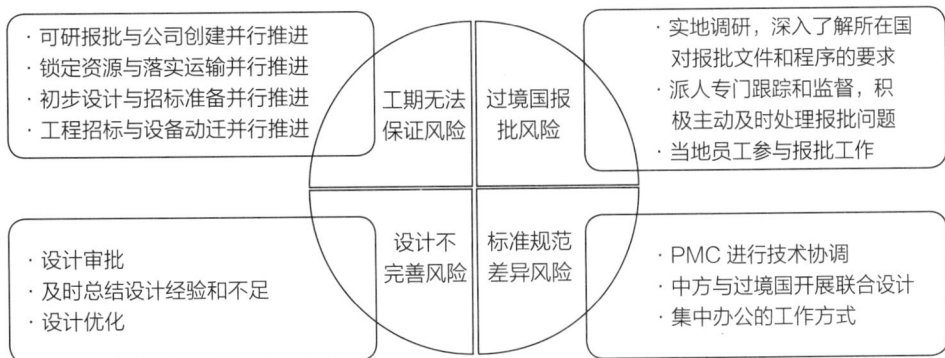

图2-2 项目前期阶段风险点防控

第**3**章

中亚天然气管道投资
决策与控制

中亚天然气管道的投资建设，符合各国的共同利益，在保障我国能源战略的同时也给沿线国家带来了巨额的经济收益。但管线建设面临较高风险，需要巨额资金，且在融资之时恰逢国际金融危机，资金的获得与投资的管控成为保证项目顺利建设和未来的项目收益的关键。面对重重困难，中亚管道公司采用项目融资模式，成功获得国家开发银行提供的99亿美元项目贷款。合资公司在项目建设过程中利用预算和偏差控制管理实现对资金的规划，并通过优化设计、国际公开招标、费用控制、税务筹划及集中统保等手段降低费用支出，最终将项目投资额控制在合理水平。

3.1　中亚天然气管道项目投资决策

中亚天然气管道是各方利益诉求的集中体现，投资建设中亚天然气管道项目势在必行。虽然中、土、乌、哈四国已经就建设中亚天然气管道项目达成一致，但各个国家利益有所差异，各方在如何投资建设中亚天然气管道项目上存在分歧，影响了项目的投资决策。同时作为商业化运作的跨国管道，中亚天然气管道项目的各项具体经济指标也成为投资决策的重要部分。

3.1.1　相关方利益均衡

土国天然气资源储量丰富，但出口渠道单一，通过中亚天然气管道将天然气输送到中国扩宽了土国天然气的销售市场，也提高了其与其他合作伙伴的议价能力。为尽快享受中亚天然气管道为其带来的议价能力，土国坚决要求在2010年初完成中亚天然气管道建设并投产运营，这一要求给项目带来了巨大的工期压力。此外，由于特殊的历史原因，土国在同中国签署售气协议时要求中国不得将天然气出售给其他国家，为引进土国天然气，中方接受了这一条件。

哈国幅员辽阔，有着较为丰富的油气资源，但分布较为不均，60%的油气资源集中在哈国西侧里海附近，而东南部油气资源相对较少、供应不足。因此，哈方希望通过中亚天然气管道调节国内的供需平衡。2007年8月，哈方向中方提出下载30~60亿立方米天然气供哈国使用的要求，同时认为管道通过哈国境内，中方应该交纳过境费。但是，由于中土之间协议要求中方不得将天然气出售给其他国家，为此中哈双方政府高层进行了多轮磋商，中方认为考虑到中哈两国是睦邻，关系友好，且哈国的政治局势比较稳定才放弃其他路由选择从哈国过境，哈方对中方的诉求给予理解，权衡利弊后最终放弃下载天然气以及索取过境费的要求，中哈两国顺利签订天然气管道建设运营协议。

2009年2月，在中亚天然气管道乌国段开工后，乌方向中方提出利用中亚天然气管道搭售加兹里气田天然气的请求。对中方而言，同意乌方的请求不仅可以获得额外的气源，还可以加强中乌之间利益的紧密性，降低管道在乌国运营的政治风险。然而加兹里气田并不在规划的路由上，改变路由意味着不仅需要额外大量投资和更多的施工量，也将对工期目标带来巨大的挑战。按照乌方提出的管线绕行加兹里的方案，管线长度将增加36km，同时需要增加压缩机数量并修改相应的参数，经过中方技术人员测算，这种情况下项目不可能按时完工，于是中方提出建设支线的方案——在保证原有路由建设的情况下，修建加兹里至原有路由的支线，这种方案不影响主线建设从而保证项目工期。但乌方考虑到与其他国家的关系，仍然希望中方能接受乌方提出的方案，希望在不修建支线的情况下出售天然气。双方始终无法达成一致。在经过十几轮的艰难谈判后，中方创造性地提出了既能保障项目工期又能满足乌方请求的方案：现有单线+双线绕行加兹里气田，即在原有路由上铺设单线临时管道，通过临时管线建设保证28个月工期并按时通气，在绕行线路建设完毕后再将临时管线停用。该方案在满足2009年底通气要求的基础上，使乌国的要求得以实现。

3.1.2 项目经济指标

中亚天然气管道既是保障中国能源安全的战略通道，也是商业化运作的跨国管道。在投资决策阶段，各方重点关注影响投资回收的项目投资额、内部收益率和管输费等财务指标。

（1）项目投资额

跨国管道建设主要包括管道工程、站场工程、通信工程等工作。根据前期实地踏勘调查并参考相关规范文件，估算AB线线路长度为单线1833km，站场工程包括8个压缩机站、3个计量站。项目总投资额约99亿美元，其中乌国段30亿美元，哈国段69

亿美元。然而，2007年乌国和哈国的GDP分别为223.7亿美元和1053.3亿美元，中亚天然气管道项目投资占GDP比例高达13.4%和6.5%，可见依靠工程所在国完成全部投资或大部分投资的可能性几乎不存在。

99亿美元的项目投资几乎全部来自贷款，如此高额的贷款，少有银行能够单独提供，而多家银行组成银团需要经过繁琐的程序，在短时间内是不可能完成融资谈判的，这与项目28个月的工期相悖。中亚管道公司创新思维，利用国家支持和依托集团整体力量，积极发挥中方优势解决资金问题。在工程所在国法律要求合资公司中当地公司至少占有50%股份且合作方只提供有限资本金的情况下，国有银行有能力且能够以适当的利率水平为项目提供足额的贷款，同时在融资过程中中石油的自身优质资信（惠誉评级A）可为合资公司提供担保，降低资金成本，还可以利用中石油优势，调动相关工程设计、供应和建设单位在项目尚未获得贷款的情况下投身项目建设，中石油下属单位中油财务有限责任公司也可为项目安排早期过桥贷款使合资公司在成立初期得以顺利运作。国家和中石油的支持，确保了中亚天然气管道项目资金的顺利到位。

（2）内部收益率

合资公司双方股东经过磋商，确定了乌国段和哈国段项目现金流税后财务内部收益率。并且依照可行性研究中估算的建设投资、运营费用以及年输气量，估计了项目的管输费单价。同时管道建成后合资公司将与托运人签订管输费照付不议协议，保证合资公司每年能够获得足量管输费。

可行性研究中的指标数据大多来自预测和估算，具有不确定性。因此在进行可行性研究时，中国石油规划总院进行了财务内部收益率敏感性分析。结果表明，建设投资、经营成本和管输量的变化都会给内部收益率带来影响，其中管输量影响最为显著，其次是建设投资，而经营成本变化对项目财务内部收益率的影响较小。

根据以上估算的建设投资、运营成本、输气量和管输费，项目能够回收投资并较快地偿还银行贷款，项目盈利偿付本息的保证较大，借款偿还风险低，而项目投资以贷款为主，因此项目回收投资较为可靠。

（3）管输费

合资公司的收益主要来自于管输费，从合资公司股东角度考虑，管输费越高越好；但管输费由中石油下属公司中联油支付，从中石油角度考虑，管输费较低更为合适。因此中亚管道公司希望与合资公司外方股东就一个合理的管输费达成一致。

管输费的测算受到很多因素的影响，包括：项目建设投资、运营成本、管输量、预期收益率，其中项目建设投资、管道运营成本以及预期收益率与管输费正相关，管输量与管输费负相关。在双方股东已就预期收益率达成一致而管输量又难以准确预测的情况下，项目建设投资以及管道运营成本成为影响管输费的主要因素。在A线投产前双方股东测算管输费时发现，建设投资比运营费用对管输费的影响更大，但A线中建设投资已成为历史数据无法改变，但在后续B线以及C线建设工程中可以控制建设投资，利用资金的时间价值，降低管输费，从而提升合资公司的利益。

3.2　中亚天然气管道项目融资筹划

按照国际工程项目建设的一般程序，股东应先建立项目公司，之后以项目公司为主体，依托项目公司资本金、项目未来收益或者其他资产抵押进行融资，资金到位后正式开展招标和采购等工作。但中亚天然气管道项目时间紧迫，按部就班地进行融资工作必将影响项目工期。在中石油的支持下，合资公司在尚未获得融资贷款时即利用中油财务有限责任公司及渣打银行提供的过桥贷款开展项目建设。但是，过桥贷款属于短期贷款，是过渡性的贷款，期限较短，利率也相对较高，合资公司需要尽快完成融资取代过桥贷款。因此在合资公司成立后，双方股东迅速启动了融资程序，在股东内部完成协调磋商后进行融资招标，最后与贷款银行谈判完成融资。

3.2.1　股东之间的磋商

在融资谈判中，合资公司将作为一个整体与银行进行谈判。因此，在融资谈判前合资公司股东之间必须就担保的提供、贷款银行的选择等融资的关键问题达成一致，为此双方股东进行了多轮磋商。

中外双方利益诉求不一致导致了对担保问题的分歧。从产业链来看，中亚天然气管道运输的天然气是从土国购买，通过中亚天然气管道运输到中国境内，可以说上游买气以及下游售气，都是由中方主导。中乌、中哈合资公司分别作为中亚天然气管道乌国段和哈国段的法人主体，负责天然气运输，在管道运营收费上，双方经过多轮的磋商，确定采用收取管输费的方式。乌、哈两国在合资公司投入的资本金不足以支撑合资公司进行传统的银行贷款，也不能达到担保条件。而对于中方来说，中亚天然气管道项目是中石油的重要海外投资项目，也是保障中国能源战略的重大项目，如果按照传统融资方式由中石油进行长期贷款担保，将大幅增加中石油的担保负担，降低中石油资产质量和信誉，增加中石油的长期财务成本，使中方投资者承担巨大风险。

在贷款银行的选择方面，外方特别是哈国希望能引进与其合作的银行。中方则希望由中国的银行来提供贷款，这样有助于在资金层面保证项目及时完工。

双方利益诉求的巨大差异注定了谈判的艰难程度，经过数个月艰苦卓绝的谈判，在双方均做出一些让步的情况下，2008年5月双方就融资问题基本达成一致：采用项目融资模式进行融资，由中石油利用自身资信提供建设期的担保，用管输费照付不议输气协议作为非建设期担保，双方协商形成包含中外银行在内的融资银行短名单并向短名单内银行发送融资邀请。

3.2.2 融资难点

中亚天然气管道项目在融资方面临许多障碍，既有国际金融市场大环境不景气的影响，也有来自于项目本身的困难以及过境国政策的限制。融资难点如图3-1所示。

2008年初，中亚天然气管道项目建设前期工作全面启动，工程建设急需大量资金，由于合资公司资本金很少，绝大部分建设资金依赖外部金融机构。然而时年恰逢美国"次贷危机"爆发，国际金融市场发生强烈的信贷收缩

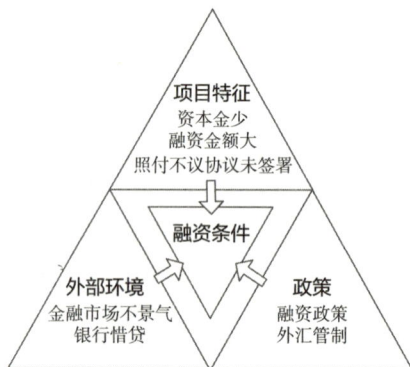

图 3-1　融资难点

效应，国际金融机构普遍缩减对外贷款，如果前期融资工作滞后，将会直接影响项目的顺利开工和建设。2008年下半年，在金融风暴愈演愈烈之时，中石油和中亚管道公司组成的融资工作组艰难地开展了与国际国内大银行的前期融资沟通，参与的国际大银行大多直接表示无法提供贷款，少数继续关注的国际大银行也表示最多只能提供几亿美元的贷款，根本无法实现巨额融资；而国内银行由于面临的风险加剧，均提升了信贷条件，其中某些条件十分苛刻，中亚天然气管道项目基本无法满足。中亚天然气管道项目融资面临极其恶劣的外部环境。

不仅国际金融环境堪忧，中亚天然气管道项目本身也不属于银行青睐的优质项

目，因为其融资额巨大、项目资本金过少、巨额过桥贷款融资、尚未签署管输费照付不议协议。

（1）融资额巨大

中亚天然气管道计划融资99亿美元，其中中乌合资公司30亿美元、中哈合资公司69亿美元。数额巨大，在金融风暴的背景下，国际上少有银行或者银团能够提供如此巨额的贷款。

（2）项目资本金少

作为过境国，乌国和哈国的经济状况限制了其在合资公司投入的资本金，并且由于当地法律要求当地公司在合资公司中所占股比不少于50%，同时也限制了中方在合资公司中投入的资本量。中方与外方等量的资本金，导致合资公司总资本金较少。其中中乌合资公司中方、乌方各出资150万美元，资本金300万美元；中哈合资公司中方、哈方各出资500万美元，资本金1000万美元。两个合资公司资本金占融资额百分比均小于百分之一，这与国际贷款项目中资本金占建设投资额20%~30%的标准相差甚远，因此为中亚天然气管道项目贷款将会给银行带来巨大的风险，这增加了融资的难度。

（3）巨额过桥贷款

过桥贷款作为弥补融资时间缺口的手段，利率相对较高。中亚天然气管道项目建设紧迫，在没有获得融资前需要支付前期设计款、采购款、EPC预付款等，由渣打银行和中油财务提供了22亿美元过桥贷款，这笔过桥贷款保证了项目的进度，但也增加了项目的融资成本。

（4）尚未签署管输费照付不议协议

双方股东磋商约定，由中石油提供贷款的建设期担保，将管输费照付不议协议作为非建设期担保，但由于项目工期紧迫，在项目融资时，合资公司并未签署管输费照付不议输气协议，非建设期担保不能及时到位也增加了融资的难度。

同时作为融资主体的合资公司还要受到来自乌方、哈方的政策法规以及合作意愿的影响。

哈国规定融资来源确定之前，不能进行项目招标，即需要确定提供融资的牵头银行，并由牵头银行出具意向书才能进行项目招标，这与哈方引入与其合作的银行的意愿相互呼应。但是在实际操作中发现，在金融危机的背景下哈方推荐的银行根本不能提供满足项目需求的贷款，而且即使能联合更多银行为项目提供贷款，由多家银行组成银团将会面临复杂的程序，这与项目紧迫的工期相互矛盾，而且项目也无法提供银团要求的详细项目进度。

哈国经济较为开放，不存在外汇管制，哈国货币坚戈与美元可以自由兑换。但乌国实行外汇管制制度，外汇可以自由兑换乌国货币苏姆，苏姆却不能自由兑换成外币流出，且政策规定在乌合资企业的一半收入必须由美元结汇为乌国货币苏姆后存入当地银行，一方面减少了未来可以流出乌国的美元额度，另一方面也加大了货币资金的贬值风险。

3.2.3 融资难点的突破

考虑到国际金融环境不景气的外部因素，同时意识到项目资本金极少，为保证项目的顺利进行，合资公司决定采取项目融资模式，以突破融资困局。

（1）采用项目融资筹集资金

中亚天然气管道项目的主要资金来源是贷款。由于项目具有投资额巨大、建设及运营期长、所在国利益诉求多、管理协调难度大以及运营风险高等特征，公司融资模式无法保障项目及时获得足额资金，也难以保障合资公司的整体利益，而项目融资具有周期长、金额大、风险分担、有限追索等特点，正好为中亚天然气管道项目所需巨额资金提供了一种可行的筹资方式。

（2）实施国际招标，选择战略合作银行

针对外方希望引入自己有影响力的银行，项目融资银行采取国际招标，中方着重推荐国家开发银行、中国银行等熟悉中石油项目、有一定合作基础的银行参与。同时也引入了NATIXIS银行、ING银行、澳新银行等国际银行参与投标，增加竞争机制，拓宽选择范围，降低融资成本，既体现了市场化竞争的优势，又保证了合资公司的利益。通过股东谈判、招标条件设置以及招标过程，最终选择国家开发银行作为牵头银行进行融资。国家开发银行资金充足，提供了优惠的融资条件，且熟悉中石油项目，与中石油有着良好的合作历史，更有支持国家"走出去"政策的大局观，有利于在融资谈判过程以及漫长的贷款期内实现中方与贷款银行的有效沟通，保障合资公司的整体利益。事实也证明，正是有了战略伙伴的和衷共济，中亚天然气管道项目融资才得以最终实现。

（3）把控项目融资各个环节

在融资谈判中，项目融资以乌国和哈国两个合资公司为融资主体，中方股东和当地股东分别参与各自项目的融资工作。乌、哈两项目融资同时开展，中方通过对比、相互引导等手段，推动外方股东加快决策，并通过咨询人员、律师以及合同文本共享，有效节省了融资时间，降低了融资前期成本。

（4）解决所在国法律限制

中亚管道公司通过当地律师、中国律师等多方律师参与，最大限度运用并调动各方智慧，预见并解决国际惯例与所在国法律不接轨的问题，确保项目融资既符合当地法律程序，又保障合资公司利益。例如，乌国法律规定，合资公司的50%外汇收入需强制结汇。而本地币兑换美元审批时间不确定，若合资公司外汇收入被强制结汇50%，剩余的50%外汇收入远远不能满足还本付息的需要，本地币兑换美元的过程更使合资公司承受不能按时还本付息的风险和巨大的兑换损失。考虑到以上情况，合资公司采取签署承诺书方式，乌方股东承诺在第一条管线运营前，合资公司将获得外汇收入强制结汇的豁免权。这一机制促使中外双方股东共同积极努力，获得了外汇收入强制结汇豁免总统令，降低了贷款银行回收贷款本息的风险，保障了项目融资的实现。

（5）降低中石油担保风险，保障中石油资信

针对项目特点，中方经过多轮商谈、集合各方智慧，最终确定了中石油提供建设期担保，以管线资产抵押、管输费照付不议输气协议质押作为非建设期担保。在建设期内，中石油提供完工担保，在签署管输费照付不议输气协议后释放完工担保。这个创造性的机制将中石油的担保期限定在建设期，保障项目在建设期内获得较低的贷款利息，在项目建设完成后实现项目独立运营、独立承担还贷责任，大幅降低了中石油的担保风险，保障了中石油的长期资产质量。

中石油为项目融资提供完工担保而不是直接融资，同时合资公司50∶50的股权结构不会使得合资公司纳入中石油的合并报表，因此项目庞大的贷款不会直接增加中石油资产负债率；运营期内以管输费照付不议输气协议替换完工担保，也不会对中石油债信产生影响。因此，创新形式的项目融资安排有效避免了巨额融资对中石油的债信水平产生巨大负面影响。

3.2.4 融资谈判

在中方的统筹及合资方股东参与下，中哈合资公司和中乌合资公司分别于2008年7月和8月开始同国家开发银行进行融资条件书的谈判，并在融资条件书中基本确定了项目融资模式，规定了项目融资的主要内容，包括项目融资期限、融资额度、

提款条件、提款期和融资担保等内容，确定了以管线资产及管输费照付不议输气协议为抵押、中石油只为建设期提供担保等有利于保障中石油利益的融资条件。项目融资条件确定后，融资合同谈判阶段开始。经过激烈谈判，中乌合资公司于2008年11月18日签订融资协议，中哈合资公司于2008年10月22日签订了融资协议。

激烈的谈判过程

项目融资协议签署后，合资公司还需要在短时间内满足复杂的融资先决条件，不遗余力地协调各方力量完成工作。中哈、中乌项目奋力工作，分别于2008年11月和12月实现首次提款，融资工作终于全面完成。

3.2.5 融资评价

中亚天然气管道项目在融资过程中采用项目融资模式为项目的顺利建设提供了有力的资金支持，在保障资金需求、控制投资者风险、保障合资公司利益和增强项目管理方面起到了积极作用。

（1）确保项目资金需求

中亚天然气管道项目全线投资约99亿美元，资金额巨大，建设期3.5年，运营期长达30年，难以以传统方式筹集到金额如此巨大、期限如此长的贷款。项目融资依赖项目的现金流量和资产来安排融资，而不依靠项目发起人和项目资本金，因此项目融资成为获得项目资金的重要保障。

（2）控制中方投资者的风险

由于中亚天然气管道项目运营时间长，投资回收需要十几年，而且跨国管道面临着诸多风险，考虑到各个股东均不愿单独提供担保，如采用传统公司贷款，由中石油提供担保，将会对中石油资产的质量和信誉产生较大影响，从而影响中石油的财务成本。而利用项目融资具有限追索的特点，可以将中石油承担的风险限制在中亚天然气管道项目之内。

（3）保障合资公司利益

中亚天然气管道采用合资公司运营的方式，如果使用传统公司融资，由一方股东提供全程担保，将增加另一方股东在运营期的筹码，增加合资公司整体的运营风险和成本。而采用项目融资，将运营期的收益权抵押给贷款银行，按照贷款银行的要求进行融资，可以对双方股东加以约束，保障整体利益。

（4）增强了项目管理

中乌、中哈合资公司的股权比例均为50：50，在项目的建设运营过程中可能因为利益冲突而导致决策困难、效率低下。融资银行为保证其资金安全，通过融资合同对合资公司提出了完善的管理要求，从出资方角度全面监控中亚天然气管道项目的工期、资金、收益等事项，保证项目按时建成并正常运营，以按预期回收资金。

3.3　中亚天然气管道项目资金规划与控制

项目资金运作可以分解为"一进"和"一出"，其中项目融资以及管输费为"进"，要想使项目有良好地收益，还应该对资金的"出"加强管控，要在投资计划、费用控制、税收和保险等方面对资金进行规划与控制。

3.3.1　投资计划管理

中亚天然气管道项目投资计划管理分为年度预算编制和管理、月度资金使用计划编制和管理、投资偏差管控。

（1）年度预算编制和管理

年度预算管理旨在指导项目编制合理的年度预算，以保证项目投资能精确的调配使用，规范项目行为，为项目进行年度投资控制提供基准。项目年度预算编制的主要依据是项目所在国法律法规、合资公司章程制度、项目可行性研究报告、初步设计、投资估算、工程概算和建设合同等文件。

合资公司中方人员在每年6月份向中亚管道公司提出下年度投资计划以及本年度投资计划调整，中亚管道公司审核通过后，合资公司中方人员同外方人员共同编制合资公司下年度预算以及本年度预算调整，并上报双方股东。双方股东提出意见，意见不一致的由股东直接协商，最终形成本年度预算调整以及下年度预算计划。在每年9月份在由合资公司发起的股东会议上，双方股东正式批准本年度预算调整和下年度预算。

编制过程中双方股东对预算管理的出发点不同，由于项目不存在过境费，管输费成为合资公司最大的收益来源。天然气购买方是中石油集团下属的中联油，管输费的高低会影响到集团公司内部单位的利益，但是外方股东的利益关注点集中在管输费，如果合资公司成本提高，提高管输费价格即可，这使得外方股东在制作预算时没有控制预算的动机，会选择相对保险但成本也会更高的方式制作预算。而中方股东希望将管输费控制在科学合理的水平上，因此中方大力倡导合资公司实施全面预算管理，培养外方人员控制成本的理念。

同时在规定时间内合资公司预算计划部门应编制上年度预算完成分析报告，对上年度项目预算实际完成情况进行说明，如与预算存在偏差则需对偏差原因进行解释，并对上年度预算执行中存在的问题进行说明并提出处理意见，为下年度的预算编制提供借鉴。

（2）月度资金使用计划编制和管理

除年度预算管理外，合资公司还需编制月度资金使用计划，旨在统筹安排资金，为融资银行安排合资公司提款提供依据。首先需要由PMC、TPI、EPC承包商及业主自行采购物资的供货商等相关方按合同约定按时提交月度资金使用计划，合资公司建设相关部门依据项目所在国国家以及当地的有关法律政策、合资公司章程、年度预算、承包商上交的月度资金使用计划和项目进度安排等，编制月度资金使用计划并交由合资公司主管领导审批，经审批后的月度资金使用计划将作为合资公司从贷款银行申请提款的主要依据和参考。

合资公司财务部门将在规定时间前编制完成上月度资金执行情况分析报告，报告内容包括上个月项目资金计划与实际完成情况分析、计划与实际情况的偏差分析和偏差原因解释、上月度资金使用计划执行过程中的问题和处理意见以及资金使用计划编制的建议。

（3）投资偏差管控

投资偏差控制旨在项目实施过程中，对所有影响投资的活动进行恰当而连续的有效管理，从而在实现项目目标前提下，将项目投资限定在批准的额度内。

在中亚天然气管道项目实施过程中，合资公司根据年度预算、月度资金使用计划监控项目各项支出，以发现是否存在投资偏差。当实际投资与预算产生偏差时，合资公司控制部要进行报告，对偏差情况及原因进行分析，并建议纠偏措施。纠偏措施主要包括：1）组织措施，明确各级投资管理人员的投资控制职责，实施目标责任管理，调整项目组织结构、任务分工、管理职能分工、工作流程组织和项目管理的人员等；2）经济措施，从全局出发，检查投资计划有无保障、是否与施工进度计划发生冲突，制定节约投资的奖励措施；3）技术措施，调整和优化技术方案，改变施工机具；4）合同措施，保存施工现场的各种有关资料，对由EPC承包商原因引起的投资偏差进行索赔，明确索赔程序及要求。

为了利用国际先进经验，实现高水平管理决策，合资公司聘用PMC协助合资公司控制部进行投资控制，其主要职责包括：在合同条款、进度计划的指导下，协助合资公司编制资金使用计划；协助合资公司监督实际工程进度；协助合资公司对EPC合同中可能出现的费用偏差进行控制；协助合资公司监督支付给其他承包商的费用；协助合资公司监督其他承包商提交的发票、单据等文件是否符合规定并如实反映工程进度；协助合资公司检查各分项工作或服务费用支出是否合理有效等。

3.3.2　优化设计控制费用

在项目建设中，合资公司还通过优化设计方案节省了大量的建设费用。通过对不同方案的认真比较、仔细选择、合理优化，确定设备、材料的合理选型，由中方牵头进行初步设计，并选择统一、适当的国际技术标准，从而达到节约控制投资的目的。例如，中亚天然气管道建设中使用螺旋管代替直缝管，突破了中亚地区传统，实现从只认同苏联标准向接受国际技术标准的转变，为实现预定的项目工期提供了决定性的保障，而合适的管径与国内资源的匹配也给中亚天然气管道管材供应带来更大的选择空间。

"直缝变螺旋"的决策在解决了资源保障中的核心问题的同时，也大大节约了采购成本，中国钢管以相对低价参与竞标，通过市场竞争压缩了国外厂商的利润空间，为项目节约数亿美元的投资。

3.3.3　招标采购成本控制

（1）管材提前锁定

2007年底，中亚管道公司管理层果断决策，按照中石油物资采购管理部的方案，发挥中石油的整体优势，由采购中心组织实施，提前锁定了21.6万吨管材钢。2008年5月，为规避钢材价格上涨和汇率变化等风险，又采购钢材50万吨。两次采购提前锁定了中方所需82万吨管材采购总量的87.3%，在国内外多个大型长输管线项目同时展开、生产资源紧张的情况下，为中亚天然气管道项目争取到了钢材资源使用上的主动性。据测算，按照2008年6月合资公司授标购买管材价格，提前采购72万吨管材钢节约成本数千万美元。

（2）四根变五根

在使用铁路运输管材时，通常的装载方案是每单节车皮装载四根管。经过对装载方案详细测算和多次试验，在确保运输安全的条件下，每单节车皮设计装载五根管。新装载方案节省了车皮数量，大幅提高了运输效率，节省了25%的运力，缩短了管材运输时间，保障了短时间内现场的管材需求，同时也节省了铁路运费。根据测算，运输费用约占合同总额的近20%，其中，国内铁路运费约占运费总额的近40%，按节省运费约25%算，实现四根变五根的装载方案，仅国内铁路运费一项就节省运费数千万美元。

（3）国际公开招标

在中亚天然气管道建设过程中，中国石油工程建设有限公司、中国石油管道局工程有限公司（以下简称"管道局"）、中国石油技术开发公司（以下简称"中技开"）等中国工程服务和物资装备企业承担了项目50%的工作量，这对控制整个项目的建设投资起到了重要作用。中亚天然气管道是一条横跨四国的国际性管道，中亚管道公司按照国际项目的运行管理模式组建了合资公司，项目建设所需的管材、阀门、压缩机等主要材料装置以及EPC承包商、监理服务商、融资财团等的采购，均遵循国际公开竞争性的招标采办模式。国际范围内的承包商、供应商和咨询公司均可参与竞争性投标。这种竞争性投标模式，在保证项目质量和工期条件的基础上，最终实现了降低中亚天然气管道项目建设投资的目的。

3.3.4　合资公司费用控制程序

合资公司建立了费用控制程序，通过审核和批准程序，对EPC合同费用支付、变更索赔、PMC和TPI费用支付、业主采购及行政管理费用支出进行更好地控制，并且通过规范程序，降低合资公司开支。

（1）建立费用控制组织体系

合资公司在公司内部建立了完善的费用控制组织体系，以财务计划部为投资控制的管理部门，项目控制部为项目建设成本控制的执行部门，合同采办部（商务合同部）为项目变更及索赔的管理部门，施工部及技术部为项目建设成本控制的支持部门。

（2）建立费用审批管理程序

根据项目管理的需要和不同费用类别，合资公司建立了公司层次的费用审批管理程序，包括EPC项目费用支付和发票审批程序、PMC费用支付和发票审批程序、TPI费用支付和发票审批程序、行政费用审批程序等，使各项费用的支付有章可循、按章办事。

（3）针对EPC合同，建立完善的管理程序

EPC合同的费用控制工作是项目费用控制的重点和难点。按照国际项目管理的惯例，合资公司在合同文本中明确了各项管理程序和文件，制定了严谨的费用支付条款。在合同签订后，针对每个合同，合资公司建立了合同执行计划、进度计量程序、发票管理程序等。

每个EPC合同均按进度计量程序和发票管理程序进行结算，上述程序由项目控制部汇总施工部、技术部、合同采办部（商务合同部）及财务计划部意见批准，作为费用控制和费用执行的基准。

进度计量是项目进度和费用控制的基础。对EPC项目，以合同价格为基点，结合类似项目的经验，编制了详细可行的合同价格分解，按设计、采办、施工、投产等向下的单项价格分解细表和相应的进度测量表，各部门在收集实际进展情况后汇总给控制部，作为合同付款的依据。

发票管理程序是合资公司对EPC项目进行费用支付和审核的重要支持性程序。该程序详细规定了EPC合同发票准备、发票计算、发票提交的详细过程，并明确了作为发票的重要支持性文件的已完成工作量统计报告的格式和内容。

（4）项目合同变更及索赔管理

合资公司严格按照批准的项目合同变更管理程序及索赔管理程序，对变更和索赔进行管理。合同采办部（商务合同部）是项目合同变更及索赔管理的主管部门，项目控制部、施工部和技术部是项目合同变更及索赔管理的支持部门。根据项目建设的实际情况，EPC合同的变更管理和索赔管理是项目变更及索赔管控工作中的重点。

对承包商提出的合同变更，凡涉及费用变更的按合同及变更程序要求在合同限定的时间内提交符合要求的变更申请资料。变更申请提出后，由合同采办部（商务合同部）协调各职能部门及监理对变更申请进行审核，审核通过后提交PMT领导审核，PMT领导审核同意后应由PMT合同费用控制责任部门提交一份增加预算调整申请，附加合同变更申请及PMT审批意见交由合资公司预算计划责任部门进行预算审批，之后

按照批准权限逐级报合资公司总经理、合资公司管理委员会、股东会议进行批准。

对由PMT提出的合同变更，如涉及费用变更的，变更提出部门应首先做出变更费用估算，然后由PMT领导审核。PMT领导审核同意后由变更提出部门提交一份增加预算调整申请，交由合资公司预算计划责任部门进行预算审批。批准后的变更申请及支持文件作为审核承包商索赔的基准。

（5）PMC、TPI的费用控制

首先，由合资公司用人部门如施工部、合同采办部（商务合同部）提出用人需求计划，经项目控制部门和财务计划部审核后由预算计划责任部门根据服务合同编制费用预算，作为服务合同费用控制的基准。

合资公司PMT部门在签发工作令时同时抄送给合资公司控制部门，预算计划部门应及时做好月度实际发生费用的统计报告工作，及时把统计信息和批准投资预算情况反馈给PMT各部门，PMT各部门及时调整动迁人员计划，把PMC及TPI合同的费用严格控制在批准的投资预算范围内。

（6）业主采购合同的费用控制

对业主负责采购的合同，如管材、压缩机、阀门等采购合同，合资公司以合同价格作为费用控制的目标，严格按照合同的相关条款执行，避免索赔及各项风险损失，同时，应与涉及违约的合同另一方及时沟通，提出反索赔，弥补项目损失，节约合同费用。

（7）行政管理费用控制

合资公司股东批准总预算，各部门递交费用需求计划，财务计划部编制总体行政费用预算，合资公司预算管理组审批批准，形成合资公司行政管理费用执行和控制的基础。执行时由各执行部门提出需求单，需求单经过主管领导、财务计划部门、总经理审核之后通过招标或者直接签订合同采购。每一项行政费用都经过"预算审核——合同审核——付款审核"的三重审核模式进行严格的控制。

3.3.5 税务筹划

税务开支在项目投资占比较高，税务筹划基本目标是在遵守或尊重税法的前提下，在正确履行纳税义务的同时，充分享受纳税人的权利，实现企业税收利益最大化，税后价值最大化。中亚天然气管道项目通过税收筹划，卓有成效地控制了项目费用。由于乌国和哈国法律体系和税收制度不尽相同，在两国采取的税务筹划举措也有所差别。

（1）乌国税务筹划

根据乌国税法，EPC合同作为整体服务合同包，需统一征收服务增值税；与此同时，还要单独针对P合同（采购合同）征收进口增值税，这样便产生了重复征税的问题。

为了解决这个问题，在合同签署过程中，合资公司将P合同与EPC合同包分离。从而使服务增值税的征收范围缩小至E合同和C合同，对P合同只征收进口环节的增值税。从而避免了双重征税并且大大降低了纳税总额，站场建设和通信设备合同由此受益。

除了EPC合同的税务筹划外，合资公司还积极利用当地承包商Zeromax的强大公关能力，协助推动办理税务减免工作，并在2009年12月份获准列入乌兹别克斯坦国家石油控股公司所属企业，从而获得乌国总统令，免除服务增值税，仅此一项税收优惠政策就为项目节省了上亿美元的投资。

合资公司还对与融资有关的税费进行了深入研究，通过聘请第三方机构咨询、给税务主管部门信函申诉等方式使得与融资费用有关的前端费、杂费、承诺费等费用免缴非侨民所得税（代扣税）、服务增值税等上千万美元。

（2）哈国税务筹划

哈国政府对在其境内从事经营活动的非哈国企业征收非侨民税。中哈合资公司为当地企业，但是项目贷款行国家开发银行为非哈国企业，且合资公司支付给贷款行的利息应该为税后净值，这意味着合资公司要为国家开发银行缴纳15%的非侨民税，考虑到融资额逾70亿美元，此项税务支出将会数额不菲。通过对哈国税法以及相关文件研究，合资公司发现中国政府同哈国政府在2003年签署的《中国政府和哈萨克斯坦共和国政府避免双重征税协定》规定，在哈国的中国企业可以享有5%的非侨民税优惠，其中中国政府100%控股企业可以免征非侨民税。国家开发银行作为100%政府持股企业恰好可以适用该协定。但在AB线建设过程中由于时间紧迫，没能提供适用优惠条件所需的证明文件。在AB线建成运营、C线建设过程中，合资公司积极争取此项税收的减免。在申请过程中，哈国税务部门要求合资公司每年出具国开行的"居民身份证明文件"，虽然国开行确为中国政府100%持股，但股东成分复杂，证明难度极大。最终，合资公司请求哈国财政部向中国税务总局发函，请中国税务总局认证国家开发银行100%被中国政府控股的事实，同时在国内通过中石油协调税务总局，请求税务总局出具证明，并声明证明长期有效，最终解决了国家开发银行的身份证明问题，免除全部的非侨民税。

哈国另一项占比较高的税种是增值税，正常企业是销项税额减进项税额计算应纳增值税额，而哈国规定长输管道管输费收入的销项增值税率为零，对于这种情况依照哈国税法规定是可以退税的。但法律只是在框架上做了规定，没有规定具体条件，而且由于合资公司AB/C三条管线应返还增值税额度逾10亿美元，这给增值税返还带来了巨大的难度。针对这种情况，合资公司向哈国税务局发出专项申请，要求其审查后对合资公司返税。合资公司致函哈国财政部、主管税务局主张退税权利，加上中石油高层的多层面协调推动，自2014年起分期分批实现了增值税返还，这给项目节约了巨额投资，对可用现金流的增加和管输费的控制都起到了积极的作用。

在C线建设中，合资公司提前筹划，选取在压缩机关税减免方面经验丰富专家组成工作组，全面负责压缩机关税减免工作，通过公开招标选择经验丰富和实力较强的清关公司，提前与供货商和清关公司商议并制定工作计划等一系列措施，充分调动多方资源和利用哈国法律，实现了压缩机整体关税减免，节省数千美元。

3.3.6　集中统保

在中石油以往海外工程建设中，均把保险放在EPC合同内，要求EPC承包商购买保险，并承担出险后向保险公司索赔的责任。这种模式下业主比较轻松，只需将保险费用付给承包商即可，保险责任转移给了承包商。但这种投保方式缺点也较为明显：不利于全面控制项目风险，可能造成承包商为追求低费率向资质能力不足的保险人投保，导致出现风险事故后保险人因实际偿付能力不足而造成业主的损失；EPC分别投保使保障范围和标准得不到统一，易造成保险责任界面多，责任界定不清，产生多方纠纷；保险费用偏高，EPC承包商投保责任限额可能会达到其负责的全部工程额度，使保费大幅上升；难以有效监控防灾防损工作；业主难以掌握索赔的主动权。

为克服上述不利影响，中亚天然气管道项目决定从AB线开始就使用业主统一投保的模式。然而，中亚天然气管道为跨国管道，各国法律对保险规定有所不同，对本国保险公司有所保护，要求保单应在当地保险公司出单，因此全线跨国统一投保的设想未能实现。但中亚天然气管道项目在同一个国家实现了由业主统一采办工程险。

由业主统一办理工程险的优势有：全面控制项目风险，使各方利益能够得到保险保障，有利于工程的顺利完工；统一保险保障的范围和标准，有利于业主统一合同责任界面，避免不同保险公司、不同合同承包商间的纠纷；因投保额的规模效应，可以节省保费支出；发生索赔时可直接与保险公司谈判，从而掌握索赔的主动权；统一防灾防损工作，采用有效的防灾防损措施对于降低损失有着重要的意义；缩小投保范围，通常EPC承包商自己买保险时会为全部工程额购买保险，而业主可以对整个管道进行风险评估，结合乌国、哈国的地质条件以及施工特点，经专业第三方评估，估算出一次性最大损失的量，并据此采用最大损失额方式投保。

通过乌国、哈国两段的集中统保，合资公司保费支出较EPC采购保险模式节约50%以上。此外，由于项目施工质量高、HSE要求严格、项目出险较少等原因，项目保费持续优化，节省了巨额的保费支出。

3.4 中亚天然气管道项目投融资与资金管理最佳实践

3.4.1 依托国家和集团

中亚天然气管道的规模巨大，且涉及中土乌哈四国利益均衡，项目投资建设内容、项目投资额及收益能力都存在着巨大风险。

作为能源战略通道，中亚天然气管道投资决策与资金筹措是国家意志和集团力量的体现。项目建设过程中气源国、过境国均提出各自要求，土国要求不在过境国下气、乌国希望管道绕行搭售其天然气、哈国希望下载天然气均衡国内能源需求，国家和集团部门积极同三国谈判斡旋，找到了彼此都能接受的方案，并最终明确项目投资及运营内容，为后续有序建设奠定了良好的基础。

项目融资时恰逢国际金融危机，同时中亚天然气管道项目由于资本金极少、贷款额极大缺少担保，完全按照商业化运作贷款难度极大，中方积极发挥国家优势，安排国有银行为项目贷款，同时中石油集团凭借自身资信提供建设期担保。国家和集团的整体力量优势为项目解决了资金来源上的后顾之忧。

3.4.2 借助中方资本，从"第三方"角度推动项目

引入中方银行既解决了资金来源问题，也可以在融资谈判中对股东的利益请求加以约束，保障合资公司利益。合资公司股权对等，在项目的建设运营过程中有可能因

为利益冲突而导致决策困难和效率低下，融资银行可以从第三方的角度加大对合资公司的约束，有效地保障了管线长期稳定运行。

3.4.3　多策并用，降低成本

在中亚天然气管道建设过程中，在保证"28个月建成通气"目标的同时，还需要控制成本超支风险，保证不超出预算，力争节约投资。

中亚天然气管道项目在投资控制中，建立了严格的预算管理制度及资金使用程序。通过国际竞争招标选择了在技术和报价上都具有优势的承包商，在保证项目质量和工期条件的基础上，最终实现了降低中亚天然气管道项目建设投资的目的。

在税务方面做到提前筹划与及时改进，通过调整合同管理模式等方式避免重复征税，或是合理避税；通过国家间的避免双重征税协定或者管道过境国减免税规定，降低税费支出；与当地公司合作，由其协助办理清关、缴税事宜，减少当地海关、税务部门不必要的限制。

中亚天然气管道项目采用了分段集中统保的投保措施，全面控制项目风险，统一保险保障的范围和标准，掌握索赔的主动权，降低了保费标准。

中亚天然气管道项目投融资与资金管理最佳实践如图3-2所示。

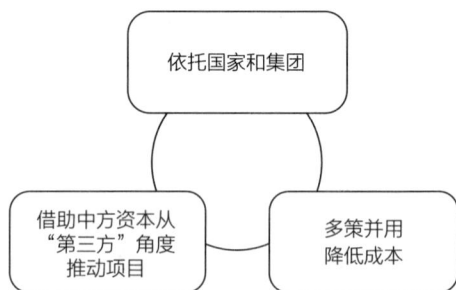

图3-2　投融资与资金管理最佳实践

第4章

中亚天然气管道合资公司
建立与运作

作为管道建设及运行的法律主体，合资公司的成立对于中亚天然气管道建设至关重要。中亚管道公司考虑到项目横跨四国的特点以及中亚地区政治、商务和法律环境，务实地选择了分国分段的"双边合资＋多边协作"模式。在中乌和中哈合资公司成立前，采用了项目协调委员会（CC）与前期项目管理团队（PMT）的组织形式开展管道建设工作，为管道工程在28个月内完成建设和投产提供了有力保障。在建设工作进行的同时，双方股东经过艰苦的谈判，最终就股权、决策机制以及重要职位轮换规则等关键问题达成了一致，找到了利益平衡点，成立了合资公司，为中亚天然气管道的各项工作有序开展提供了保障。

4.1 中亚天然气管道项目双边合资与多边协作

4.1.1 中亚天然气管道建设的严峻局势

在同一个国家内建设管道，制度环境稳定，管道工程的质量、工期和费用也容易控制，而跨国管道的建设会受到相关国家政治、法律、文化等制度环境差异的影响。国际上，同类跨国管道——马格里布－欧洲天然气长输管道建设工期为6.3年，而当时中亚天然气管道项目的建设工期只有2年零4个月，工期紧迫。

（1）项目工期

项目工期会对项目采用的管理模式产生影响。在项目工期充裕的情况下，中亚管道公司可以与

2007年8月，中国石油天然气集团公司党组召开中亚天然气项目启动专题会议，会上正式任命了中亚管道公司筹备组领导成员

气源国、过境国进行充分的协商，从谈判中争取尽量多的利益，采用最经济的管理模式。

然而中亚天然气管道项目自2007年8月成立筹备组，到2009年底必须建成通气，只有28个月工期，时间极其紧迫，这意味着项目工期成为最重要的管理目标。中亚管道公司需要在满足工期的前提下，选择一种投资更小的、高效的建设管理模式。

（2）政治环境

与欧洲、东南亚等地区相比，中亚地区是出现时间较短的相对独立的政治区域，目前还没有整体、明确、可供操作的地区内部机制来组织和协调各国间的一体化进程。中亚五国自苏联解体后独立，形成了不同政治体制和不同政治发展道路，各国之间历史关系错综复杂，存在许多悬而未决的问题。例如边境问题，自苏联解体后，各国边界仍存在界定模糊的地方，乌、哈两国之间同样存在边界纠纷。尽管近些年中亚各国间的关系呈现出较明显的改观趋势，但长期的历史问题和现实利益的冲突，使得各国之间的国家关系仍很微妙。

中亚地区的地缘政治以及丰富的天然气资源储量，使该地区在世界能源格局中扮演愈来愈重要的角色，这使得世界各个能源消费大国，如美国、俄罗斯、日本等国，都希望获得中亚天然气的资源供给，世界大国和利益集团均从各自利益出发对中亚地区能源外输通道建设提出了设计方案，形成了复杂的能源商业利益博弈格局。

中亚各国间的复杂政治关系对跨多国的中亚天然气管道项目管理模式的选择产生了影响，也增加了中亚管道公司与当地政府合作谈判的难度。中亚管道公司的管理人员需要了解中国政府与乌国、哈国两国政府的关系，综合考虑两国的政治体制、政党体制、国家利益、政府在经济中的介入程度以及政治环境的稳定性等因素，寻找与乌、哈两国各级政府部门开展合作的差异性策略。

（3）法律环境

一个国家的法律环境与政治环境密切相关。中亚天然气管道作为跨四国的长输管道，其建设和运行需要同时考虑气源国、过境国以及消费国共四个国家的税务、商贸和外交等方面的制度规定。中国与土、乌、哈三国在法律体系与具体法律规定上有很大差异，投资法、外汇管理法、公司法、税收法和劳动法等法律直接影响中亚天然气管道项目的建设管理模式选择。例如，乌国在外汇和劳务方面管制较为严格，苏姆与人民币不能直接结算，对合资企业中外国员工数量也有一定限制；而哈国近年来放宽了外资进入的限制，加强了对外国投资的法律保护，基本上给予外资与本国企业相同待遇，哈国货币坚戈可以自由兑换人民币，但哈国劳务保护政策较为严格，只有在哈国出现空缺的工作岗位和依靠国内劳动力市场没有可能满足对劳动力的需求时，才有可能引入外国劳务，同时引入的劳务还要受到一定的时间限制。

因此，中国法律与乌国和哈国法律的差异同样对中亚天然气管道项目的建设管理模式和运行模式的选择产生了影响。

（4）文化环境

文化环境所蕴含的因素主要有社会阶层、家庭结构、风俗习惯、宗教信仰、价值观念、消费习俗和审美观念等。中亚各国人民传承不同文化，彼此不同的文化背景导致不同的思维方式、思维特征和思维风格，选择中亚天然气管道项目的管理模式时需充分考虑来自不同国家员工的行为方式，尊重他们的宗教信仰和文化价值观念中的差异，避免因为文化差异产生误解与冲突，以提高组织运作效率，保证中亚天然气管道项目的顺利完成。

4.1.2　国际通用的跨国管道建设管理模式

在建设和运行跨国长输管道项目时，国际上的合作模式通常包括：管道全线由同一项目公司建设和运行、各过境国独立建设和运行管道以及消费国独立建设与经营管道等三种主要模式。实践中，这三种模式各自有其先进性，都不乏成功运作的先例：加拿大－美国联合输气管道由两国多家石油企业共同出资成立项目公司，共同建设自加拿大西部不列颠哥伦比亚省到美国伊利诺伊州芝加哥的管线；阿尔及利亚－欧洲天然气管道采用过境国独立经营管道的模式，资源国阿尔及利亚、过境国摩洛哥、消费国葡萄牙及西班牙分别经营各自国家境内的天然气管道；穿越地中海输气管道的突尼斯段采用消费国独立经营模式，由意大利埃尼集团SNAM公司独立运行突尼斯段，因此又称作"突尼斯模式"。

考虑到中亚天然气管道项目的实际情况，若该项目由同一项目公司组织实施则便于协调和保持全线的一致性，但需要单独就规范项目公司行为制定"多边公约"，甚至新立法以调整项目环境，且多方合作，不确定因素增多，谈判周期也比较长。加拿大－美国联合输气管道采用管道全线同一项目公司的方式实施项目，在16个月的工期内完成了3000公里管线建设，充分体现了同一项目公司的优势——全线9个工程公司协同推进，优质高效完成项目，但其背景具有特殊性：管道参建国家较少，仅有气源国加拿大以及消费国美国，两者利益诉求基本相同；前期准备充分，虽然管道建设工期仅有16个月，但是花费三年半的时间进行了充分细致的前期工作，集中力量攻克了技术难题，提前融资和订购管材和压缩机。而中亚天然气管道资源国、过境国及消费国共4个利益相关国，资源国与过境国、过境国之间在边界、民族、文化上存在较大争议，法律体系也存在较大差异，难以顺利合作。在中亚管道多方参与、项目工期紧迫的情况下，采用同一项目公司进行管道建设的难度极大，难以达到快速优质完成管道建设的目标。

若采用各过境国独立经营的模式，虽然可以有效地避免各国之间的政治纠纷、法律和文化差异，但将会极大增加中方的协调难度，特别是在管道建成后的长期运行期内不利于保障管道的安全稳定运行。

由作为消费国的中国建设和运行全程管道是最理想的模式，但实施起来存在层层困难。几种传统模式与中亚天然气管道项目目标的匹配情况见表4-1。

传统模式对比			表4-1
	全线同一项目公司	过境国独立经营管道	消费国独立经营
工期	×	×	√
政治	×	√	×
法律	×	√	×
文化	×	√	×

注：√与×表示模式与中亚管道目标之间相互匹配关系，其中√表示匹配，×表示不匹配。

因此，从中亚天然气管道项目所面临的上游供气期限、过境国之间关系谈判时间成本以及确保各方利益等各方面因素看，上述几种传统模式都无法完全适应项目需求。

4.1.3 分段双边合资与整条管线的多边协作

中亚天然气管道项目是中国引进境外天然气的战略通道工程项目。上游资源锁定、下游市场确定以及项目风险可控，为合作方式创新提供了足够的空间和充分的保障。中亚管道公司大胆提出并采用了"分段双边合资与整条管线的多边协作"的项目合作模式，并据此创建和实施包括合作协议、法人治理、制度建设、管理机制和法律风险防范在内的全要素管理体系，从而有效破解了中亚地区的复杂地缘政治给项目实施带来的工期困难。

分段双边合资与整条管线的多边协作是指中国作为市场国，与管道上游资源和运输过境涉及的土、乌、哈三个国家分别签署政府间协议，按国家分段合作，分别确定各国境内管道路由、政府承诺和支持政策；根据政府间协议，与各过境国相关国有油气公司分别签署企业间协议，分国家组建项目公司负责管道各段的建设和运行。同时，在双边合资的基础上，设立运行协调委员会，克服分国分段的地理局限性，实现全线运行的统一协调与协作。如图4-1所示。

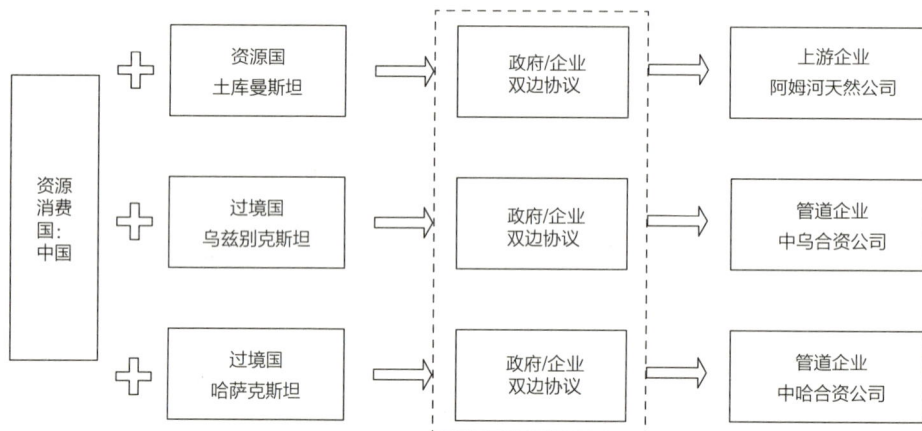

图4-1 中亚天然气管道项目政府及企业间协议体系

分段双边合资与整条管线的多边协作这一模式，既保证了乌、哈两国境内管段建设和运行的独立性，最大程度减小了其中一国境内工程建设进展对另一国的影响，同时又能发挥中国作为资源消费国在建设技术、工期和运行管理等方面的整体协调作用；并巧妙回避了中亚各国关系紧张这一敏感问题可能给项目带来的影响，减少了各方之间出现争议的可能性，大大缩短了商务谈判的时间，增强了中方对中亚天然气管道项目的影响力。

4.2 中亚天然气管道项目协调委员会与前期PMT

4.2.1 "CC+前期PMT"模式

根据双边合资与多边合作的思路，中亚管道公司将与乌兹别克国家油气控股公司和哈萨克斯坦输气股份公司分别成立中乌合资公司和中哈合资公司，这两个合资公司分别是中亚天然气管道项目乌国段和哈国段建设和运行的法律主体。这种双边合资降低了多边合资谈判的难度且节约大量时间，但即使如此，双边组建合资公司的谈判仍需要时间，无法在短期内完成。为了确保工期，中亚管道公司积极与乌方、哈方沟通，在合资公司尚未成立的情况下，采用项目协调委员会（Coordination Committee，CC）和前期项目管理团队（Project Management Team，PMT）的模式提前开展项目的建设工作。CC和PMT由双方股东各派出相应数量的代表履行岗位职责，形成了合资公司谈判与项目建设同步并行实施的局面，极大地缩短了建设工期。

中亚天然气管道项目的"CC+前期PMT"模式，是国际化运作与工程实际需要相结合的项目管理实践，是面对时间压力下的项目管理组织方式创新。在"CC+前期PMT"模式中，CC是决策机构，其中中方与乌/哈方油气公司领导共同出任协调委员会联合主席，在项目中代表双方的利益。在项目公司成立之前，CC主要负责中亚天然气管道项目重大事项的决策，包括项目总体控制、任务分配、批准计划任务表、批准预算、批准合同、批准中期及最终工作报告和协调必要的联系等，并得到双方股东的授权。

前期PMT是工作执行机构，由中方、乌/哈方股东派遣的高级管理人员构成，包括PMT中方、乌/哈方负责人和下设的各职能联合工作组管理人员。前期PMT主要负责项目公司成立前的各项工作的落实，包括具体执行CC做出的各项决策、管理和控制联合工作组工作、确定技术工作内容、协调各联合工作组工作、管理中油国际哈萨克斯坦子公司及中国石油规划总院等中国石油子公司与承包商签署的合同、管理控制承包商工作、收集和整理投资论证原始数据、审查中期报告、形成投资论证统一报告、筹备成立项目公司以及监督、控制和协调工作计划和预算执行情况等具体工作。

4.2.2 "CC+前期PMT"模式组织结构与部门设置

（1）组织结构设计原则

在设计"CC+前期PMT"模式组织结构与各部门职责时，综合考虑了以下三点原则：

1）部门专业化。在设置组织结构与相关部门时，要保证其具备实现项目目标的必要职能。中亚天然气管道项目的设计、采购、合同管理和施工职责都必须要有相应的部门专门负责。当某一项职能需要两个以上部门合作实现时，应明确每一部门负责的工作界限，避免出现争议而降低工作效率。

2）部门精简化。组织结构应以精简设计为原则，在能有效实现组织目标的前提下，部门数量必须力求最少，以减少需要协作的界面。作为项目公司成立前的过渡组织，"CC+前期PMT"模式不需要进行冗杂完备的部门设计。在前期人员和时间资源有限的情况下，维持最少的部门设置有利于高效地完成组织目标。

3）部门灵活化。协调委员会与前期PMT组织结构较为灵活，一定时期内，组织设立的部门并不是永久性的，其部门的增设和撤销应视中亚天然气管道项目的具体需要而定，必要时可设立临时或专业工作组解决遇到的问题。当某一具体问题解决时，相应的工作组可以随之撤销。

（2）组织结构设计与部门职责

遵循以上组织结构与部门设计原则，最终完成中亚天然气管道项目"CC+前期PMT"模式组织结构的设置，如图4-2所示。前期PMT组织结构由PMT Leader、PMT协调员以及下设的工程技术组、商务合同组、财务法律组和综合后勤组4个主要业务部门构成。

在中亚天然气管道项目前期准备工作中，由CC对重大事项做出决策，通过中外双方同时签署相关决策纪要的方式直接给PMT Leader下达指令，PMT Leader领导的PMT负责具体执行CC做出的决策。

工程技术组主要负责项目前期在可研、勘察和初设阶段的技术工作，包括编制技术任务书，准备可研和勘察所需的基础资料，监督和管理承包商工作进度，优化技术方案，初审各项工作报告，选择技术顾问，处理所有与技术和标准相关的函件，编制

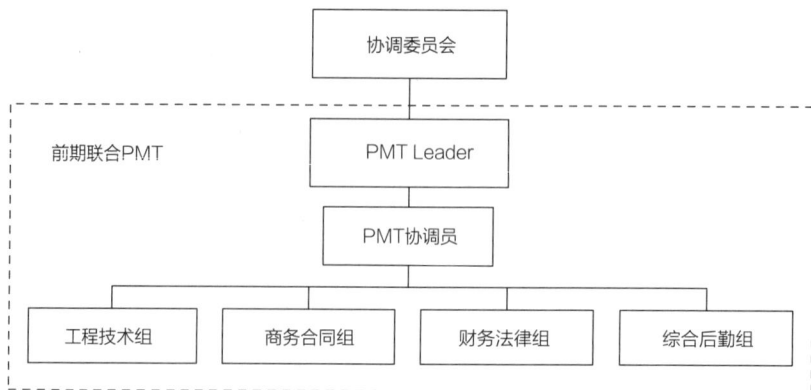

图4-2 "CC+前期PMT"模式组织结构设置

实施工作计划等。

商务合同组负责协调有关部门开展市场调研，选择潜在的设备供应商、监理咨询单位和EPC承包商，起草准备详勘、初设、有关咨询服务以及其他采购合同，参与创建协议和公司章程的起草准备工作，与工程技术组、财务法律组一道和承包商谈判确定最终的合同条款和价格，办理承包商的付款事宜，准备业主所供材料、设备以及设计、采办和施工的招标文件，编制前期PMT工作预算，处理有关商务文件。

财务法律组主要负责计划预算以及法律咨询等工作，包括编制PMT各项工作及行政预算，编制合同费用审查、批准和支付程序，审查各项工作报告中的经济财务评价，研究未来成立项目公司后偿还历史费用的程序，编制项目进度计划和跟踪督促，工作进度报告和汇报材料编写，起草项目公司章程和创建协议等法律文件及就相关商务法律条款做审查工作。

综合后勤组主要负责行政后勤及文档管理工作，包括行政后勤、财务和文档管理制度的起草工作，PMT的人事行政管理等方面的事务，PMT文档管理以及在PMT内的流转，PMT信函、文件的翻译工作，以及办公配套、车辆、各种会议、开幕组织、人员招聘和雇用等其他所有行政事务。

PMT组织机构的设立已基本满足项目管理前期的相关工作任务的要求，且具有工作效率较高、反应敏捷、工作任务和目标明确等优点。

（3）组织机构决策机制

合理的组织结构设计能够使各部门明确地完成组织目标，而高效的决策机制能够为组织指明方向，使信息快速传达到各层级，便于组织快速做出反应。中亚天然气管道项目"CC+前期PMT"模式主要确定了以下三种决策方法：第一，定期会议，中外双方协调委员会主席按照规定定期召开会议，协商批准PMT提出的各项工作计划、报告、预算及其他一些双方有争议的问题；第二，临时会议，在遇到重要紧急事件或可研、勘察及初设工作计划发生重大修改时，由一方提议，得到另一方同意后可召开临时性会议，对于重大变更做出决策；第三，纪要传签，双方通过纪要或文件的传签形式对某项工作或计划进行决策。

以上三种决策方式保证了双方对于重大事项决策的一致性，为项目的顺利实施提供了重要保障。

4.3 中亚天然气管道项目合资公司章程制定及成立

4.3.1 合资公司股权比例确定

合资公司成立过程中股权比例成为双方争执的焦点，占股多的一方不仅能够在合资公司运行过程中分得较多红利，而且更能主导公司事务。中亚跨国管道主要投资来自中方，中方又是天然气的购买国，中方在管道建设和运行中承担的责任和风险远大于过境国，当然期望更多地主导合资公司的事务。

当时，中哈已经在输油管道上开始合作，并且中哈双方以49：51股比组建了西北管道股份有限公司。在合资公司的经营活动中，中方话语权较弱。从这段合作经历推测，对于中方主要投资的中亚天然气管道，如果不能拥有足够话语权，将无法按时完成管道工程的建设。中方为保证中亚天然气管道项目在2009年底前按时完工，并保证在项目建设以及未来运行期间中方拥有足够的决策权，提出中方应拥有超过50%的股权，但是这一提议遭到哈方的反对，其主要依据是哈国关于合资公司的法律规定。根据哈国法律，在合资公司中，哈国当地公司所占股权比例不能低于50%。在中方的争取下，最终双方以50：50的股权比例组建了中哈合资公司，选择对等的股权结构既考虑了中哈双方合作的历史，也满足了哈国法律的要求。

中乌合资公司参照中哈合资公司也将股权比例定为了50：50。采取50：50的股权结构，是国际上带有明显政治特点的外商合资企业开展合作的股权结构，任何决策只有双方股东都同意方能通过，形成了"点头不算摇头算"的局面。对等的股权结构决定了中哈双方对等的决策机制，在保证投资安全的同时也带来了合资公司工作效率低下的问题。因此，合资公司需要通过工作流程的标准化及制度化以减小双方共同决策所产生的管理成本。

4.3.2 合资公司决策机制创新

中亚天然气管道项目的高度复杂性和不确定性，使其在建设和运行过程中不断面临新的问题，需要及时做出大量关键性决策。这些决策为合资公司的管理工作和管理行为提供了目标、程序和方法，合理高效的决策机制对提高公司的整体管理水平和管理绩效有重要意义。

（1）合资公司决策机制设计原则

基于提高决策效率和公平性的目标，中乌、中哈合资公司在决策机制的设计中遵循以下三个原则：

1）保证股东利益和对等原则

中乌和中哈合资公司中双方股比相等，对双方股东而言，任何决策下双方承担的收益和损失是相同的。决策机制设计要体现对等原则和对双方利益的重视和保护，任何重要决议都需要双方股东的同意，同时双方股东都可以对有损自身利益的决策进行否定。

2）公平与效率原则

合资公司中双方股东股权比例对等，理论上应该对公司决策拥有相同的话语权，公平原则要求合资公司的任何一项决策都是双方股东意志的体现。但即使双方股东在总体目标上一致，在一些具体事务上也会存在分歧。如果事无巨细，只要双方意见不一致就由股东大会进行协调决策，则会导致项目决策效率低下，进而影响项目工期，因此还需要将效率原则融入项目决策中，可以采取授权、控制决策人数等手段提高决策效率，兼顾项目公平与效率原则。

3）中方积极推动决策的原则

在中亚天然气管道建设过程中双方股东目标一致——快速优质地完成管道建设，但为保证管道在2009年底单线建成通气，中方对工期有着更加紧迫的要求，由工程建设经验丰富的中方推动项目决策，有助于快速推进项目建设。

（2）合资公司决策机制

中乌合资公司的决策机制分为三个层面：参股人大会、总经理和审计委员会。参股人大会是中乌合资公司的最高权力机构，负责确定公司经营活动的主要方向，选任和解聘公司总经理、第一副总经理以及批准公司的预算等活动。每个参股人有权通过办理适当形式的委托书指定一名代表以参股人的名义参加参股人大会的工作，参股人大会可以批准不超过1500万美元的交易程序以及根据招标结果决定超过1500万美元的交易。总经理由参股人大会选举产生，对参股人大会负责，保证执行和完成参股人大会决议，维护公司的利益。审计委员会由参股人大会选举出的4人组成，审计委员会主席以及其中一名成员由乌方推荐并经参股人大会批准产生，副主席及另外一名成员由中方推荐并经参股人大会批准产生。审计委员会主要负责监督公司的财务经营活动和编制审计报告。

中哈合资公司的决策机制分三个层面：参股人大会、管理委员会（以下简称管委会）和审计委员会。参股人大会是中哈合资公司的最高权力机构。中哈双方股东各派代表出席参股人大会，并依照对等股份额行使表决权。只有当双方股东都参加时，才能召开参股人大会，任何决定均须双方股东一致通过。参股人大会可以批准金额为12亿坚戈（1000万美元）以上的交易。管委会是公司的执行机构，由六名成员组成，包括中哈合资公司总经理、第一副总经理、总会计师和三名副总经理。总经理和两名副总经理候选人由其中的一个参股人提名，由参股人大会任命；第一副总经理、总会计师和一名副总经理候选人由另一参股人提名，并由参股人大会任命，总经理任管委会主席。如果四名管委会成员或更多成员参加管委会会议，则管委会有权做出决议，决策权限为2400万坚戈（20万美元）到12亿坚戈（1000万美元）的合同。合资公司所有重大事宜必须上报双方股东，双方股东做出决定后，指示合资公司总经理执行，总经理可以代表合资公司签署不超过2400万坚戈（20万美元）的合同。审计委员会共4人构成，中哈双方各两人，由参股人大会选举产生，按照双方股东的要求对管委会的财务经营活动进行审计和检查。

合资公司具体运行过程中，每一次项目决策都严格按照合资公司决策程序进行，在已签署相关协议文件项下形成对双方都有约束力的会议纪要。这样的决策程序不仅保证了决策有效性，避免了事后机会主义，而且进一步充实和丰富了已建立的项目运作的法律框架。

与传统公司权力配置相比中乌、中哈合资公司的决策权明显上移。合资公司总经理的决策权限受到了严格的限制，合资公司所有重大事项必须在股东大会讨论通过并形成决议。由于中外双方在重大利益的取向上是一致的，因此这种"由上而下"解决冲突的思路减少了合资公司内部发生冲突的可能性，保证了决策的公平与可靠性。同时，股东大会只决定数额巨大的交易，授权总经理、管委会批准较小额度的交易，使得决策兼顾效率，有助于工程快速推进。

4.3.3 对等股权下管理权限的合理分配

合资公司对等股比下的决策和执行权力的分配对管道建设会产生重大的影响。为此中方通过投入更多技术和管理水平高的专业人员，主动承担更多工作，积极推动中亚天然气管道的快速优质建设。

在中乌合资公司中双方约定，在天然气管道项目达到预期回报率和贷款及利息全部偿还之前，中乌合资公司由中方负责组织结构设置、人员配置等关键程序的制度设计。中方先进的管理理念和施工技术有效地保证乌国段按时保质完成。

哈国曾与中国合作建设西北原油管道和中哈原油管道、与俄罗斯合作建设田吉兹－新罗西斯克石油管道，具备一定的管道建设和管理经验。在成立中哈合资公司的谈判中，中方提出合资公司总经理轮流任职制，并由哈方首先担任建设期总经理。在中亚天然气管道哈国段建设期间，总经理作为中哈合资公司的法人代表，需要较多地与哈方当地政府部门进行沟通，因此首先由哈方担任总经理一职可以消除与当地政府、民众之间很多不必要的障碍。同时，为了掌控工程进度、确保工期目标，由中方担任第一副总负责领导PMT，推动项目的顺利实施。双方约定总经理三年轮换一次，这三年基本可以完成AB线的建设，在第二个三年中，应该由中方人员担任合资公司总经理。但随后出现了新的情况，即为了增加天然气的输送量，中亚管道公司决定建设中亚天然气管道C线。为了保证C线的顺利建设，中方在第二个三年主动放弃了总经理职位，继续担任第一副总经理兼PMT Leader。

中方员工的能力，也是保证中亚天然气管道顺利建设的重要推动力。中亚管道公司成立之初就举中石油集团之力，聚集了集团内部优秀的管道建设人才，保证了员工的整体素质，做到了人人在项目上都可以独当一面。专业知识和跨国管道建设经验为中方人员在工作中获得了更多的话语权。

除了专业知识，中方人员的智慧和奉献精神也带动了外方的工作。中哈合资公司的"双签"制度保障了双方权益，但也带来了繁琐的决策程序，极大增加了工作量。中方人员主动承担更多工作、付出更多精力，引领和带动对方实现28个月的工期目标。

4.3.4　合资公司成立

2007年8月中亚天然气项目正式启动筹备，经过近半年的努力，中亚管道公司以确保国家和中石油利益和兼顾对方利益为基本原则与乌方、哈方进行多轮艰苦谈判后，终就合资公司创建事宜与乌方、哈方达成一致。2008年1月15日，经商务部下发《商务部关于同意中石油中亚天然气管道有限公司在哈萨克斯坦、乌兹别克斯坦设立境外企业的批复》（商合批[2008]55号）文件，同意中国石油所属的中亚管道公司在哈国和乌国设立合资公司。

2008年1月28日，中石油中亚天然气管道有限公司总经理孙波与乌兹别克斯坦国家油气控股公司总裁阿赫梅多夫，在乌兹别克斯坦首都塔什干市正式签署了中亚天然气管道项目中乌天然气管道合资公司创建文件。中乌天然气管道合资公司（Asia Trans Gas，ATG）

是乌国段管道建设运行的法律主体，其成立标志着中亚天然气管道项目实施进入了一个新的实质性阶段，为引进中亚天然气资源奠定了又一块坚实的基石。

2008年2月15日，中哈天然气管道有限责任公司（Asia Gas Pipeline LLP，AGP）在哈萨克斯坦正式注册成立。中哈天然气管道有限责任公司主要负责中亚天然气管道哈国段的建设和运行，该段管道西起哈乌边境，东至中国境内霍尔果斯，与西气东输二线相连。

中乌、中哈合资公司的成立，意味着建设和运行乌、哈两国管道的法律实体均已组建完成，可以正式开展融资和招标等工作。这为实现2009年底中亚天然气管道通气奠定了重要法律基础，标志着我国首条

2008年1月，时任中石油中亚管道公司总经理孙波代表中亚管道公司与乌兹别克国家油气控股公司签署中乌天然气管道合资公司创建文件

2008年2月，中亚管道公司与哈萨克斯坦输气股份公司共同出资成立中哈合资公司

引进境外天然气资源的跨国能源大动脉的建设迈出了又一实质性步伐。

4.4　中亚天然气管道项目合资公司的组织结构

4.4.1　组织设计原则

组织结构是实现其战略目标的组织保障，为了保证中亚天然气管道实现顺利完工

及后续有效运行，必须设计和选择恰当的组织结构。合资公司在设计管理组织结构时考虑了以下原则：

（1）与公司战略相契合

合资公司组织结构为实现公司发展战略与经营目的提供了组织基础，建立合资公司管理组织结构应有利于中亚天然气管道项目的完成，同时应做到与公司的战略目标相统一。

（2）有效适度的管理跨度

合资公司管理组织的指挥系统是在划分管理层次的基础上建立起来的，管理层次的划分应根据适当的管理幅度来确定。管理层次是指将公司的纵向管理系统从最高管理层到最低管理层划分的等级数量，管理幅度是指一个领导者能够直接有效指挥下属的人数。虽然现代企业管理的发展趋势是迈向更大的管理跨度，以便加快决策速度、提高灵活性和减少成本，同时实现组织扁平化的目的，但并不存在一个对所有组织都最优的管理跨度，管理跨度的选择取决于管理者和员工所拥有的知识和技能以及所从事工作的特征。就中亚天然气管道项目而言，中方选派人员均为中石油内训练有素且经验丰富的员工，这意味着合资公司可以实施更大的管理跨度并运行良好，但中亚天然气管道建设中可能面临各种复杂的情况以及突发问题也要求管理跨度不能过大。

（3）正确处理集权与分权

合资公司设计组织结构时需要正确处理集权与分权之间的关系。合资公司内部的集权主要是指决策权、奖惩权等权力必须相对集中于相应的领导者手中。集中领导不仅能够提高工作效率，而且可以提高各部门领导人的责任感，使他们能够独立负责，敢于负责，有利于对管理人才的培养。合资公司的分权是通过授权来实现的。授权程度是指授予下级可以自己做主不需要事先请示的权力范围。授权程度取决于合资公司规模大小、施工地区分散情况、工程技术复杂程度、业务渠道多少、上层控制手段和健全程度以及各级领导能力的强弱等。分权能够集思广益，充分发挥下级的主观能动性，做到从实际出发，具体问题具体分析，从而因时、因地制宜地做出决策。

（4）精干高效

在进行组织系统设计时，不论是部门、层次、岗位的设置，还是上下左右关系的安排，各项责任制与规章制度的建立都有明确的目的。只有实现机构精简、人员精干，管理工作效率才能提高。

（5）中方推动

"点头不算摇头算"本质上是双方话语权对等的决策机制，但双方利益诉求有一定差异，中方关注项目优质、快速地建设，而外方更关心项目收益，可以依据双方不同的需求进行组织设计，由中方推动管道建设，把控管道建设的工期和质量。

4.4.2 中乌合资公司组织结构

中乌合资公司由中亚管道公司和乌兹别克斯坦国家油气控股公司按照50∶50对等股权联合成立，中乌合资公司成立时的组织结构如图4-3所示。

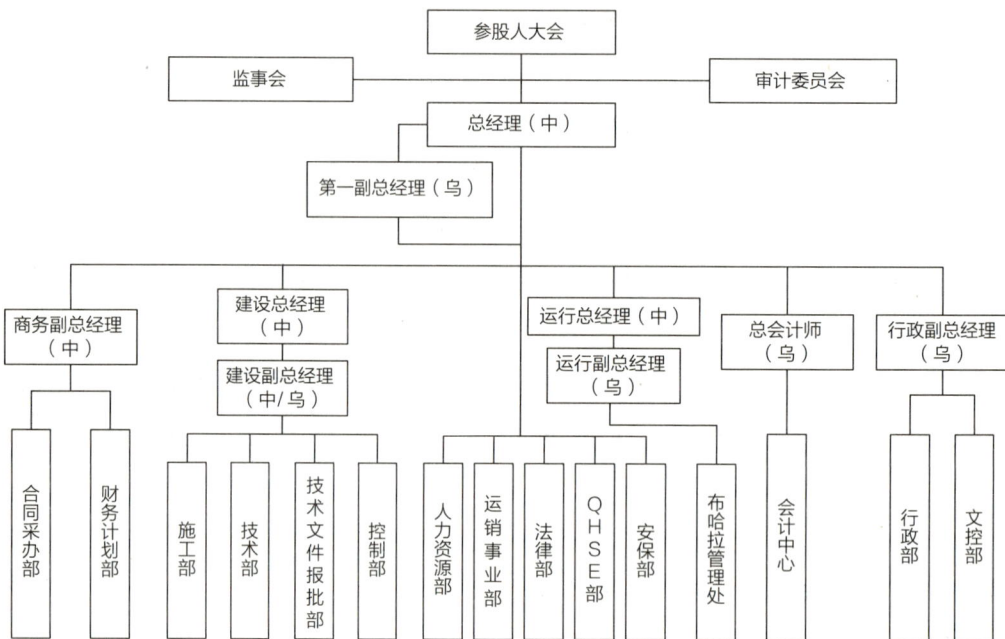

图4-3 中乌合资公司组织结构图

中乌合资公司的组织结构将公司的运行职能与项目建设职能分离，通过将工程技术管理和施工管理集中由建设总经理直属管理的方法，在工程技术、施工组织和质量控制等方面尽可能强化建设合同的执行力，从而减少中乌双方在中亚天然气管道建设阶段的冲突。

在中乌双方人员配置上，中方准确判断和把握乌方对中乌天然气管道工程的认知和诉求，在考虑到对方诉求的情况下，将控制工程建设作为重点，在合资公司关键岗位配备中方人员，为中方在管道建设过程中赢得了最大的话语权和决策权。在工程贷款完全偿还前，由中方出任合资公司总经理并将这一原则写入合资公司章程，保证了中方在中乌合资公司中的协调权。尽管乌方不接受成立PMT工作组管理项目的模式，但中方人员出任建设总经理和建设副总经理，保证了中方在工程技术、施工组织和质量控制上的话语权。同样，由中方人员出任合资公司运行总经理，为中方在中亚能源战略管道与国内西气东输线路和市场的整体协调、确保国内国外管道系统的整体平稳运行奠定了组织基础。此外，尽管合资公司没有设置专门的PMT，项目合同管理和物资采办没有纳入建设总经理直属管理，但由中方人员出任商务副总经理和采办合同部经理，也最大可能地保证了合资公司对项目EPC承包商的整体协调功能。财务部和会计中心经理也均由中方人员担任，为合资公司与贷款银行更好地协调沟通创造了良好的条件。

考虑乌国的政治、法律及文化环境，同时结合中亚天然气管道项目的特点，中乌合资公司设置了技术文件报批部、安保部、合同采办部、法律部和会计中心。

针对乌国政府对项目审批部门多、项目报批手续复杂的特点，合资公司组织机构设置了技术文件报批部，较好地解决了项目技术文件和运行许可等在政府相关部门的报批问题。在技术准备阶段，合资公司需要提交项目预可研，并经乌兹别克国家油气控股公司、乌国经济部、对外经贸部、建设委员会、财政部和商业银行等相关部委的审查后报送乌内阁批准；在主要合同招标结束，合同价和项目预算得以完善后，还需参照以上预可研报批程序，提交可研并获得政府批准；在施工建设阶段，合资公司协助承包商获得乌国内阁颁发的当地施工资质，对水渠跨越、公路和铁路等特殊施工地段，向当地政府报送相关文件获得特殊地段施工许可；在项目投产阶段，合资公司还需获得乌国油气监督局颁发的投产临时运行进气许可、乌内阁颁发的管线运行和维护许可，并向乌国海关委员会提交技术文件，组织海关监管站人员进行流量计铅封，确保合法计量。

根据乌国特殊的政治环境和合资公司运行安全的需要，合资公司设置了安保部。安保部的主要职责是确保合资公司员工人身安全、办公场所和管道系统及设施安全，内部和外部会议等相关商业活动保密监控，合资公司商业信息的保密管理，与乌国当地安保机构的沟通协调，打击破坏管道系统及生产设施的违法犯罪活动，为合资公司创造安全生产和运行的良好环境。

合同采办部对EPC建设总承包合同、第三方监理等建设服务合同以及物资采购和服务合同实施集中管理。考虑到这些合同在招标、评标、授标等程序上的一致性，特别是相应的人力资源长期处于短缺的情况，为集中使用人力资源，并确保项目建设和运行的平稳过渡，合资公司将建设和运行相关合同全部纳入合同采办部集中管理。

为确保合法运行，合资公司设置法律部，集中解决经营活动中的法律纠纷问题。面对复杂的乌国法规，作为中乌双方的合资公司，中方在不断深入了解当地法律规定的同时，最大限度地发挥乌方法律人员熟悉当地法律和惯例的优势。合资公司所有合同均要求法律部从法律角度审查签字。法律部还需要按照乌国惯例主持对签约方违约的索赔等工作。在线路承包商Zeromax对线路合同转让和该公司破产后对合同执行中的法律事务处理等一系列工作中，法律部发挥了重要的作用。

会计中心主要负责合资公司固定资产管理、投资监控以及工程项目转资和物资材料的价值管理工作。乌国对工程物资管理极为严格，即便是EPC建设总承包合同，在控制部按照费用分解程序和进度测量程序审查批准总承包商进度款发票的同时，也需要总承包商向业主提供所有进口物资报关单和当地采购合同并在银行备案，以核销采办费用，否则业主无法向承包商支付这部分进度款。另外，总承包商还需按照乌国当地规定，以月、年为时间单位，对已完建设工程提交由业主、总承包商和第三方监理共同签署的工程所安装的设备和材料的数量以及对应的价值登记表，这是业主支付承包商进度款的必备文件，以保证已完工程从账务上及时核销为业主资产。会计中心必须对这些文件和资产实物进行核实，并制表上报乌国财政部门。

4.4.3 中哈合资公司组织结构

中哈合资公司由中亚管道公司与哈萨克斯坦输气股份公司按照50：50对等股权结构联合成立，负责中亚天然气管道项目哈国段的建设和运行。中哈合资公司成立之初的组织结构如图4-4所示。

中哈合资公司设立17个管理部门，其中涉及工程建设的PMT部门6个，直接参与管道项目的建设和运行；职能管理部门11个，从事合资公司运行管理，对管道建设提供商务、财务和法律等方面的支持。

（1）对等原则确定合资公司领导人选

中哈合资公司基于中哈双方的对等股权结构，在中哈双方人员配置上基本按照对等原则配备，如中方人员出任总会计师，哈方人员出任经济副总经理。这主要由于在此前中方与哈方合作的项目也是按照50：50的对等股权结构组建的合资公司，并按照对等原则配备人员。

对等原则在合资公司管理工作中的反映是合资公司从管理层到部门级的决定必须由中哈双方负责人员共同签字方能有效，使合资公司遵循"单方同意无效、单方反对有效"决策管理机制。这种机制对保全资产、控制投资、确保工程质量非常有效，但不利于加快决策速度，提高工作效率。

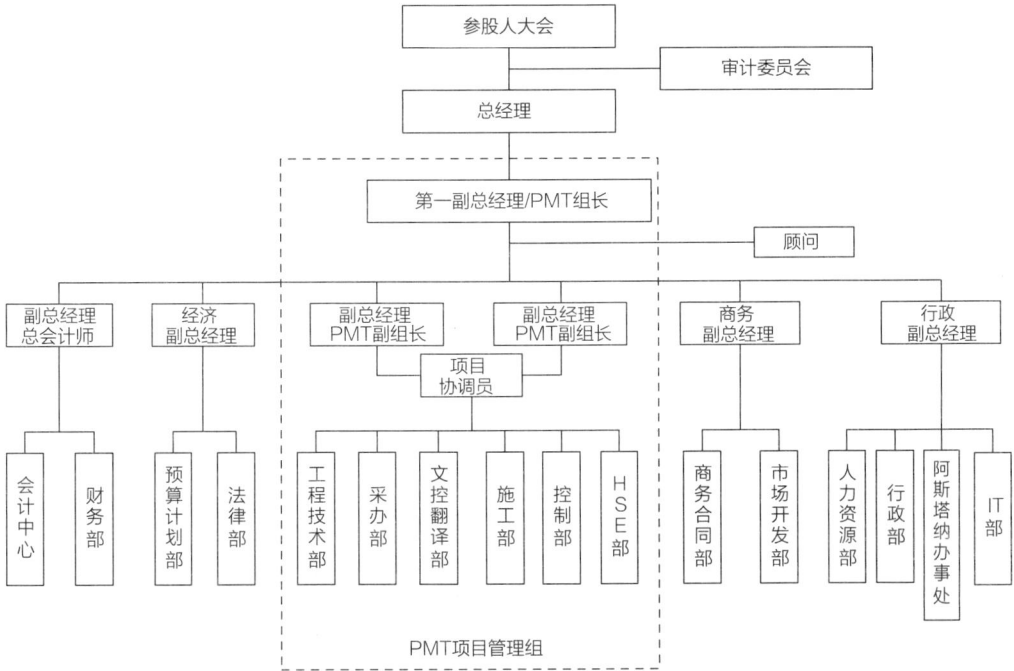

图4-4　中哈合资公司组织结构

（2）PMT推动中亚天然管道哈国段建设

中哈合资公司成立了专门的PMT管理团队负责中亚天然气管道哈国段建设，对保证中亚天然气管道项目2009年底单线通气发挥了重要作用。PMT对工程建设实施集中管理，有利于设计、采办、施工和项目管理的整体协调，保证项目建设周期内各阶段和工作界面的有机衔接，提高项目管理决策效率，对工期紧迫的中亚天然气管道来说至关重要。同时，将项目管理和合资公司职能管理明确分开，有利于减少管理界面、提高管理效率。PMT根据管道线路、站场和通信SCADA（Supervisory Control And Data Acquisition，数据采集与监视控制系统，以下简称SCADA）建设的技术要求和合同进展，分步成立了合同包工作组，指定工作组负责人。以强矩阵式组织结构建立PMT管理团队为基础，辅以项目式组织结构成立各合同包工作组的方式，既保证了项目建设的整体协调，也符合管道线路、站场和通信SCADA建设的先后工期安排。

合资公司将文控翻译部纳入PMT内，保证往来信函的流转速度，进而有利于推动项目建设。

（3）中方员工劳务许可证问题

中哈合资公司和中方承包商中方员工的劳务许可证问题一直是困扰中亚天然气管

道项目建设的难题。自2001年起，哈国建立了外国劳动力申请劳务许可证的数量限制系统，该系统每年根据全国劳动力总数量发放外国劳务许可证的配额。2008年哈萨克斯坦引进外国劳务限额为哈劳务人口的1.6%，2009年和2010年均为0.75%。哈国对外国公司在哈国从事劳务工作人员的劳务许可限制是中国施工队伍在哈国面临的最大困难，中方员工获得赴哈的邀请函时间太长，手续繁杂，并要经过哈国国家安全局审查。中亚天然气管道项目伊始，中方就充分认识到劳务许可问题，除指定股东高层人员专项负责外，在中哈合资公司组织结构上，坚持由中方人员出任行政副总经理，帮助中国承包商员工获得足额的劳务许可，保证中方在项目建设上的整体实力从而确保项目按期完成。

4.5 中亚天然气管道项目组织模式最佳实践

4.5.1 "双边合资+多边协作"

对单一国家进行投资时只需协调与工程所在国的关系即可，而当工程跨越数国时则需要统筹各国关系。中亚天然气管道跨越土乌哈中四国，面临着各国之间协调统一的巨大困难。为推动项目有序、快速和优质建设，中亚管道公司采用了分段双边合资与多边协作的模式。

紧迫的项目工期、中亚各国微妙的地缘关系、多重法律环境及复杂的商业环境决定了传统的管道全线建设单一项目公司、过境国各自为战或者消费国全包全干的模式都无法完全满足中亚天然气管道项目的需求。中方创造性地提出了分国分段的"双边合资+多边协作"的建设运行模式，将传统管道建设运行模式相融合，双边合资中的分国分段保证了土国、乌国和哈国并不直接合作，都是单独与中亚管道公司合作，避免了政治、文化和法律方面分歧；"双边合资"形成了中乌合资公司和中哈合资公司，既保证了过境国利益，又体现了中方的推动作用。

单单分国双边合资是远远不够的，虽然避免了过境国之间在建设期的合作难题，但仍需要土乌边境与哈乌边境管道联接的协调，以及运行期各方间的输气协调，因此需要多边协作对双边合资的补充与提升，在多边协作中，中方是各方沟通合作的纽带，为克服分国建设运行可能存在的协调不顺、运行不畅问题，中亚管道公司在项目中突出不同国家、不同项目公司的协调一致，做到"四个统一"。

统一协调，中方在过境国的两个合资公司都由中亚管道公司出任股东，保证了各段的政策和协调一致。

统一管理模式，中方按照国际工程管理的经验，在两个合资公司内设立相仿的组织结构，由中方牵头，保证了管理模式的一致性。

统一建设进度，各段项目公司为同一中方股东，负责协调各国境内合资公司的对方股东，推动各国的项目可研在本国的报批，并且协调统一各国境内的开工、竣工时间，确保2009年底管道统一进气运行。

统一工程咨询与监理，工程跨越乌、哈两个国家，成立了两个合资公司，各合资公司通过邀请招标的方式，选择同一个国际咨询公司，保证工程技术咨询的一致性；管道起点至终点都属于同一个系统，管材型号、站场压缩机选型和管道的工艺参数等关键技术指标相同，在同一中方股东的组织协调下，中亚天然气管道项目重大技术决策一致，合资公司选择同一个国际监理公司，确保工程质量。

4.5.2 合理的组织设计

中方在土、乌、哈三国之间的协调是"双边合资＋多边协作"的关键，而平衡每个合资公司的话语权是全线协调的前提，因此在管道的建设运行中要对公司控制权风险加以防范。

中乌、中哈合资公司将股权比例定为50：50，兼顾了双方的利益。中方在公司组织结构设计方面采取了一系列行之有效的措施：引入PMT或PMT理念，将合资公司中建设管理相关权限聚合，有利于对建设的统一管理；在对等股权下对部门控制有所侧重，关注与建设期密切相关的工程技术、采购和文控等部门。

除组织结构方面外，中方人员的专业和付出也是保证项目顺利实施的重要手段。中方在工作上的专业态度及付出都带动着外方人员，引领对方积极投身项目，为实现项目目标，维护共同利益做出贡献。中亚天然气管道项目组织管理最佳实践如图4-5所示。

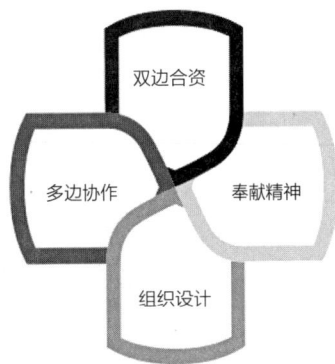

图4-5 组织管理最佳实践

第**5**章

中亚天然气管道AB/C线
建设管理

面对严峻的融资条件、复杂的商务环境和紧张的资源供给，中亚天然气管道必须在28个月内建成并投产，为此，举中石油集团之力，探索创新的项目管理模式，是唯一选择。中亚管道公司围绕项目的计划、组织、实施和控制进行创新，统筹协调，在保证工期的同时实现优质和安全目标，努力提升项目全生命周期的质量。合理的超前筹备是保证工期目标的前提；赋予PMC化解分歧、协调合作的职责，充分发挥TPI控制工程质量的优势，是全方位协同的组织保障；中方积极推动是项目顺利建成投产的有力途径；发挥中石油集团整体化优势、调动各方资源是应对多变的外部环境的手段；"智慧+拼命"精神是"石油人"百折不挠的不竭动力。

5.1 中亚天然气管道项目组织管理

组织是项目建设的主体，项目的每个参与方都是一个独立的组织，同时，所有参与方又构成了一个拥有统一目标的集成组织。每个参与方作为中亚天然气管道项目的利益相关者，都会影响项目目标的实现，或是被项目目标实现的过程所影响。一方面中亚天然气管道建设涉及沿线各国的外交部、能源部、海关、边防等部委和地方建设、消防等主管部门，协调界面繁杂；另一方面，中亚天然气管道项目合同主体众多，包括线路EPC合同和通信SCADA合同，项目的承包商和供货商包括中国参建单位、管道沿线当地参建单位和国际第三方参建单位，管理界面繁杂，国际化特征明显。因此中亚管道公司及合资公司必须与各个利益相关者协同合作，才能够实现中亚天然气管道快速、优质的建成投产。

5.1.1 组织协同管理

中亚天然气管道项目的国际化特征不仅体现在承包商、供应商来自于多个国家，业主又由不同国家的投资方构成，更体现在因工程跨越不同地域而面临的不同制度环境。中亚天然气管道项目中的工作界面包括国家之间的物理界面，参与公司之间的合同界面，业主与政府、当地百姓之间的协作界面等，界面的多样性导致协调上的巨大困难。为建成跨多国、工期紧的复杂性工程，如何选择合适的项目管理模式是中亚管道公司面临的严峻挑战。

对于一个具体的项目而言，没有最先进的，只有最适合项目情境的项目管理模式。中亚天然气管道项目投资高达上百亿美元，工期要求十分紧张，工作复杂且界面多，设计、采购、施工与试运行等工作紧密联系且相互交叉，对项目一体化程度要求高，是一个十分复杂的巨大系统。如何实施并成功完成中亚天然气管道这样复杂的系统工程更是工程管理领域的难题，也必须要求中亚天然气管道项目使用好计划、组织、指挥、协调、控制和反馈等手段，并且在管理理念、组织结构、管理方法和工具方面实施一系列创新。

（1）核心参与方

PMT（Project Management Team，项目管理团队）、PMC（Project Management Contractor，项目管理承包商）、TPI（Third Party Inspection，第三方监理）和EPC（Engineering Procurement Construction，设计-采购-施工）承包商是中亚天然气管道项目众多参与方中的核心成员。2006年建成的中哈原油管道项目采用了"PMT+PMC+TPI+EPC"管理模式并取得了良好的效果，为中亚天然气管道项目的组织安排供了良好借鉴。

PMT是投资方组建的项目管理团队，一般由少量管理和技术人员组成。PMT作为业主代表通常对项目的全过程实施宏观管理：在项目前期负责工程项目的投资决策、土地征用以及获取项目所需的各种政府批准文件；在项目计划实施阶段通过招标或议标委托工程项目的咨询、勘察、设计、施工等工作，并依据合同向提供工程服务的承包商支付费用；在项目收尾阶段组织项目的验收、移交及后评价。在中亚天然气管道建设中，业主都是中外合资公司，所占股份均为50%，股权对等，凡决策必须征得双方同意，如有一方反对则决策不能执行，形成了"单方同意无效，单方反对有效"（"点头不算摇头算"）机制。但是，中方积极推动项目建设对于保障中国战略性项目的顺利实施至关重要，因此中方股东借助PMT形成了推动项目建设的关键力量。

PMC是业主雇佣的专业化的项目管理公司，通常作为独立的第三方代表PMT管理全部项目活动。在中亚天然气管道项目初期，业主选择技术力量强、工程管理经验丰富的专业工程咨询公司作为PMC，与之签订项目管理承包合同。这种管理模式下，PMT仅需保留很少的管理力量对一些关键问题进行决策和对PMC的工作进行监管，将大部分的项目管理工作交由掌握专业知识并具备相应管理能力的PMC承包商进行专业运作，因此PMT有更多精力关注关键决策事宜，有助于提高整体项目的管理水平和工作效率。一般来说，绝大多数业主都没有足够的资源和专家队伍能够像PMC一样，在各个专业上面面俱到，因此PMC是提高项目实施效率的一种管理解决方案。由于在中亚天然气项目中，合资公司采用50∶50的对等股权结构，双方"点头不算摇头算"，任何一方都无法掌握全部的控制权。上述机制使得在项目执行过程中，双方经常由于着眼点或者利益诉求差异，发生意见分歧，影响项目如期进行，引进高水平、有影响力的PMC作为独立第三方，提出更具专业和权威性的意见有助于问题和分歧的解决。

TPI是作为第三方对项目实施进行质量、进度、成本和HSE监督的监理公司。监理的职责是在贯彻执行国家有关法律、法规的前提下，促使甲、乙双方签订的工程承包合同得到全面履行。建设工程监理控制工程建设的投资、建设工期和工程质量，进行HSE管理和工程建设合同管理，协调有关单位之间的工作关系。工程监理根据业主需要可以为业主提供工程项目全过程或某个阶段的监督工作。在中亚天然气管道项目中，TPI主要负责对施工过程进行严格监督从而管控工程质量。

国际咨询公司专家与业主商讨项目管理方案

中亚天然气管道是中国第一条跨国天然气管道和重要的能源战略项目及民生工程，如何在实现工期目标的同时，保证工程的质量至关重要。而长输管道项目有90%以上的埋

中石油中亚管道公司领导兼中乌合资公司领导代表中乌合资公司签订独立第三方检验合同

地敷设工作属于隐蔽工程，这对工程质量和过程控制提出了更高的要求，若没有在管道敷设前做好质量控制，将造成大量的返工，严重影响工期和成本。因此，中亚天然气管道项目引入国际知名的Moody咨询公司作为TPI对工程建设过程进行严格的监控。同时，通过聘用TPI，合资公司可大幅度减少在质量管理方面的人力、精力投入。TPI检验结果具有权威性和中立性，使合资公司中外双方对项目执行的质量及进度的确认更容易达成一致意见，减少了分歧，促进了协作，并为乌国、哈国有关机构对工程的最终验收提供了良好的基础条件。

EPC承包商是承担建设任务的核心主体，不但要完成项目施工工作，还要根据合同约定，承担项目的设计与采购等工作，对项目的质量、安全、工期、成本全面负责。业主通过招标，将项目的设计、采购、施工、试运行等工作交给EPC承包商进行组织实施，也将相应的风险转移给EPC承包商。

长输管道工程属于线型工程，主要的施工工作沿管线分布，具有不同于其他工程项目的特点。长输管道工程涉及安装、阴保、电力、通信等多个专业的协同作业，管道施工具有地区跨度大、作业线长、钢材强度高、社会依托较差等特点，管道工程的工程量比较大。长输管道工程施工工作量的70%~80%均为管线敷设，包括扫线、布管、组对焊接、无损检测、防腐补口、挖沟、下沟、回填等，工作内容比较单一。由于长输管道线路长，需要进行多点施工，信息传递较复杂且组织协调工作难度大，因此需要管道建设的各参与方，包括设计、施工、采办等多家单位，时刻保持沟通，密切协同配合，应用先进的信息技术手段，布置高效的指挥网络。

中亚天然气管道项目采用EPC发包模式，除了基于长输管道项目的特点和所面临的工期压力，还考虑到EPC模式具有以下优点：EPC承包商承担了几乎全部的设计、采购和施工工作和各专业间的协调工作，从设计到施工责任唯一，争议少，业主方的管理投入少；EPC承包商可以充分发挥其综合管理能力，统一协调前期设计阶段工作与后期施工安装工作，实施各阶段的平行作业，提高项目绩效，缩短项目工期；EPC模式下一般采用固定总价合同，业主按项目进度支付承包商工程款，业主签订EPC固定总价合同后，承担的经济风险较小。

考虑以上因素，中亚天然气管道项目引入"PMT+PMC+TPI+EPC"管理模式，并根据项目自身特点创造性的划分不同角色的职责范围。在这一模式下，四方密切合作，减小了因项目实施过程割裂可能带来的负面影响，实现了项目的组织集成，体现了国际化管理模式与项目实际情况相结合的集成创新，实现了以股东积极推动为核心的工程建设全过程的组织集成，为项目目标的最终实现提供了保障。

（2）组织制度安排

"PMT+PMC+TPI+EPC"管理模式下，PMT的设置可以保障股东推动项目高效实施的主动权；EPC承包商能够有效衔接设计、采购、施工各阶段的工作，保证各项工作有序进行且减少工作衔接的成本；PMC承包商会给予项目有效的协调和技术指导；TPI则在工程快速建设过程中发挥监督作用，保证建设中的施工安全及项目完工质量。PMC和TPI给予工程技术指导和监督工程实施，保证项目各项工作按计划进行，并符合国际先进标准，同时能够有效化解PMT内中方与外方工程师由于技术标准不统一或利益驱动不同带来的技术分歧，为在短时间内高质量完成既定项目目标提供了充分的保障。"PMT+PMC+TPI+EPC"模式中各方的关系如图5-1所示。

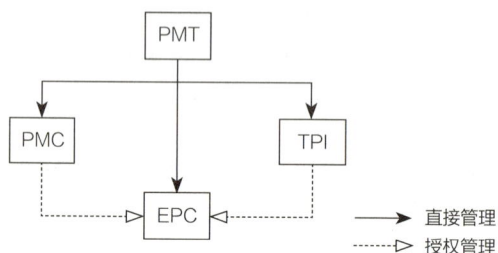

图5-1　PMT+PMC+TPI+EPC 模式

在中亚天然气管道项目中，PMT由合资公司的专业人员组成，直接对项目进行管理，向股东汇报并执行股东决策。股东是项目决策主体，PMT是项目执行主体。中亚管道公司根据项目特点，利用PMT使中方业主更多地参与到项目的全过程管理中来。为了实现工期目标，中亚管道公司充分利用在合资公司中的地位，设置工程关键节点，从项目管理的各个环节入手推动工程建设的开展。为控制项目进程，中亚管道公司采取了以下措施来扩大PMT管理的介入程度。

1）在关键控制性节点工程中，委派业主代表常驻现场，有效地协助了EPC承包商的现场施工及TPI的现场监督；

2）对压缩机、管材等核心设备的国际供货商进行驻场监造；

3）通过中国政府和外方政府多次协调，解决了中方承包商的劳务许可问题；

4）与中国铁道部、中国海关总署积极沟通，帮助中方供货商解决管材、设备的运输通关问题。

中亚天然气管道项目为实现在国际化视野下，遵循国际标准进行建设，引入了具有国际管理水平的ILF公司作为PMC。但在ILF履行职责的功能定位上，有别于国际上通行的PMC职能定位，中亚天然气管道项目创新性地提出"柔性PMC"管理方法。

与传统意义上的PMC承包商相比，ILF公司在中亚天然气管道项目上实现了由

"强" PMC向"柔" PMC的转变,根据项目需要灵活地对其职能有"收"有"放",柔性利用,实现中方的引领作用。"收"是指PMC不再参与工程全方位的决策,很多管理决策职能由合资公司PMT行使,部分ILF公司员工深入到合资公司关键岗位,以保证合资公司对项目的直接管理,是PMT职能的延伸。"放"是指PMC更多的介入调节股东之间的争端,利用PMC作为独立的第三方在技术与管理方面的权威,解决中外股东之间在技术标准、操作规范等方面的分歧,消除外方股东不合理的诉求,保护中方的核心利益。

中亚天然气管道项目中,ILF作为PMC承包商主要在以下几个方面协助业主进行管理,并提供技术支持:

1)准备各类采办合同、招标文件,例如线路EPC合同、站场EPC合同、压缩机采购合同、通讯SCADA招标文件等;

2)详细审查设计、评估设计(包括操作原理的审查、制作阀门评估报告、线路合同文件、线路和线路阀室的招标文件的准备、参加关于压缩机澄清的会议,参与压缩机选型和评标决策)、审查施工程序文件与审核压缩机厂家提交的图纸等;

3)项目计划与进度管理、成本控制。

根据项目进展的具体需要,ILF公司还较深入地介入了首站压缩机采办、首站和四号站EPC合同管理、首站建设关键性控制工程的质量管理、进度管理、安全管理并实施现场监督,为合同包的界面协调、压缩机安装等关键工作提供技术支持。

为了确保项目总体控制计划的有效实施,PMC在配合PMT控制部进行进度管理的同时,形成PMC工作周报和月报报告体系,将项目实施情况及时反馈给PMT,并及时对项目进展情况、存在问题以及现场工作进行总结和分析。

为了给项目进度款支付提供准确依据,PMC对承包商提交的进度报告进行复核,确保承包商提交的施工进度完成情况准确无误。

中亚天然气管道项目在中哈原油管道项目的经验基础上,对"PMT+PMC+TPI+EPC"管理模式进行了创新,赋予了TPI这一角色更重要的任务。由于目前国内外EPC承包商、施工分包商和制造分包商的质量自我约束机制不健全,中亚天然气管道项目借鉴业主自营管理模式的监理机制,对TPI的职能进行了延伸,全方位地利用TPI对承包商、供应商(包括承包商的供应商)甚至下游分包商进行管理。Moody公司作为TPI主要负责关键物资的驻厂监造,施工过程中的质量、HSE监管以及现场进度的监督。在工程施工阶段,合资公司为每个施工段配备一个TPI工作组,工作组由总监、文控员和工艺、土建、焊接、防腐、阴保、NDT（Nondestructive Testing，无损检测）等各专业工程师组成。合资公司根据监理合同的要求，审查批准了监理岗位职责，制定了监理关键工序工作流程，使关键工序在TPI和业主的控制之中。TPI的职责主要包含以下四个部分。

1）质量控制

中亚天然气管道项目TPI对压缩机、管材等进行驻厂监造，从源头上确保了项目所用关键设备材料的质量。此外，TPI依据业主批准的程序文件、施工图纸和项目遵循的标准，对承包商进行全方位跟踪检查和监督，并编写日报、周报、不符合项整改清单，督促和跟踪承包商整改情况。对严重违反规定的情况，第三方监理及时下发不符合报告，甚至停工令，将质量隐患消除在萌芽状态。

引入TPI，有力地促进了承包商施工水平的提升。在施工过程中，Moody公司的大多数工程师和管理人员都坚守在施工现场，做到了现场随时检查，有力地促进了承包商在施工过程中的规范化和专业化，并在现场施工中形成了相互制约、相互协作、相互促进的局面。

第三方监理依据严格的质量监控体系，对从管材生产到现场施工的每道工序都严格监督

在中亚天然气管道项目乌国段，通过TPI的检查使工程质量得到有效控制，重点工序质量得到保障，同时减少了由于工程质量问题而造成的返工，项目进度也得到保障。由于TPI对现场进行质量控制，该项目没有出现大的质量事故。在中亚天然气管道项目哈国段，TPI的存在有力地保障了施工质量。管线现场焊接一次合格率达90%以上，管道补口补伤一次合格率为98%，单位工程合格率为100%，优良率达85%以上。并且，A线焊接一次性合格率达到96.8%，通球测径和试压一次性合格率为100%，双线定向穿越伊犁河和锡尔河均一次性回拖成功。

2）进度控制

TPI需要根据PMT制定的进度关键控制节点和EPC承包商据此制定的详细进度计划，实施进度管控，形成日报、周报和月报。在每天的日报中统计承包商的现场实际进度，并将与计划进度的对比信息绘制成进度表提交给业主，使业主掌握进度状态，以便及时采取控制措施，确保项目整体实施计划的实现。

3）投资控制

TPI按照业主的投资预算计划和各个承包合同文件，严格审核工程变更和工程量签证，做到"公平、公正、公开"，维护业主和承包商的双方利益。对施工单位申报的工期和费用索赔报告，按照合同和法律法规文件，审核索赔依据，分析原因和责任归属，确定索赔数额，公平、合理地解决问题。TPI要掌握所属标段的施工进度，审查承包商每月完成的工作量，并据实签署进度报告，作为业主拨付进度款的依据。

4）HSE管理

在中亚天然气管道项目线路施工过程中，TPI派遣HSE巡线监理，通过这些巡线监理对承包商的HSE计划执行情况进行监督管理，主动检查施工要素合规性和施工过程合规性，消除施工安全隐患，使得整个线路的施工过程没有发生大的安全事故。

中亚天然气管道是跨国项目，不同国家采用的标准不同，技术不一致，这给管道的建设和长期平稳运行带来隐患。跨境管道建设是一个整体的系统工程，尤其是线路工程需要上下游保持技术一致性。而且中亚天然气管道乌国段与哈国段的业主不同，EPC承包商也有所区别，没有很好的交流平台，很难就上下游技术的一致性进行沟通和协调。因此两段线路工程选择相同的PMC、TPI承包商有利于保障AB线建设工作的完整性、连续性和紧迫性。

（3）组织协同的绩效

中亚天然气管道项目选择"PMT+PMC+TPI+EPC"管理模式，充分发挥项目各参与方的优势，有效整合各方力量，逐步形成了以业主为核心、EPC承包商为主体，PMC承包商与第三方监理作为业主管理延伸的项目管理结构，对中亚天然气管道项目进行了有效控制，为中亚天然气管道项目按期高质量完工提供了有力保障。"PMT+PMC+TPI+EPC"管理模式通过项目参与方的集成，实现了项目各方目标很好的协调。业主最关心的项目进度、投资和Q/HSE等目标的优化问题与承包商关心的支付问题不再是不可调和的矛盾。由于项目参与方的整体利益和目标一致，参与方之间一损俱损，一荣俱荣。因此，中亚天然气管道项目"PMT+PMC+TPI+EPC"模式，实现了项目目标、项目过程和项目参与方的"三位一体"，达到了项目"目标-过程-参与方"综合集成的管理效果。

中亚天然气管道项目应用"PMT+PMC+TPI+EPC"管理模式所体现的作用包括

以下四个方面：

1）提高了中亚天然气管道项目建设管理水平。由于中亚天然气管道项目业主选择的PMC和TPI都是国际知名的项目管理公司，有着多年从事国际工程项目的管理实践与丰富的项目管理经验，大大提高了项目管理水平。

2）节约中亚天然气管道项目投资，增加业主收益。中亚天然气管道项目业主与PMC承包商签订的合同中包含节约投资给予相应金额奖励的条款，因此PMC承包商会在保证工期和质量的同时，尽量节约项目投资，且PMC承包商统筹协调各方关系，增强各方之间的沟通，减少项目变更费用的发生。

3）降低了业主的工期风险。业主将中亚天然气管道项目的部分风险转移给EPC承包商，业主与EPC承包商签订的EPC合同中规定除政治风险、社会风险和不可抗力风险外，EPC承包商需要承担全部的设计、采购和施工风险，且业主以固定价格与固定工期的方式将项目总包给EPC承包商，充分利用EPC承包商的专业技术和风险管理能力，加大了EPC承包商的责任，在减少自身风险的同时，实现了E、P、C的并行工作，显著提高效率。

4）有利于精简业主的项目管理机构。由于业主将大部分的项目管理工作交给PMC承包商，将几乎全部的设计、采购和施工总包给EPC承包商，因此在整个项目期间，业主只需要保留很少的项目管理人员与PMC承包商组成适合项目的组织管理机构进行项目管理，有效解决了项目建设期结束时业主项目管理人员无法转入运营而必须遣散带来的团队不稳定问题。

5.1.2 公众型利益相关者

按照利益相关者是否与项目主体存在交易性合同关系，将利益相关者分为契约型利益相关者和公众型利益相关者。PMT、PMC、TPI和EPC承包商属于契约型利益相关者，而项目所在地的政府、民众、媒体等则属于公众型利益相关者。项目的协同管理体系除对契约型利益相关者的管理之外，为了保障项目的顺利开展，树立良好的企业形象，还要考虑公众型利益相关者的潜在利益。

中亚天然气管道建设过程中，中亚管道公司与乌国、哈国始终坚持"合作、互利、共赢"的原则，通过投资建设、依法纳税、带动和扶植当地企业、创造就业机会等行为，为乌国、哈国经济的发展作出了较大的贡献，获得了当地政府和人民的大力支持，树立了中石油良好的投资者形象。

中乌天然气管道项目是乌国近些年来最重要的建设项目之一，AB线建设期间累计向乌国政府上缴各项税费约1.5亿美元，占乌国2008年政府财政收入的2.3%；累计向哈国政府上缴税费约8.3亿美元，占哈国2008年政府财政收入的3%。

中亚天然气管道项目建设不仅直接影响各参与方的利益，对项目所在地区周围的居民亦有重要影响。在中亚天然气管道项目的建设过程中，中石油利用其巨大的影响力和资金技术优势，承担起一系列社会责任，帮助了中亚地区经济和社会的发展，为当地社会公众服务做出了卓越的贡献。中石油在乌国出资修建路桥，照顾当地的残疾人；在哈国，中石油积极扶持贫困地区，帮助发展农业、教育、文化、体育、医疗等事业，累计投入2亿美元支持哈国的基础设施建设。

在中亚天然气管道项目建设过程中，中亚管道公司依靠中石油一体化优势获取了集团大量内部和外部的关键资源，特别是借助中国政府资源快速、有效地解决了员工签证、关税等制约项目工期的瓶颈问题。例如，哈国劳务签证的配额远小于项目对劳务的需求，中亚管道公司在中国驻哈国大使馆的大力支持下，以投资方身份与哈国政府相关部门协商，反复讲述中亚天然气管道建设的重要意义与合作双赢的关系，最终借国家领导人出访哈国的机会将劳务签证问题解决。在运输上，中亚管道公司借助外交部、财政部、铁道部、商务部、海关总署和税务总局的力量，为工程物资按期进入现场提供了综合保障。

5.2 中亚天然气管道项目招标与采购

5.2.1 招标与采购的组织

中亚天然气管道项目涉及的招标与采购主要包括EPC承包商招标、PMC招标、TPI招标以及物资采购的招标。其中PMC招标和TPI招标属于咨询服务采购。AB线项目建设期，PMT采购的总额占项目总投资85%以上，PMT采办管理是决定项目成功最关键的环节；项目建设完毕转入运行期后，同样需要经常性采购各类消耗用品、备品备件等，对于保证管道安全平稳运营意义重大。

中亚管道公司在成立合资公司之初就确定了"国际化、标准化、市场化"的采办原则，并推动合资公司制定采办管理程序，以规范管材采购流程。采办程序依据当地法律的要求、合资公司章程和创建协议以及中国、乌国、哈国石油公司关于敷设和运营天然气管道协议制定，经股东大会批准后生效，是合资公司执行采办工作的纲领性文件。

（1）组织结构

物资采购招标工作的顺利进行离不开合理的机制和高效的采购组织。合资公司专门设置负责招标采购的部门（中乌合资公司设立采办合同部，中哈合资公司设立采办部），在组织结构设置上以中外双方人员对等为原则，在审批上采用双签制，决策上采用招标委员会制度，以有效平衡中外股东的利益，保证合资公司的采购工作能在有效合作机制中顺利开展，同时中亚管道公司有关部门以股东身份积极帮助、支持、指导和管理合资公司的采购工作。

由于乌国和哈国社会法律、文化等方面的差异，中乌合资公司与中哈合资公司组建的招标委员会存在一些差别。中乌合资公司实行总经理负责制，包括：股东、招标委员会、技术专家（专家委员会）和评标组。其中，股东包括中方股东和乌方股东；招标委员会负责管材采购招标的相关决策，是中乌合资公司的固定机构，包括5名委员，其中主席1名，另外中方、乌方股东代表各2名，其工作遵守合资公司章程与采购程序；专家是来自合资公司的技术专家或者外聘专家，专家不参与评标委员会的决策，但专家对投标人的技术标书出具专家意见供评标组参考；评标组成员不能是招标委员会委员，也不能来自专家委员会，不具有投票权。

中哈合资公司设有管理委员会（以下简称管委会），由采办部向管委会提出成立招标委员会申请，并附上委员名单。中哈合资公司中，招标委员会不是固定机构，每一单采购都要成立一个招标委员会，负责对招标采购的全过程进行监督，但不参与评标工作。中哈合资公司没有成立专门的评标工作组，评标工作由相关的业务部门负责。

在中哈合资公司中，PMT中的采办部只负责EPC承包商、工程物资、PMC和TPI等与工程建设直接相关，且金额较大的招标，行政管理所需的招标和日常采购则由合资公司的商务部门负责。合资公司股东积极推动工程建设，综合考虑各方利益诉求，在中外双方人员中进行合理的工作分配。与工程建设直接相关的招标采购工作主要由中方人员承担，从而减少中间信息传递环节，提高工作效率，快速推进工程建设；其他的招标采购由乌方和哈方负责，充分利用外方在当地的资源和信息优势并且有利于股东间快速决策，减少PMT的招标采购工作压力。

（2）招标与采购的批准制度

中亚管道公司对招标与采购建立了一套批准制度：

1）对于合同金额大于1500万美元（或等值当地货币）的招标，招标委员会将评标结论和推荐中标人向股东报告，提请批准。在收到双方股东的批复同意后，合资公司可以向中标人发出授标函，开始合同谈判，签订合同。

2）对于合同金额在10万美元（或等值当地货币）以上、1500万美元（或等值当地货币）以下的，招标委员会有权批准评标结论和确定中标人。

3）对于合同金额在10万美元（或等值当地货币）以下的，合资公司总经理有权批准中标人，批示有关部门进行商务谈判和合同签订。

4）对于合同的变更，如果变更部分的金额超过1500万美元（或等值当地货币），则该变更需报股东批准。如果变更部分的金额大于10万美元（或等值当地货币）但小于或等于1500万美元（或者等值当地货币），则招标委员会批准即可。如果变更部分的金额小于或等于10万美元（或者等值当地货币），则合资公司总经理有权决定。

5.2.2 招标方式

合资公司批准的招标程序中规定该项目可以采取公开招标、邀请招标、竞争性谈判、询价和单一来源采购等方式进行招标，每种招标方式都各有其优势和局限性。同一个项目，采用不同的招标方式、招标过程，招标结果可能会有很大不同。因此，必须充分了解上述各种招标方式的特点、做法和适用情况，认真分析招标项目的工作内容、技术和施工难度、工期以及自身的招标需要，慎重选择招标项目的招标方式。

公开招标和邀请招标是中亚天然气管道项目的两种主要招标方式。对于与工程建设直接相关的招标，如EPC承包商招标、工程物资招标、PMC招标以及TPI招标，合资公司主要选用邀请招标的方式，以确保项目建设的质量和工期。但是，考虑到项目所在国法律的一些特殊要求，即最大程度地使用本国商品、劳务和服务，因此对于一些施工相对简单、适合当地建设单位和供货商实施的项目，合资公司会采用公开招标的方式，择优选择当地承包商或供货商。例如维抢中心EPC合同的招标。另外，由于该项目管理咨询服务和第三方监理是单价合同，如果需要追加服务，需经中外双方股东批准，因此也采用议标方式确定合同。而且在A线与PMC、TPI议标谈判时，合资公司尚未成立，无法签署合同，因此只进行了议价，合资公司成立之后才补签了合同。

对于行政管理所需工程、货物和服务的招标，合资公司可根据不同的招标项目选用多种招标方式。其中，公开招标、邀请招标和询价是比较常用的招标方式。如果所购物资、工程或服务的来源渠道单一，或者所购物资、工程或服务属于专利、研发、合同追加、原有采购项目的后续扩充、采取其他招标方式招标失败或发生了不可预见的紧急情况不能从其他供货商处采购等情况，也会采用单一来源的招标方式。

由于AB线项目工期紧张，合资公司尚未成立时，由协调委员会组成的前期PMT负责咨询服务、管材等的招标采购工作，并代签合同。为了缩短招标时间，规避商务经营风险，中亚管道公司统一协调主要合同文件。2008年3月，中亚管道公司总部对海外项目的招标进行了统一审查，对商务索赔、预付款和进度付款、仲裁地点等重要条款进行了统一调整，并将全部文件作为投标者须知（ITB）的通用范本提供给前期PMT在各类国际招标项目中采用，中方股东对合资公司给予技术上的支持，大大缩短了招标文件的编制周期，节约了招标时间。

5.2.3 工程采购

中亚天然气管道项目共分为线路工程、站场工程和通讯SCADA工程三部分，均采用EPC模式发包，由合资公司进行招标。工程采购主要涉及EPC承包商的选择。

对于工期紧、任务重的线路及站场工程，合资公司采用邀请招标的方式，直接邀请那些在长输管道建设和站场建设上有经验的大型或专业EPC承包商，这类EPC承包商实力雄厚且在工程总承包市场上有良好的信誉。这种做法可以减轻中亚天然气管道项目业主在招标阶段的工作负担，缩短了招标时间，便于吸引能够快速、优质、按时完成项目的EPC承包商前来投标。

EPC承包商承担了中亚天然气管道项目的主要建设任务，对工程建设的成功有着重要作用。中亚天然气管道项目AB线选择EPC承包商时重点考虑承包商的经验、履约信誉、技术能力、管理能力以及财务和融资能力。中亚天然气管道项目战略意义重大且工期紧迫，因此要求EPC承包商有类似长输管道建设的经验，并有良好的履约信誉以保证项目工期。由于中亚天然气管道项目建设难度大，工期要求紧迫，合资公司在选择EPC承包商时，十分重视其综合技术能力，尤其是工程设计优化能力。此外，中亚天然气管道项目的工程量大，EPC承包商不可避免要进行设计或施工分包，这就需要EPC承包商具有很强的设计和施工管理能力以及材料设备供应能力，因此要求EPC承包商在工期控制、成本控制、质量控制、风险控制等方面有较高水平的管理能力。在建设初期，项目融资贷款不能到位，所以EPC承包商良好的财务能力对顺利实施工程也是一种保障。合资公司通过与EPC承包商相关的银行、分包商、供应商、近期完成的合同额以及在建工程等方面来判断EPC承包商的财务能力和项目融资能力。

考虑到中亚天然气管道项目规模较大且工期紧张，当地建设单位和供货商数量难以满足工程的需求，为保证项目施工质量和工期，项目建设需要具有丰富国际项目承包经验的国际承包商和供货商的广泛参与。这既提升了项目的国际化水平，也有利于合资公司对项目实施过程中的安全、质量、进度和投资进行控制。

根据招标项目的工作内容和实施特点，合资公司选择性地引进一些较有实力的当地承包商。一方面，当地建设队伍人员、设备动迁方便，可以快速启动工程建设。另一方面，通过国际优秀承包商的示范带头作用，能够帮助提高当地建设队伍和管理人员的素质，这也符合合资公司的长期发展规划。

在合理划分工作量时，中国承包商积极主动承担一些急、难、险的工程任务。一方面，这些攻坚项目给中石油队伍提供一个在国际同行面前展示的平台，推动其国际化进程；另一方面，从中石油海外十多年的发展历程来看，中方建设队伍能够在计划安排和施工组织上利用集团一体化的优势，快速突破工程建设中的瓶颈，确保项目整体进度可控。从最终建设成果上看，参建的中石油子公司，无论是管材主要供应商还是主要的EPC承包商，都充分利用中石油"一盘棋"的整体优势，从大局出发，以项目整体利益为重，不仅优质快速地完成了各自承担的工作，还很好地带动了当地承包商和供货商，保障了项目按时建成投产。

中亚天然气管道项目建设的突出特点是通过策略性谈判，中外方股东达成"等分建设份额"的均衡方案，并做好一旦工期严重滞后随时补充施工力量的战略部署，牢牢掌控工程进度。

在招标过程中，中亚管道公司充分利用国际竞争性环境，在中国和当地承包商的竞争中，促使投标者压低报价，合理降低了项目总投资。

合资公司在对投标人

时任中石油中亚管道公司总经理助理兼中哈合资公司第一副总经理代表中哈合资公司签订 CS4 工程 EPC 总承包合同

进行资格预审时，综合潜在投标人的技术管理能力、财务能力和承担长输管道经验等因素，筛选出满足中亚天然气管道项目线路建设要求的EPC承包商，经中外双方股东批准后形成短名单。在收到短名单内的投标人的标书后，合资公司组织专家对标书进行认真评审。技术标包括EPC承包商的设计、施工、管理方法、项目队伍组织与计划等内容，必须满足合资公司设定的最低技术标准。技术标符合要求的EPC承包商才有资格进入商务标评审部分。合资公司对商务标中各部分的价格分解表、支付计划等进行分析，仔细进行比价，最终挑选出技术标与商务标综合得分最高的投标人作为中亚天然气管道项目线路EPC承包商。

中亚天然气管道项目对于通讯SCADA系统工程投资有严格限制，合资公司采用邀请招标的方式在世界范围内选择EPC承包商，以形成充分竞争，减少项目投资。由于通讯SCADA系统对技术标准的要求比较明确，因此一般在符合招标文件基本要求的情况下采取最低价中标法，以节约工程投资。最终工程采购招标结果见表5-1。

EPC 承包商招标结果　　　　　　　　　　　　　　　　表 5-1

项目		线路	站场	通信	SCADA 系统
乌国	AB线	ZeroMax、CPP	CPECC	Alcatel	Honeywell
	C线	ICTC、CPP	CPECC	华为	华为
哈国	AB线	KSS、CPP	CPECC、KSS	华为、KSS	华为、KSS
	C线	KSS、CPP	CPECC、KSS	KSS	KSS

注：ICTC为俄罗斯承包商，CPP为中国石油管道局，CPECC为中国石油工程建设公司，KSS为哈萨克斯坦建筑服务股份公司，ZeroMax为乌兹别克斯坦公司

5.2.4　咨询服务采购

在进行PMC服务招标时，合资公司尚未成立，所有工作由协调委员会负责，PMC咨询服务协议也是由协调委员会代签。中亚天然气管道项目PMC的招标主要有两种形式：邀请招标和公开招标。中亚天然气管道项目A/B线乌国段的PMC招标协调委员会先在大范围内征求专业对口的公司确定长名单，然后对长名单进行筛选，选出在所需专业领域内具有丰富经验的公司，形成短名单。在确定PMC承包商短名单时，主要考虑了以下因素：公司的技术水平和综合实力，公司信誉，在国际上的PMC业绩和经验，同国际融资银团的关系，有工程所在国的工程经验和业绩，以及以往同项目业主的合作经验和表现。满足中亚天然气管道项目专业要求的PMC在世

界范围内数量很少，大多数公司在某些方面资质突出，但在另一些方面却无法满足中亚天然气管道项目的要求。因此，协调委员会采用邀请招标向短名单中5家潜在投标者发出PMC服务的招标邀请。但是，只有一家潜在的投标者报价，协调委员会的招标委员会认定招标不成功。协调委员会发出PMC服务公开招标的公告，招标期限为30天，但是截标时只有ILF公司报价，与邀请招标结果一致。哈国段PMC招标吸取了乌国的经验教训，在一开始就采用议标形式节约了招标时间，但由于当时合资公司尚未成立，协调委员会仅负责与ILF进行议价而没有签订合同，合资公司成立之后再进行补签。

ILF公司在中亚地区PMC管理长输管道项目方面有丰富的经验且与中石油有着良好的合作历史。中亚天然气管道横跨土、乌、哈、中四国，使用同一家PMC有利于保障AB线建设工作的完整性、连续性和紧迫性。

C线哈国段沿用ILF公司作为PMC，而乌国段PMC则由中石油集团工程设计有限责任公司北京分公司和澳大利亚沃利帕森斯（WorleyParsons）联合组成。

在中亚天然气管道项目建设期间，业主创造性地对PMC的角色进行了新的定位，既是技术方面的"智多星"，作为业主的代表，其工作是业主管理工作的延伸，协助进行项目的技术管理工作；又是管理方面的"润滑剂"，进行中外各方的总体协调。PMT利用PMC承包商在技术与管理方面的权威影响力，使得中外双方股东就中亚天然气管道项目建设中的一些技术分歧达成了一致。

中亚天然气管道项目AB线和C线均通过国际竞标的方式，选择Moody公司作为TPI。Moody公司是国际上知名的监理公司，有着近百年的监理经验，在世界各地有众多的分支机构，涉及诸多工业领域，在长输管道方面有优秀业绩。传统模式的TPI主要负责监督各承包商现场施工，对项目实施全程监督，保证项目的质量与安全。在中亚天然气管道项目中，业主根据实际情况对TPI的职能进行了延伸，全方位地利用TPI对承包商和供应商（包括承包商的供应商），甚至对下游分包商进行管理，TPI通过驻厂监造保证采购物资质量以及催交催运保证项目进度，有效地协助业主进行项目管理。中亚天然气管道项目开创了乌国引入第三方监理的先例。

在工程施工阶段，每个合同包配备一个TPI工作组。根据监理合同的要求，业主组织编写并审查批准了监理岗位职责计划，制定了监理关键工序的工作流程，使关键工序得到监理和业主的严格控制。对于关键路径设备，通过TPI驻厂监造保证质量，通过催交催运保证工期，从而将业主的管理贯穿于整个工程的管理链条。

5.2.5 物资采购

（1）面临挑战

1）技术标准多样化

中亚天然气管道实施全球物资采购使得项目需要融合不同国家的标准。从中亚天然气管道项目全生命期建设与运营效率考虑，以及根据长周期设备和材料提前实施采购的现实要求，中亚管道公司决定选择国际通用的技术标准作为管道工程的设计依据，并将"遵守国际通用标准"的要求写入中国与乌国、哈国关于中亚天然气管道建设和运营的原则协议，为后续设计工作采用国际通用标准提供了法律保障。在工程物资采购过程中，PMT为克服地方保护主义进行了大量工作；当国际通用技术标准与当地标准有不同解释时，PMT借助PMC向各方股东就相关标准进行深刻讲解，同时引用国际上成功的工程实例，进行大量技术协调和缓冲工作，以解决标准不同的问题。

2）程序复杂

物资采购国际化涉及不同国家间的物资进出口贸易，不同国家过境手续不同，因而过境清关给中亚天然气管道项目带来了程序多、手续复杂等一系列问题。对免税进口物资要办理免税保函，使用完毕后办理核报和收回保函；对临时进口设备要办理临时进口税收保函，并办理生产设备出境和收回保函等。中亚天然气管道项目整个物资采购过程涉及到中、乌、哈三国政府机构以及其他有关组织和团体，既需要有熟悉各种程序和手续的人员来实施专门管理，又迫切需要简化程序以保证工期。

3）国际风险与文化差异

中亚天然气管道项目的物资采购从招标、制造加工、运输、清关到现场安装的全部活动都具有明显的国际化特征。这种全球配置资源的模式增强了竞争性，实现了弥补资源缺口和优化采购价格的双重优势。同时，由于各国的国别制度和文化差异，也给中亚天然气管道项目的顺利实施带来了困难。

面对众多挑战，中亚管道公司凭借国际化管理思维，构建了"利用国内资源实现基本保障、利用外方资源实现利益平衡、利用国际资源强化市场作用"的新物资采购格局。为了保障物资采购工作高质量、高效率的开展，中亚管道公司合理划分业主与承包商的采购工作界面，提前筹备、超前运作，凭借集团公司一体化的综合优势，整合多方资源为采购工作扫除阻碍。战略工程，质量当先，中亚管道公司借助TPI的专业优势，从源头开始严格把控工程物资的质量。

（2）业主与承包商采购分工

AB线紧迫的工期压力让本来就十分艰难的物资采购工作更加举步维艰，因此AB线物资采购不得不集合多方力量，提前筹划，提前运作。

管材是确保中亚天然气管道项目按期通气的第一要素。压缩机组在站场建设中的地位举足轻重，对技术条件要求高，采购

2008年2月，果断决策，提前锁定了500公里管材，保证了项目按期开工所需的管材资源

周期长，是物资采购中的一块硬骨头。阀门对保障天然气管道安全运行起着至关重要的作用，对泄漏量的限制十分严格。由于项目工期紧，任务重，结合项目特点和两个境外合资公司为执行主体的客观条件，中亚管道公司科学地确定了PMT需要采购的主材包括管材、线路大口径主阀门和压缩机，承包商负责采购EPC合同范围内的设备和施工辅助材料。

（3）业主物资采购

为了实现AB线的工期目标，在全面掌握国内外钢板生产能力、制管资源、以及配套大口径阀门和管件生产能力的基础上，中亚管道公司确定以双线ϕ1067mm管径X70级管线钢代替初步规划中的单线ϕ1422mm管径X80级管线钢；同时动用俄罗斯专家的力量，积极有效地说服了外方股东，接受了螺旋管的技术标准，为中方管材进入中亚市场并确保单线供管打下了基础。

中亚天然气管道项目AB线的长线设备招标准备工作开始时，作为工程法律主体的合资公司刚刚注册，可行性研究编制和报批还没有完成，合资公司层面的初步设计还刚刚开始，管材招标的基础还不具备。但是A线按2009年底投产推算，必须在2008年年中开工，最晚要在2008年2月份开始管材订购。考虑到2008年初全球钢材价格大幅上涨且预期未来将继续上涨，中亚管道公司果断协调集团公司下属的管材供应商提前锁定购买72万吨（约700多公里）管材，保证了2008年6月底乌、哈两国的顺利开工和持续焊接。外方管材供应商在合资公司成立之后，按正常程序签订完合同

中亚天然气管道首站，万里国脉第一站，中亚天然气从这里起步，沿钢铁巨龙一路奔腾直向东方

才开始安排管材生产，至2008年10月份管材才到达现场。中方供管的顺畅也带动了外方积极开展管材供应工作，使得中亚天然气管道成为少有的没有因管材供应导致线路建设"窝工"的管道建设工程。

业主负责采购的线路主阀门也实行了提前采购的策略，确保了A线阀室和清管站施工建设的按时进行。

乌国首站是中亚天然气管道项目2009年投产计划所建的唯一压缩机站，然而压缩机供货周期长达14个月，针对这一实际情况，中亚管道公司制定出先采用两台小型压缩机组，以实现2009年底通气的战略目标，待大型压缩机组到货后，再将这两台小型压缩机组转为首站备用设备的方案。此方案既符合首站运行方案，又满足工期要求。经过中亚管道公司与乌方股东协商，协调中国石油工程建设有限公司先期进行2台15MW压缩机的招标采办工作，并将2台压缩机设于首站总包的工作范围中，确保了在2008年2月2台15MW压缩机授标给SOLAR公司，争取了3到4个月的宝贵工期。

C线的物资采购工作沿用了AB线的理念，对管道工程质量和进度起关键制约作用的管材、压缩机和大口径阀门也是由业主采购，其它用于项目施工建设的设备材料由EPC承包商负责采购。

物资采购的进度控制直接关系到工程能否按时开工、按时竣工，在与供应商签订的采购合同附带进度计划，明确制造过程的节点，重要的设备都有单独的工作计划，制造过程有日报、周报和月报，并且业主专门派TPI去评估进度。在关键设备的运输过程中也有日报，汇报关键设备运输去向。

（4）承包商物资采购

尽管乙供物资由EPC承包商负责，但是其质量和进场的进度对最终项目的质量和工期有重大影响。在中亚天然气管道项目的物资采购过程中，业主协同TPI对EPC承包商负责的物资采购进行了严格的监管，全程监督EPC承包商物资招标采购工作。业主通过EPC合同要求大宗物资必须采取招标采购的方式。为了保证EPC承包商关键物资采购的规范化，在EPC承包商进行关键设备材料采购招标时，业主和TPI要对其进行全过程跟踪与监督。在招标过程中，业主和TPI仅仅是监督和"旁站"，业主关注的重点是招标程序是否规范，并不直接决定和影响评标结果。TPI作为质量监控单位，严格监督承包商评标过程，如果材料质量不能令监理满意，TPI可以一票否决。乙供物资的生产和运输由EPC承包商负责，但EPC承包商必须随时与业主进行沟通。EPC承包商物资采购过程中业主的全程监督具体如图5-2所示。

为了保证乙供物资质量，合资公司采取了如下手段。

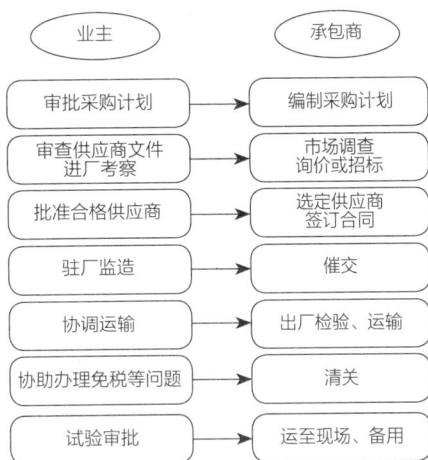

图5-2　EPC承包商物资采购过程中业主的全程监督

1）短名单控制

中亚管道公司为了保证中亚天然气管道项目供应物资的质量，需要对供应商短名单进行控制。短名单控制是物资供应商择优的过程，即业主对项目潜在物资供应企业的产品、生产和供应能力、工艺设备、质量体系、运输情况、售后服务、资信状况等方面进行综合考察，定期通知参与工程建设的施工、监理、设计等单位通过择优资格评估列出符合要求的物资供应企业短名单。所有的乙方设备和材料的供货厂家必须在短名单内选择。EPC承包商亦可根据项目工作的需要向业主推荐供应商，满足合同条件的可在报PMC审核、业主批准后，进入供应商短名单。供应商择优是一个动态实施的过程，在有效期结束前对通过上年评估的物资供应企业进行复评调整，发布新的评估结果。

AB线一开始没有供应商短名单，从最后几个站场的招标合同中才开始加上短名单，这个短名单是基于中石油在其他项目中积攒下来的优质供货商名单建立的。合资公司的中、外股东还就短名单中的供应商进行了仔细考虑，为了维持中乌、中哈利益平衡加入了当地国的供应商。根据AB线的实践经验，C线EPC合同里面加了一章专门区分制造商、供货商和代理商的内容，并规定代理商可以参加物资采购的投标，但是要提供原厂家授权，业主不管承包商从何处购买设备材料，但是一定要对最终的厂家进行备案，从生产源头把控质量。这种做法既能够为管道质量提供保障，又保证了哈国当地企业的利益。

2）标准控制

在设计的技术规格书里，中亚管道公司明确规定了关键设备、材料必须满足相应的标准，即获得国际第三方实验室认证的质量证书。业主由于没有足够的时间和精力调查承包商拟采用的每一个厂家、供货商，因此用国际标准作为质量判断标准。承包商可以在任何一个国家、地区购买设备、材料，但是必须符合规定的标准，取得规定的证书。例如，技术规范中要求电缆供应商必须取得IEC认证，这一硬性要求提高了供应商的准入门槛，一般的企业没有必要进行国际认证。国际认证和国际标准为产品质量提供了一个较为客观的指标，减少了中、外双方由于利益不一致造成的冲突和矛盾，也减轻了物资采购的评标工作量。

3）现场质量控制

短名单控制和标准控制是供应商的择优过程，也是业主把控承包商采购物资质量的第一道关卡。一般情况下需要获得业主批准，承包商才能够进行采购工作。但是，也有发生过EPC承包商单方面认为某供应商资质俱全，能够提供合格产品，未经合资公司批准自行购买物资的情况，但是最终购买的货物由于质量问题被业主拒绝入场安装。因此现场质量控制则为业主提供了把控治理的第二道关卡。在乙供物资运到现场以后，业主将派代表去现场检查验收，只有合格的产品才可以用于本工程。对于未经业主批准购买的工程物资，由承包商负责运出现场、重新采购等相关费用。

除了对进入工程现场的物资进行质量控制，业主还派TPI至厂家进行驻厂监造。基本上每一个重要的设备和材料合资公司都要求厂家提交技术说明、监理计划，由合资公司技术部进行专门的技术审查，并由TPI进行驻厂监造。

C线哈国段承包商KSS的管理团队与AB线不是同一批人，由于没有过往的合作经历，缺乏对业主和监理的信任。因此，C线承包商KSS在初期犯了一个错误，误认为业主各种程序、规定是为了让承包商买价格高的材料，因此从未经业主批准的供应商处购买物资。但是经过现场试验检验，承包商发现未经业主批准购买的材料质量确实不过关，无法通过现场试验，因此不得不自行承担损失。经过几次未经业主批准擅自选择供应商采购物资被拒之后，KSS知道业主严格的采购管理措施不是单纯增加承包商支出，而是为了保证工程质量。这样的机制让承包商和业主的利益得到统一，只有保障物资质量、维护业主利益，承包商的利益才能够实现，若是承包商企图通过投机获利，危害工程质量安全，损害业主的利益，承包商最终也会成为损失的承担者。"一荣俱荣，一损俱损"的关系使双方误解消除，矛盾也得到了化解。项目后期，承包商认可业主在工程物资质量控制方面的经验，并严格按照采购管理程序购买材料。同时，业主有时也会给承包商一些节约投资的建议，不追求不计成本的高质量。

（5）运输协调

中亚天然气管道项目的工程物资运输面临线长、面广、中间环节多、空间距离大、涉及部门多、情况多变等一系列问题，因此负责运输的人员不仅需要懂得国际贸易、国际工程的基本知识，更要了解和熟悉进出口业务的各个环节、相关部门的职能及每项具体工作的操作程序，还要了解国内外的交通运输情况及相关法规和习惯做法。

在中亚管道公司的统一领导协调下，成立了由中亚管道公司、中油技开、管道局、中国石油天然气运输公司以及中乌PMT、中哈PMT等各项目相关单位组成的运输领导小组和工作组，对中哈铁路的换装能力和铁路运输资源进行了进一步调研。通过调研，工作组发现铁路换装能力、车皮来源和公路口岸海关通关放行量，是影响运输方案顺利执行的最主要原因，并专门研究了传统车皮换装、换轮过轨等方式的现实性和可行性。

中亚天然气管道项目运输领导小组和工作组在对铁路、公路运输资源充分调研以及口岸通关环境细致考察的基础上，制定了"铁路运输为主，公路运输为辅"的方案，创造了具有中国特色的高效通关方法。在具体分析施工资源需求计划和营运成本的基础上，优化了铁路运输与公路运输的分配比例，制定了合理的国际联运和口岸换装方案，解决了装载加固方案的问题。

依靠中石油一体化的优势，通过高层管控简化流程，提高运输组织工作效率，但是由于跨国管道项目的工程物资运输涉及不同国家的进出口、清关和铁路运输资源，必须借助和依靠外界力量，整合外部资源，协调各国、各部门关系从而快速推进运输工作。

因此，国家发改委能源局第一次中亚天然气管道项目协调会即确定了5项内容，为中亚天然气管道项目运输工作提供重要组织保障。会议建立了中亚天然气合作项目协调机制，由中国国家能源局牵头，外交部、财政部、铁道部、商务部、海关总署和税务总局等单位参加。在中亚天然气合作协调机制框架下成立协调小组：签证及外事小组由外交部牵头负责，劳务许可协调组由商务部牵头负责，铁路运输由中国铁道部牵头负责，通关工作由海关总署牵头负责，税收优惠工作由财政部、税务总局负责。项目开工前，成员单位每月召开协调会议，沟通情况解决问题；各协调小组确定联系人，报中国国家能源局；中石油对有关问题进行研究，细化工作方案，并定期向对口单位汇报工作进展情况，相关材料报国家能源局，同时抄送外交部欧亚司，以便统筹协调。

钢管运输是管道项目的重中之重，因此在中石油总经理签署致中国铁道部的《关于中亚天然气及西气东输二线项目所需物资铁路运输问题的请示》中告知：2008年中亚天然气管道项目需向国外发运钢管物资约60万吨，需24569个车皮，如采用铁路专列运输，共需546个专列。由于中亚天然气管道项目用管高峰又恰逢西气东输二线开工建设，有限的国内钢管资源必须在两大项目之间进行协调分配，因此附件中还明确中亚管道公司为中亚天然气管道及西气东输二线管材运输组组长，推动协调解决铁路运输资源相对紧张、管材装载加固方案、国际铁路联运及铁路运输协调机制四大问题。

5.3 中亚天然气管道项目人力资源筹划

中石油在苏丹、委内瑞拉、哈国等地建设完成的一系列国际项目为集团公司培养了大量国际化人才，形成了较好的人才储备。尤其是中哈原油管道项目，为中亚天然气管道项目培养了大量熟悉中亚文化环境的人才，积累了宝贵经验。中亚天然气管道项目A线从2008年7月开工至2009年底单线建成的工程建设期内，哈国段总用工量约3500万人工时，单位时间内人工时投入超出常规需求，如此高密度的用工需求带来了人力资源紧张的压力。中亚天然气管道项目一半以上的劳务要由中方提供，哈国段高峰期超过2000人来自中国，按照以往的劳务许可办理程序，在时间上和费用上都难以承受。因此在人力资源筹划上也必须遵循国际化思维，统筹协调、抓大放小，把握关键岗位的同时充分利用工程所在国资源，提高劳务属地化程度成为破解人力资源困境的重要方式。中亚天然气管道项目所使用的"PMT+PMC+TPI+EPC"管理模式，由于聘用了PMC和TPI，在提高管理专业性的同时，减少了合资公司在项目管理和质量控制方面的人力和精力的投入。

5.3.1 国内人员选调

中亚天然气管道项目具有跨国、跨文化、跨组织的特点，非常需要具备国际化的视野和相应知识的人才，中石油储备的大量国际化人才为此提供了保障。中亚管道公司80%以上的人员具有海外工作的经历，特别是有相当一部分人员曾经在哈国等国家参与过项目，这些人才专业技能高、对国际环境有深入认识、与当地文化相适应，增加了公司国际化的元素。

在工程建设初期，中亚管道公司明确提出"依托中石油整体优势，中方为主保全局，国际化运作保局部"的指导思想，创建"中方优势+国际化运作模式"。中石油综合一体化优势表现在上下游一体化、甲乙方一体化、工程技术服务综合能力强。这是中亚天然气管道项目快速推进的基石，为工程项目的实施提供了多兵种、多专业协同作战的能力，真正实现了中方对这一特殊战略项目的有效掌控。

中亚管道公司人员起初以借调借聘为主，由于中亚国家语种的特殊性，通过社招能够招聘到的合适人员很少。中亚天然气管道项目需要拥有丰富的国际工程经验和掌握一定语言（英语、俄语）能力的人才，技术人员也要求有一定的俄语基础，采办人员英语要过关，除非外语能力突出且在单位是骨干，基本都要求具有8~10年工作经验。中石油下文要求各个油田大力支持中亚管道公司的人员筹备工作，尽管如此，人员还是比较紧缺，起初只有24人。为了又好又快的完成中亚天然气管道建设，尽快投产输气，中石油调动一切资源，在项目成立后短短的两三个月时间，就组织成立了一支包括技术设计、施工管理、经营计划、商务法律、财务会计、物资管理、生产调度、后勤服务等多个专业的专业化人才队伍，为项目的快速推进奠定了良好的人力资源基础。同时，组织协调中石油内部数十家企业参与项目的建设，整体统筹，联合作战，充分发挥了中石油在人才、技术、资金、管理方面的专业优势和一体化的综合优势。

中亚管道公司从中石油内部抽调的国际化人才主要来自中石油全面负责海外油气勘探业务的中国石油天然气勘探开发公司（CNODC），也有早在2006年底就开始负责中亚天然气管道现场踏勘和可研工作的中国石油规划总院（CPPEI），还有负责详勘与初步设计的中国石油管道设计院（CPPE），中方管材供应商中国石油技术开发公司（CPTDC），更有管道建设的排头兵——中国石油天然气管道局（CPP），以及海外工程建设的先锋——中国石油工程建设有限公司（CPECC）。中哈原油管道项目更是培养出了一批熟悉中亚自然、文化和社会环境特点且富有大型跨国管道建设项目经验的高素质人才。这些公司为中亚天然气管道项目输送了大量关键人才。

实施项目的精兵强将有了，但如何将国内的精兵强将带到中亚天然气管道项目现场也是一个棘手的问题。粗略估算，中亚天然气管道项目哈国段建设过程中，管道局中标AB双线合计1300km的管道施工任务要在规定工期完工，至少需要3500名员工参建。而按照哈国的法律要求，必须为这些从中国国内派遣的员工办理劳务许可，但是哈国的劳务许可配额十分有限，而且手续繁琐，这必然阻碍工程进度。

乌国规定，企业应首先获得乌国劳动部门关于同意聘用外国劳务的批准，之后为每位外国员工办理个人劳动许可，且有效期不得超过一年。乌国出于对本国公民就业等因素的综合考虑，对外资企业中外方员工与当地员工的比例从1：4提高到1：7，而实际操作中更严，外方员工所占比例保持在10%左右。哈国对外国劳务许可也有严格的规定，不仅限制企业所雇佣的外国劳动者与当地劳动者的比例，还对外国劳务许可实行总量控制。哈国对外国公司在哈国从事劳务工作人员的劳务许可限制，常常是中国施工队伍在哈国进行工程项目建设面临的最大困难。

中亚管道公司在项目之初就意识到哈国办理劳务签证的困难程度，指定专人专项负责劳务签证相关事宜。同时中石油驻哈办事处、中亚天然气管道哈国项目部凭借中国驻哈国大使馆的支持，以投资方身份与哈国政府相关部门协商，并利用中国国家领导人出访哈国的机会取得哈国政府的配合与支持，在多方协调和努力之下，妥善解决了劳务许可和签证问题。

比人才选择更重要的是对人才的培养。合资公司对员工实行因才施用的管理策略，强调对员工的激励，让每个员工发挥出各自的优势。合资公司施工部被中亚管道公司誉为"中亚人才培养基地"，根据兴趣、爱好和专业，因人而异设计发展前途。

5.3.2　人力资源属地化

人力资源属地化是企业国际化走向成熟的重要途径，更是企业应履行的增加当地就业机会的社会责任。中亚管道公司没有将扩大属地化用工比例当作是一种应对地方保护主义的被迫手段，而是当作中国企业走向国际化经营道路的必由之路。属地化员工由于熟悉当地的文化、风俗、习惯和法律法规，能够为项目顺利开展提供更多帮助和推动力。属地化员工对当地政府的规定较了解，不仅可以向中方人员提出相关的建议，更方便于办理各种许可，有利于与政府机关沟通和处理矛盾。雇佣当地法律顾问和技术专家，可以依靠他们在当地丰富的实践经验和专业指导，避免建设过程中的违法、违规行为，适应当地的技术要求，提升公司行为的合规性。此外，由于从中国外派员工费用较高，办理劳务签证等许可需要花费额外开支，属地化用工还能够降低工程项目的人力资源成本。属地化员工更容易成为中方人员与当地百姓沟通、解决环境矛盾的桥梁，进而成为中方企业赢得当地人尊重和欢迎的突破口。对于中石油集团而言，乌国是新市场，没有现成的经验与人力可依托，因此项目还需要熟悉当地法律法规和各项政策的管理人员。

乌国属于农业国，工业基础薄弱，当地劳动力资源情况很不乐观。尽管乌国当地劳动力丰富，且用工成本较低，但是绝大多数不具备相关专业技能，而且素质处于中等水平，就业人口受过高等教育的占27.7%，中等专业教育的占30.8%，掌握英语等外语人群比例较小。

从劳动者的总体素质看，哈国产业工人的个人素质较高，遵守纪律和基本的道德规范，工作认真，但是存在专业技能偏低，工作效率低、人员流动性大、过于刻板等问题，而且少有人愿意从事低收入的简单体力劳动。

为合理开发和重复利用当地劳动力资源，合资公司制定了"聘用方式多样化、制度规范化、管理人性化"的管理思路和原则，以激发属地化员工最大限度的发挥作用。管道局主要采用三种方式聘用属地化员工：

（1）直接雇佣

对于管理人员和部分操作服务岗人员，采取直接雇佣的方式。项目部首先根据用工需求在当地各大电台、报纸及网站发布招聘信息，初步筛选应聘者并组织面试考核，通过考核后与其直接签订劳动合同。直接雇佣的形式适用于少量用人的情况，聘用岗位主要为律师、会计、翻译、行政人员、外事管理及操作服务岗位人员等。

（2）与劳务公司合作招聘

对于施工现场大量需要的技术工种等，为规避用工风险、优化组织管理，管道局与当地劳务公司合作，委托其组织招聘。通过劳务公司招聘的主要工种为特种运输机械操作手、起重工、普工、辅助管工、检测辅助工、防腐杂工、测量配合工、打管堆以及机组其他配合工种等。

（3）与当地公司签订合作协议

为保证项目各项工作尽快步入正轨，管道局与当地律师事务所、会计师事务所、审计公司、运输公司以及清关公司等签订合作协议，聘请这些机构的优秀人才为项目服务，由他们代拟合同范本，指导签订合同，提供法律咨询，并协助开展运输清关等工作。鉴于以上工作具有阶段性和不连续性的特点，采用这种方式不但保证了项目的正常运转，同时节省了大量人工成本。

为保障广大参建员工的健康和安全，管道局对驻地周围的医疗机构进行调研并与之签订了医疗服务协议，保证员工在生病受伤等情况发生时能在第一时间得到救治；同时与保安公司签订了服务协议，在项目部及各分部驻地及现场安排了保安人员，实行每天2~3岗轮岗保卫，24小时不间断安保模式。

但是，不同文化、不同语言的员工和谐相处、协同工作面临较大的困难。首先是文化差异导致思维方式的差异。例如一些哈国的员工喜欢自由，不习惯受时间方面的约束，认为上班路上遇到交通拥堵造成迟到是合情合理的，不该被认为是违规，有时甚至无故旷工，甚至连续好几天没有音讯。其次是工作理念上的差异，例如一些哈国的员工习惯把下班时没有做完的工作放到第二天做，认为员工没有义务进行无薪加班，休假期间也没有义务工作，而中国人认为无薪加班较为正常，而且可以反映自己工作的努力程度。再者是语言的差异导致沟通障碍，影响交流甚至造成误会或矛盾。

由于属地化技术工人相关工作经验少，专业素质有待提高，因此，在属地雇工上岗之前，首先对其进行岗前业务培训及安全技能培训，使其充分了解项目的基本情况和有关技能要求，认同各项管理制度，提高自主意识、安全防范意识；同时在项目进行过程中，由管道局选派有经验的技工对属地化雇工进行技能拔高培训，不断提高其专业技术水平及工作效率。此外，还对属地用工进行阶段性考核，重点考核其对各项规章制度的遵守情况和对各项技能的掌握程度，通过上述管理措施和评价考核办法，提升了当地员工的技能水平，保障了施工的顺利进行。

合资公司积极实施人员的属地化，既满足了法律法规要求的当地雇员比例，也有助于发挥当地雇员的作用，促进双方文化交流。同时，合资公司积极促进乌、哈人员进入管理层，这一措施有助于快速通过当地各项审批，缩短谈判时间，保证项目顺利进行。

5.3.3 国际化人才培养

为保证国际工程人才培养顺利进行，从中石油到中亚管道公司，再到中乌、中哈合资公司都有着完善的人才培养组织结构，依靠自上而下的纵向内部讲师培训以及由内而外的横向外部讲师培训搭建起国际工程人才不断成长的大舞台。

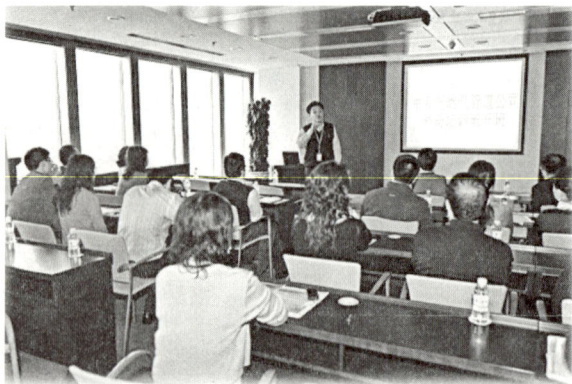

中石油中亚管道公司领导在中亚管道公司外语培训班开班会上发表讲话

中亚管道公司人力资源处根据中石油培训工作的统一部署，在深入理解公司内部培训需求的基础上，结合公司特点制定中亚管道公司年度培训计划，同时做好中石油培训计划的落实以及中乌、中哈合资公司内中方人员的培训工作，注重培训效果的反馈。

合资公司是落实培训工作的主体，而培训对象既包括中方人员，也包括占合资公司人员比例更高的外方人员。因此，中乌、中哈合资公司人力资源部一方面负责落实中亚管道公司下达的培训计划，另一方面结合当地文化、商务和管理习惯以及公司人力资源现状和业务发展需求，为不同类型的员工制定了不同的人才培养方案并组织落实。

对于刚入职的应届高校毕业生，中亚管道公司制定了目标清晰的培养方案。除一般员工入职培训内容外，还要求毕业生在入职后的半年里以全脱产方式重回大学校园学习俄语。良好的语言能力不仅是在中亚地区开展项目的必备条件，更是培养国际化复合型人才不可或缺的重要内容。

在职培训是大部分员工在中亚管道公司职业生涯中的主要培训方式。参加在职培训的员工不需要长时间离开岗位。在职培训分为三种：职业技能培训、专业技术培训和国际业务培训。

管理培训是针对中亚管道公司管理人员进行的培训项目，主要培训内容为各类管理技能和方式方法等，根据管理人员岗位不同而有所差异。

合资公司对员工实行因材施用的管理策略，强调对员工的鼓励，让每个员工发挥出他的优势。合

在北京对外方人员进行培训

资公司施工部被中亚管道公司誉为"中亚人才培养基地"，根据专业、兴趣、爱好，因人而异规划发展路径。合资公司本着一材多用，综合发展的原则，让员工在工作中学习，把翻译培养成专业工程师，把工程师培养成具有语言能力的人。一材多用的策略不仅提升了员工的综合素质和能力，也为项目在人力有限的情况下充分利用人才、节约人力资源。

合资公司中的乌方和哈方员工，都被派往中国学习，不仅学习相关的技术、管理知识，还促进了双方的文化交流和彼此理解，提升了员工的工作效率。

5.4 中亚天然气管道项目HSE管理

HSE管理是一个公司必须履行的社会责任，其管理水平代表着一个公司的社会形象和国际竞争力。管输天然气具有高压、易燃和易爆的特点，是一个资金密集、工艺复杂、生产条件苛刻、连续化大生产的高风险行业，危险因素和不确定因素较多。如果管理不到位，发生事故的概率会很高。建设过程中对HSE管理的疏忽，不仅会给员工、项目、公司和当地社会与环境造成伤害，还会为安全运行埋下隐患。天然气管道运行过程中一旦发生重大事故，容易造成巨大的公众危害、环境破坏、经济损失和政治影响。因此HSE管理必须覆盖管道建设和运营全过程和全生命周期。

5.4.1 国际先进的HSE管理理念和工具

中亚管道公司作为中石油集团的子公司，秉承中石油先进的"有感领导、直线责任、属地管理"的HSE管理理念，把推进HSE体系建设作为公司的长效机制。中亚管道公司不论是在中亚天然气管道建设阶段还是在投运阶段都将HSE工作列为各项重点工作之首，给予高度重视，秉承"一切事故都可以避免"的安全理念，确立了"以人为本、预防为主、全员参与、持续改进"的HSE方针和"零伤害、零污染、零事故，在健康、安全与环境管理方面达到国际先进水平"的HSE战略目标，并充分利用科学管理手段，确保HSE管理指标和控制指标的实现。

中亚管道公司对HSE管理内涵的解读拓展到国际先进水平，涵盖质量管理（Quality）、健康管理（Health）、生产安全管理（Safety）、社会安全管理（Security）、

环境管理（Environment）和应急管理的全方位内容，以ISO14000、OHSAS 18000两个标准体系为指导形成了QHSSE管理体系和应急管理体系，并将该国际先进的管理体系引入中乌和中哈合资公司的HSE管理中，在纵向上形成中亚管道公司到合资公司，再到咨询方、EPC承包商和分包

泄露事故抢修演练

商的纵向HSE管理监督与执行机制；同时，在横向上形成由中方积极推动，外方积极参与实施和提升HSE管理水平的联动机制。

HSE管理覆盖中亚天然气管道建设从可研阶段开始的项目全生命周期。可研过程HSE管理体现在对风险的定量评估、对过程危险性的评价、对环境影响的评价和对社会效益的规划，是建设期HSE管理的基础，也是对项目全生命周期HSE管理的整体规划。可研阶段需要完成环境评价、职业健康评价、安全评价、地震评价、水土流失评价、防腐评价、节能评价等一系列评价，并从宏观角度安排技术标准的采用和维抢修力量的配备。

工程建设期的HSE管理重点可以划分为质量安全和过程安全两大部分，其中工程建设的质量是本质安全的保障，中亚管道公司始终强调"今天的质量隐患是明天的安全事故"。根据建设的不同阶段，质量安全在设计、采购和施工阶段可以通过不同的手段予以保障。设计阶段，中国、乌国、哈国各有自己的标准，HSE管理的标准也不一致，为了统一各方标准，PMC在其中发挥其专业优势和影响力，提出采用阿斯米标准（国际标准）来统一各方标准的差异，化解了分歧和矛盾。标准的统一保障了设计的基础，而先进的HSE管理工具HAZOP（Hazard and Operability Analysis）的引入，保证了设计的输出。PMC专家作为主席组织股东双方代表与PMT代表共同对设计的输出成果（工艺图纸和操作规程）进行HAZOP分析，识别建设或操作过程中存在的潜在危害和不可接受的风险状况，将项目建设中的危险尽可能消灭在项目实施的早期阶段。在采购阶段，PMT保留对关键的甲供材、乙供材的审查权，从而保证由合格的供应商提供质量合格的产品；对于关键设备，派TPI驻厂监造从过程上保证质量安全。施工阶段通过物资设备进场的多方检验、设备安装的质量保证、各个工序的质量控制、隐蔽工程的严格控制、抢进度时紧急物资设备放行措施等方面保障质量安全。

为了保障施工过程安全，中亚管道公司明确股东、PMT、PMC、TPI、EPC的职责权限和界面，建立立体的全过程的HSE管理：EPC是HSE管理的主体，TPI负责监管，PMT负责监督，股东负责巡查。PMT除了授权TPI进行质量控制外，还赋予其对施工过程进行监管的职责，PMT则在现场实时监督EPC和TPI的工作。

中亚天然气管道项目借鉴国内项目的"三同时"制度，即建设项目中的职业安全、卫生技术和环境保护等措施和设施，必须与主体工程同时设计、同时施工、同时投产使用，安全、环保、健康和安保措施和设施均做到"三同时"。"三同时"政策与标准的统一、HAZOP分析工具一起构成保证设计质量的具体手段。JSA（Job

Safety Analysis，工作安全分析）和PSSR（Pre Start-Up Safety Review，启动前安全检查）也是中亚天然气管道项目运用的先进HSE管理工具。JSA是用来评估任何与确定的活动相关的潜在危害，保证风险最小化的方法。在设备安装阶段广泛运用JSA评价每项作业各个环节的安全、环境、健康影响因素，分析控制措施和执行、控制以及监督方式。在投产试运前必须对所有相关因素进行PSSR分析，按照专门的检查表对工艺、设备、安全、仪表、调度等进行一一检查，查找遗留问题和隐患并进行整改，确保无误后才能启动。

5.4.2 中外方HSE管理理念差异与挑战

中国与乌国和哈国处于不同的社会经济发展水平，存在不同的社会文化传统。乌方和哈方在HSE管理理念和方法上与国际先进的HSE管理水平接轨程度不同，而中方已经融合了国际先进水平的HSE管理理念和方法。中乌和中哈合资公司成立后，中亚管道公司面临着如何将国际先进的HSE一体化管理理念与当地HSE管理理念相融合的挑战，毕竟任何事故或事件的发生不仅危害现场员工、沿线居民的生命健康和当地环境，影响项目建设与运行，也会损害中石油的国际声誉。

乌方非常重视环保、消防和交通安全，并且重视员工的劳动纪律和劳动保护。但由于所处的经济社会发展阶段所致，乌国对国际先进的HSE体系认识不够深入，同时由于中亚天然气管道采用了国际先进的技术和标准，乌方现行的HSE管理内容和方法已经无法与现代管道项目建设与运行的需求相匹配。

哈国是一个较开放和西化的国家，其法律、法规对环境保护的要求十分严格。合资公司哈方对员工的安全培训很重视，严格遵守法律规定，要求员工必须接受岗前培训，而这个培训是由合资公司委托第三方机构来进行。但是哈国在培训结束后对员工进行的持续培训不足，即没有关注到个人能力的提升。总的来说，哈方强调的是"知识"培训而中方更注重"知识+能力"培训。哈国有很多法规、部委的检查监督也多基于该理念，要推进业务板块HSE自主管理、团队管理仍有较大难度。哈国沿用苏联的模式，安全管理体系和标准体系滞后于现代管道项目建设和运营管理的需要，例如难以应对恐怖势力带来的社会安全风险。

尽管乌方、哈方的HSE体系相对于中方稍有滞后，难以适应中亚天然气管道的严格要求，但是乌方和哈方执行体系、规则和制度的严肃性很高，只要制定了规则，都会得到严格执行，执行力很强。

中外双方有自己的工作方式和习惯，由于一开始缺乏沟通交流，且合资公司没有从上到下都形成"我要安全"、"我会安全"的文化，中方以合资公司的名义发起了多项安全检查工作，虽然合资公司外方人员不反对，但是也并不理解其背后的原因，不认同安全检查的必要性，因此很难动用外方员工一起检查。

总之，中方国际先进的HSE管理理念与方法如何与外方HSE的管理理念与制度环境相融合，同时整体提升合资公司的HSE管理水平，是中方面临的最大挑战。

5.4.3　HSE管理理念融合与管理水平的提升

中亚管道公司不仅需要保障跨国能源战略项目建设和运营的安全，还肩负转变项目所在国HSE管理理念和提升其管理水平以及打造合资公司HSE责任和利益共同体的重任。

面临挑战，中亚管道公司尊重和包容对方，通过合资公司股东和中方员工，运用实践案例努力说服对方转变HSE管理的理念，在合资公司中建立先进的HSE管理体系，逐步提升HSE的管理水平。

HSE体系推进的关键是落实全员HSE责任，中亚管道公司借鉴集团公司HSE管理经验，在合资公司中推行"有感领导、直线责任、属地管理"三位一体的HSE管理策略，构建全方位的HSE网络（图5-3），将先进的HSE管理文化、理念和目标传递到中亚天然气管道项目建设的每一个环节。

公司安全文化首先是管理者的文化，管理者的认识与身体力行是建立公司安全文化重要且有效的推动力量。中亚管道公司从合资公司股东、领导层的思想转变入手，自上而下，形成对合资公司HSE工作常态化的、更有力度的及时支持。中亚管道公司借助中方股东之力在合资公司各领导层中贯彻"任何决策都要首先考虑安全环保"的原则，强化领导安全以身作则的示范效应，使员工感悟到自身做好安全工作的必要性，通过股东层面沟通和合作，形成公司制度，严格落实"有感领导"。中亚管道公司充分利用中方员工积极营造安全文化，推进成熟、先进的管理方法和理念在合资公司落地。

通过"以人为本、预防为主、全员参与、持续改进"的HSE方针，合资公司将HSE的责任分解到各个部门，严格推行"一岗双责"和"管生产必须管安全"的要求，加强生产部门、业务部门与HSE部门的沟通与配合，将HSE管理融入到建设运行业务管理流程中，落实"直线责任"。

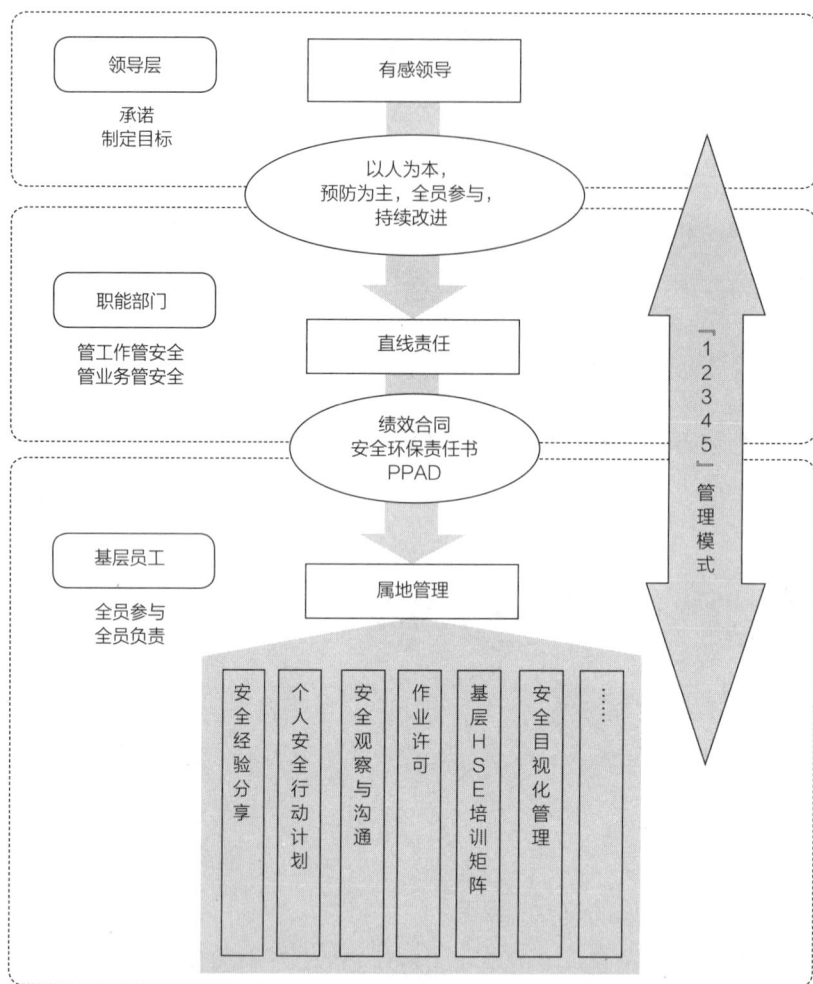

图5-3 三位一体的HSE管理

中亚管道公司与外方一同完善HSE岗位责任制，明确各项工作的负责人对各自承担工作的HSE管理职责，做到谁主管谁负责、谁组织谁负责、谁执行谁负责。各部门再将合资公司HSE目标和指标分解、细化，通过签订安全环保责任书、绩效合同和PPAD（Performance Plan Assessment and Development，绩效计划评估和发展体系）等形式分解落实到各岗位和员工个人。为了有效地在基层员工中落实安全职责，使员工从被动执行HSE规定转变为主动履行HSE职责，合资公司推行"属地管理"理念，辅以中石油的HSE管理工具，提高员工HSE履职能力，要求现场每一个员工对自己所属地区域内人员的行为安全、设施设备的完好、作业过程的安全、工作环境的整洁负责。

为了保障全方位的HSE网络在中亚天然气管道项目中顺利运转，细化管理要求和量化工作标准，合资公司创新性的提出"12345"管理模式：规范一体化管理体系（IMS）运行，贯彻HSE管理与监督两条线，坚持三

昔日管道作业带，在管道铺设完工后生态恢复良好

个HSE文件逐级签署，完善风险管控、培训提升、应急联动和绩效考核四项机制，执行五个管理部门的年度HSE工作计划。这一管理模式有效推动了HSE目标转化为全员参与的行动，促进了中外方之间HSE理念融合、工作融合和责任融合。

为了保障中亚天然气管道项目HSE工作的可持续性，形成追求卓越HSE绩效的内生需求和动力，合资公司还构建了基于"策划-实施-检查-改进（PDCA）"的HSE持续改进模式（如图5-4）。通过领导承诺建立HSE目标，明确合资公司HSE方面追求的宗旨和方针，通过三位一体的全方位HSE网络，保障全员参与实施HSE管理过程和对过程进行监督与测量。在中方推动下，合资公司成立了HSE管理委员会，统一协调、指导公司安全生产工作和HSE管理体系运行工作，定期召开公司HSE委员会会议，讨论HSE管理中的重大问题并做出决策和提出改进建议，通过持续提升HSE体系建设和持续加强HSE培训作为保障手段，不断改进HSE管理体系和提升体系运行绩

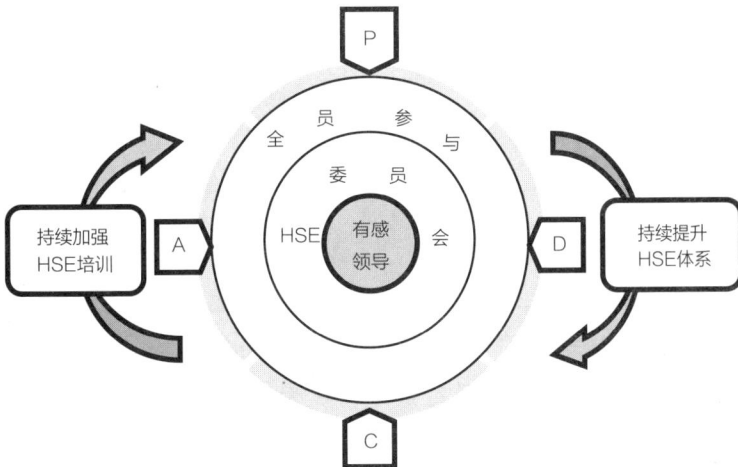

图5-4　HSE 持续改进模式

效。这两个"持续"如鸟之双翼、车之双轮，不断为HSE管理的持续改进提供向前的驱动力。

在建设过程中，HSE管理被纳入PMT的管理范围，由PMT监督承包商进行HSE管理。合资公司成立了由主要承包商参与的HSE联合委员会，形成了全过程的四级（PMT-PMC-TPI-EPC承包商）HSE监督管理模式：各承包商对现场活动和环境进行不间断安全监督，包括对供应商和生产厂的驻厂监督；监理每天在各施工点进行巡回检查，业主现场代表定期对现场安全进行监督检查，PMT的HSE部专家在现场巡视监督，进行现场指导，协助承包商解决HSE管理中存在的缺陷，促进承包商风险管理水平持续提高。

为保证EPC承包商切实履行HSE职责，合资公司采取驻厂监造、现场监督检查等必要的过程控制手段，并定期重新评价、考核现有承包商按要求提供产品和服务的HSE持续保证能力。

在各方共同努力之下，合资公司建立了国际先进的HSE管理体系，形成了先进的安全文化，这不仅保障了中亚天然气管道项目健康、安全、环保的建设和运行，在带动沿线经济发展的同时保护生态、环境和健康，更为过境国引入了健康、绿色、可持续的进行经济建设的理念和科学方法，践行了中亚管道公司的社会责任。

5.5 中亚天然气管道项目进度保障策略

工期短是中亚天然气管道项目一期（A线和B线）建设面临的最大压力和挑战，尤其是A线必须在28个月内建成通气。而A线进度管理过程中所建立的制度、体系和遇到的问题及相应的解决方案，为B/C线的进度管理提供了基本框架和经验指导。

2007年7月17日，中国与土国元首签订了《中国与土库曼斯坦两国阿姆河右岸油气田产量分成协议》和《中国向土库曼斯坦购买天然气协议》，两项协议确定于2010年1月土国正式向中国供气。根据协议规定，横跨土、乌、哈、中四国，单线1833km的中亚天然气管道必须在2009年底建成通气，需要在仅有的28个月内完成包括项目可研与初步设计、合资公司的组建、融资、采办、施工建设和投产运行等一系列工作。上述两项协议规定的通气时间成为中亚天然气管道项目工程进度的刚性要求。

中亚天然气管道建设团队于2007年7月开始组建，距政府间协议规定的2009年底建成投产的刚性工期为28个月。按照常规的工程建设工期测算，项目建设必须经历如下阶段和相应的时间：

第一阶段，完成项目团队组建及骨干人员到岗，至少需要3个月时间。

第二阶段，完成项目可研报告的编制，并获得中国政府和沿线各国政府批准，至少需要12个月的时间。

第三阶段，完成管道沿线各国合资公司组建并完成关键岗位人员到岗，具体组织管道施工，至少需要3个月的时间。

第四阶段，完成项目初步设计，并获得沿线各国政府批准，至少需要9个月的时间。

第五阶段，完成EPC合同和业主采办主要设备材料的授标，至少需要3个月的时间。

第六阶段，线路EPC承包商完成合同执行，中亚天然气管道达到投产条件，至少需要18个月的时间。

简言之，按照常规工期测算，中亚天然气管道建设至少需要6年，与实际不足30个月的刚性工期相比，项目工期矛盾显得特别突出。

跨国管道工程具有的工作界面繁杂和众多参与方的理念冲突的特点，同时还要面对中亚地区险恶的地质条件，再加上中亚天然气管道项目"点头不算摇头算"的独特决策机制，使得本身就十分紧张的工期目标，变得更加难以实现。

围绕AB线"2009年底单线建成通气、2010年双线通气、2011年建成300亿方输气能力"的总体目标，中亚管道公司总部以及合资公司PMT深入思考、精心谋划，为破解工期难题，及时提出了"统筹安排、强化协调、抓大放小、死保节点"的十六字工作方针，确定了工程的施工进度计划和计划控制节点，实行分类分层级进度控制，确保工程进度。进度管理体现在项目建设过程中的每一个方面，只有在可能影响进度的每一项工作中都坚持"快速优质"的核心理念，才能够完成项目工期目标。为了保障28个月建成通气的任务，必须在采购、施工、文控等方面都提高工作效率并严格按照进度计划执行任务。中亚天然气管道按时投产通气也离不开每一个参与方的协同合作与每一位石油人的智慧加拼命精神。

5.5.1 统筹规划

项目建设伊始，中亚天然气管道建设团队从项目建设大局着眼，细处入手，制定项目整体实施计划，理清项目建设关键路径，找出关键作业与制约瓶颈，提前启动相关工作。

在建设前期，协调委员会提前启动第三方咨询公司的信息收集与筛选，缩短了合资公司成立后第三方咨询公司的招标周期，进而避免因合资公司成立之初人员不足导致的合资公司标书准备和合同签署周期延长，加快了招投标工作进程。

合资公司依靠中石油集团一体化优势，协调供货商提前锁定部分管材资源，在管材合同正式签署后，立即启动管材生产，缩短管材供货周期；协调中方潜在承包商提前进行设备动迁准备，在合同正式签署后，立即启动出关事宜，缩短设备动迁周期；同时大力协调中方承包商劳务许可办理，缩短办理周期，进而加快人员动迁进程。

在项目建设过程中，伊犁河、锡尔河穿越是中亚天然气管道哈国段施工的难点，也是决定中亚天然气管道能否按期完成全年施工任务以及实现2009年底单线通气目标的控制性工程。严寒中设备动迁难度较大，原有进度计划中穿越工程在2009年夏季进行，但是为了提前保障控制性工程，中亚管道公司决定在2008年冬季前提前攻克两河穿越工程，解除了工期风险。

在投产准备工作中，中亚管道公司于建设阶段就提前与管线所在国相关部门沟通，启动管线投产的商务准备，保证管线建设完成后，即达到技术商务标准并具备投产条件，缩短了管道投产的准备周期。

5.5.2 进度控制系统

在2009年底建成通气的进度要求下，中亚管道公司深入工程现场调研，综合项目各参与方提交的进度计划，倒排工期，确定了工程的五大刚性节点（图5-5），以不突破刚性节点为首要原则制定了六级进度计划。五个刚性节点确定了项目的总体轮廓，构成了中亚天然气管道项目里程碑计划。

中亚天然气管道项目各级进度计划是根据项目目标、建设环境条件、工程市场状

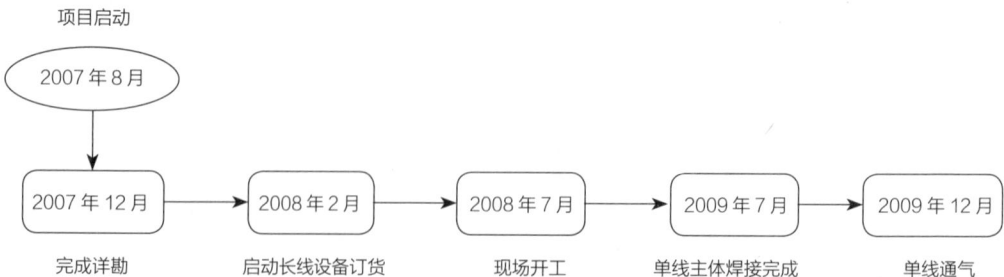

图5-5　中亚天然气管道项目五大刚性节点

况、项目组织的资源等诸多因素，对项目范围内的所有活动做出的全方位、全过程的周密安排。较高级别的进度计划，突出显示了整个中亚天然气管道项目实施过程所要实现的关键里程碑和不同阶段主要工作的总体目标，也为中亚管道公司、合资公司及PMC、TPI、EPC承包商、供应商等项目各参与方之间交流和沟通提供了依据。较低级别的进度计划则是中亚天然气管道项目具体工作执行的指导，是进度跟踪、比较的主要依据。

中亚天然气管道项目进度控制的关键在于及时掌握整个项目实际进展情况、完成的工作量、计划执行的情况和今后的进度目标，从而保证项目工期目标的实现。合资公司对每一环节所采集的进度数据进行细致的运算和分析，用图表和文字形式说明实际情况与进度计划之间的偏差。一旦发现出现偏差，立即采取进度调整措施，以确保进度目标的实现。

5.5.3 合同保障

合同为工期目标的实现提供了制度保障，良好的合约设计能够为当事方提供约束和激励，从而促进项目推进，保障工期目标。

在招标采购时，合同中附带工程物资制造、运输的进度计划，重要的设备都需要供应商提交单独的工作计划。采购合同中还规定，在制造时厂商要提交日报、周报和月报，并由业主指派监理去驻厂评估进度。在关键设备，例如压缩机的运输过程中，也有日报，汇报每日的运输进度。

与AB线相比，C线PMC、TPI合同增加了履约保函。工程项目中一般不会让咨询承包商提供保函，C线之所以没有遵照国际惯例，是吸取AB线建设经验，考虑了中亚天然气管道项目特点和哈国特殊的要求而制定的。哈国的工程建设项目每年都要报一次预算，预算经批准后才能执行。如业主在报整个工程的承包商预算时遇到困难，无法及时获得批准，业主就无法向PMC、TPI付款。但是咨询工作是连续的、不间断的，所以就造成PMC、TPI有工作任务，但是没有预算无法支付咨询费用的状况，AB线建设中PMC、TPI曾为此停工，耽误了工期进度。实际上，合资公司并非资金匮乏或者恶意拖欠，而是因预算报批程序原因导致有款难付。履约保函的金额没有按照合同价格的百分比计算，一是因为咨询服务价格不易确定，二是因为履约保函只是象征性的对PMC、TPI进行约束，以保障工程进度。PMC、TPI也理解合资公司的这种做法，并且信任中亚管道公司，因此同意了履约保函条款。

5.5.4 文控管理

在合资公司PMT中纳入文控管理是中亚天然气管道项目的特色，因为合资公司内中外双方股权对等，在这种情况，谁掌握了信息，就能发挥引领和牵引的作用，因此把文控管理纳入在PMT中。文控部门不仅仅为PMT服务也要为全公司服务，对外是公司的代表，对内是所有外部信息分流和分转的枢纽。将文控纳入PMT还考虑到项目前期主要是建设工作，而施工图纸下达和接收、承包商信函和变更申请都要经过文控部门的严格程序，因此文控对建设工作起到信息的枢纽和要道作用。把文控部门纳入PMT后对文件签发和分流首先要经PMT Leader之手，部分信函PMT Leader看到而总经理未必能看到。为了保障合资公司中外双方利益均衡，文控部单独设置了外方文控员，可以看任何文件，但不能审批文件。

文控工作掌握了项目的信息流，是对外协调、对内指挥的关键环节。文控程序控制着项目信息流转的速度，要想保障工期目标，信息就必须高效流转。但是，文控部门内也是采取中方、外方经理双签模式，一个人不签字文件就无法分发，而且关键图纸除了需要部门经理双签，还需要专家签字、相关部门经理签字和PMC签字，这给文件流转带来很大障碍。AB线总图纸量大约是20000份，高峰时期每天最高收图纸量达到几百份，而每份图纸都有不同的版次，都要经过批复才能进行施工。最开始单张图纸批复要一个月时间，因为在文控程序上，每次审批都需专家填写意见单，之后由PMC汇总提交至哈方，批准后再传到中方。严格的文控程序保障了图纸的质量，但是在当时工期紧张的条件下是无法适应的。

为了解决文控效率，必须尽量减少程序，因此合资公司创造性的采用联合设计、集中办公的方式，让工程师面对面交流、讨论，将意见消化在讨论过程中，最终确定方案后再形成图纸、文件，避免了反复讨论和修改过程中传递文件所需的文控程序流程。

5.5.5 协作理念

中亚管道公司及两个合资公司始终贯彻"帮承包商就是帮自己"的理念，在建设过程中常驻现场为承包商提供协助和支持。A线建设一开始，乌国承包商ZeroMax焊接质量非常差且效率非常低，甚至出现了负进度的情况。PMT意识到如果不立即采取强有力、特殊的方法，ZeroMax根本不可能按期完成其承担的单线主体焊接任务。为全面提升ZeroMax公司的焊接质量，PMT全面叫停ZeroMax手工焊接机组，让手工焊接机组退出中乌管道主体焊接现场，并向其提出必须使用半自动和全自动机组进行主线路焊接的要求，避免手工焊机组的人为因素影响施工质量。同时，PMT技术部和施工部人员几乎每天都盯在施工现场，查找全自动焊接及半自动焊接质量问题的原因，连续提出多项整改意见，例如提高管口对口质量、注意层间焊道打磨，保证焊口预热温度及层间温度。与此同时，PMT加大了对ZeroMax全自动和半自动焊接焊工的培训和指导工作，并促使ZeroMax选派部分焊工到俄罗斯培训，大大缩短了全自动和半自动机组的磨合期。在这之后，ZeroMax的焊接质量由原来的不足5%达到了90%。在哈国段建设中，PMT还巧妙的协调两个承包商开展合作和竞赛，KSS自动焊机组完成日焊接42英寸管道262焊口的历史记录。

　　伊犁河和锡尔河的定向钻穿越地质条件复杂，工程风险较大，是中亚天然气管道项目建设最大的控制性工程。伊犁河穿越由中方承包商负责，而锡尔河穿越是俄罗斯队伍负责的。按合同约定两条河流在2009年3月同时开始穿越，但按合同执行，一旦外方穿越失败，时间上将没有回旋余地。为确保万

在中亚天然气管道施工过程中，参建的中外承包商管理和施工水平不断提升，屡次刷新焊接记录。哈萨克斯坦建筑服务股份公司CRC3机组创造了全自动焊接新纪录

无一失，组织中方队伍于2008年11月提前5个月动迁穿越设备到场并组织实施伊犁河穿越，伊犁河的成功穿越为锡尔河穿越提供了必要的技术和经验保障。同时，一旦2009年3月份锡尔河穿越出现意外，中方穿越队伍和设备可应急备用。

　　乌国线路EPC承包商ZeroMax施工能力不足，开工半年只焊接了不到10km，一次焊接成功率不足10%。利用乌方政府提出管线绕行乌国主产气区加兹里地区的契机，策略性地将"绕行"与"解决乌国承包商施工能力不足问题"结合，成功说服乌方将其承担的A线160km线路工程量置换给中方队伍承担，并协调中方承包商从国内紧急动迁2套机组，保证了按期完成线路建设任务。

哈国承包商KSS承担二、七号站建设过程中，由于KSS调试经验不足，在压缩机调试阶段进展严重受阻，威胁到按期投产和管道输气能力的提升。在中亚管道公司的组织下，中方承包商从人员和设备等多方面对KSS进行支持，大大加快了二、七号站调试进展。

5.5.6 奉献精神

面对28个月投产通气的目标，需要每一位员工付出智慧和努力。中亚天然气管道项目所展现的智慧加拼命精神是中石油工人"大庆精神"、"铁人精神"的延续和发展。

高效合理的商务运作是项目开展的前提和保障，然而商务工作也并不轻松，甚至困难重重。在中亚国家，建设项目约束多、报批程序复杂，且与我国国情差别大，加之存在一些利益冲突，这些都为双方合作增加了难度。不仅工作难度大，工作条件和生活条件也是异常艰苦。项目建设初期仅有7名员工在哈国开展初期准备工作，合资公司还未组建，食宿和交通车辆都无法保障。面对规模宏大、工期紧张、条件艰苦等重重难题的挑战，前期筹备人员在接到工作安排后没有丝毫犹豫，勇挑重担，带领项目全体员工全力奋战在建设一线。

管道建设项目严峻的自然环境不仅影响一线员工的工作、生活环境，甚至给按期建成投产带来挑战。但是，富有智慧加拼命精神的石油人没有因恶劣的环境而屈服、放弃，而是不畏艰险，砥砺前行，用智慧和汗水换来工程的顺利完工。管道一公司施工段位于阿拉木图市以东至霍尔果斯边境，全长247公里，中部有近百公里的管线沿着奇列克镇——恰仑镇的戈壁滩辐射地。该段戈壁滩南侧是被当地人称为阿拉套山的天山余脉，北侧也是连绵的山群。南北两侧的群山，让中间狭长的戈壁成为天然的风道，只要稍有气流变化，在风道中就会变成四五级大风，而且几乎都是西风，是哈萨克斯坦有名的百里风区。再加上戈壁滩干旱少雨、植被稀少，为孕育"飞沙走尘"的沙尘暴提供了"得天独厚"的场所，为现场施工尤其是冬季施工造成了巨大的困难。由于受到哈萨克斯坦政治、经济的影响，哈国的社会环境变得非常复杂。设备疏港、人员劳务签证等异常缓慢，开工时间一拖再拖，直到2008年12月底，还有部分施工人员、设备没有到位。此外，当地移民局、警察局频繁调查，先后有64名员工被拘禁。一面是紧张的施工工期，一面是复杂的社会和自然环境的考验，中石油工人充分发挥"铁人精神"，用智慧和勇气迎接各种挑战，驾驭复杂局面。

中亚天然气管道在哈国境内途经地区大部分为荒漠草原，地势相对平坦，比较适合全自动焊机组进行大规模施工。但是楚河以西地区是两公里范围的沼泽地，大型设备无法进入此地作业，再向西走，是三十几公里的石方段，需要爆破才能进行管沟开挖。此地属于山区冲沟段，沼泽、河流、丘陵沟壑密布，地势复杂，是中亚天然气管道施工中最艰难的地段之一。承担该段施工任务的正是被誉为勇于攻坚克险的管道铁军——管道三公司。

每年冬季此地的平均气温到达零下40摄氏度，冻土层可厚达1米以上，大型设备可以进入沼泽地作业。但是到了冬季，这里的气温却始终没有降到零下40摄氏度，沼泽地冻土层实测深度也只有20厘米。薄薄的冻土层下全是烂泥，大型设备根本无法靠近，给管线下沟带来很大困难。施工人员穿着水鞋在冰冷的泥水中作业，一干就是几个小时。时间一长，冰水浸透了工服，大家依然坚持着。

在芦苇段施工时，泥泞不堪的地面承载力差，设备在上面停留时常常会陷入其中无法自救。由于施工环境的限制，电焊工往往是一身泥水一身汗水，收工时个个都变成了泥人。就是在这样艰苦的条件下，工程进度还是按计划艰难地向前推进，管道铁军终于在雨季到来前冲出了沼泽地。

这些片段只是石油人智慧加拼命精神的冰山一角。中亚天然气管道项目各参与方精诚团结、奋力拼搏，最终攻坚克难，建功中亚，保证了中亚天然气管道2009年底按时通气，为中国战略性能源通道建设做出了卓越的贡献。

5.6　中亚天然气管道项目建设管理最佳实践

工期紧张是中亚天然气管道面临的最大障碍。由于潜在组织运行不顺畅、外部环境变动、决策效率低下和承包商履约不良等风险可能造成工期目标无法实现，中亚管道公司采取了一系列措施对风险进行防控。最终的建设成果表明，这些措施构成了特定条件下，中亚天然气管道项目建设管理的最佳实践。

5.6.1　全方位协同

面对对等的股权结构和复杂、多样化的工作界面，中亚天然气管道项目不得不重点管控组织中决策效率低下和监管不足的风险。中亚管道公司在项目内部创新"PMT+PMC+TPI+EPC"管理模式,借PMT加强对项目建设的推动;适应性的转变PMC职能,使其依靠自身专业性和丰富经验辅助PMT进行项目管理,并赋予其化解各方矛盾、分歧的关键使命;扩大TPI的工作范围,加强项目的全过程质量管理。

在项目外部,中亚管道公司借助中国政府部门资源,有效整合各方力量,妥善解决签证、关税、运输等制约,并秉承"合作、互利、共赢"的原则与所在地政府、民众、媒体和谐相处,降低环境不确定性给组织正常运行带来的风险,为项目顺利实施创造了良好的外部环境。

5.6.2　降低资源依赖

没有组织能够实现资源的自给自足的,都要与其所依赖的环境因素(包括其他组织)进行交换。中亚天然气管道最初采用的设计标准和规范、国内钢管供应市场条件及长距离跨国运力约束使得项目不得不大量依靠国外供应商获取管材、阀门、压缩机等关键资源,这使得项目处于受外部环境控制的风险之中。一个组织最重要的存活目标,就是要想办法降低对外部关键资源供应组织的依赖程度,组织的策略无不与组织试图获取资源与试图控制其他组织的权力行为有关。因此,中亚管道公司在采购前期,举集团之力进行调研、设计、研究和谈判,改变原有技术方案和标准,使大量国内外优质供应商能够进入中亚天然气管道的工程采购中,降低了管材、阀门和压缩机等关键资源受制于外国供应商的风险,同时增加了投标者的竞争压力,压低了供应商报价。

5.6.3　抓大放小

合资公司对等股权模式产生的"单方同意无效、单方反对有效"决策管理机制,对保全资产、控制投资、确保工程质量非常有效,但不利于加快决策速度、提高工作效率。合资公司回避中外股东控制权的争夺,抓大放小,抓住主要矛盾和矛盾的主

北京时间 2009 年 12 月 5 日 23 时 58 分,中亚天然气进入中国

要方面，弱化对整个项目的整体控制权，创造性的强调，在责任、权力和利益均衡下的跨国工程共同体中，巧妙的进行项目的分而治之。在合资公司运营层面，创造性的利用PMT的设置抓住保障项目顺利实施的关键推手。在掌握项目建设管理工作的PMT中，股东又重点以技术部、采办合同部（采办部）和文控翻译部工作为核心，控制项目的技术规范，设备物资和信息流，从而推动项目建设。

5.6.4　积极推动，积极参与

中方积极推动项目建设必须紧紧依靠中方建设力量，但是中方强调的积极推动不是蛮不讲理的专制和不合理的赶工。因此，为了保障项目的顺利实施，更是为了遵循公正、平等原则，给带动项目快速推进创造合理的条件，中亚管道公司对中方施工队伍、供应商的要求只会更严、更苛刻。合资公司力求公正平等，以理服人，拒绝采购中国厂家生产的质量合格但缺少规定认证的物资设备。参与建设的各个中方单位必须技术过硬，经验丰富，资质过全，管理过细，自身实现快速、优质，才能担负推动项目建设之重任。

对外方建设队伍的促进和帮助更是推动项目建设的重要举措。中国供应商克服阻碍按时供货的良好履约能力给外国供应商制造了压力，也促使和激励他们按时保质供货。在外方承包商施工进度严重落后的情况下，合资公司为其提供技术培训、专家指导和设备辅助等多方位的支持，解决了承包商遇到的困难和障碍，加快了项目的整体进度。在环保意识较薄弱的地区，中亚管道公司不仅自始至终将环境保护作为重要工作，而且积极向当地政府、承包商和民众灌输环境保护的思想，向他们阐释环境保护的重要性，从人类命运共同体的视角进行项目治理。

5.6.5　利用纵向一体化优势

28个月建成投产，时间非常紧迫，各阶段工作必须相互交叉，平行推进。为了保障里程碑节点，前期协调委员会必须于合资公司成立前就开展EPC、PMC和TPI的招标以及长线设备的采购工作。此时，除了不具有授予合同的法律主体地位外，协调委员会还面临资金严重不足的困难，开工前的准备工作处于难以开展的风险中。若完全依靠市场竞争寻找EPC承包商和供应商，一方面，没有合同保障，承包商和供应商将因承担过大的风险而不愿意在未签约情况下进行人员设备动迁、管材制造；另一方面，承包商和供应商可能利用中亚天然气管道项目工期紧迫但战略意义重大的特点进行"敲竹杠",抬高报价。因此中亚管道公司利用中石油集团纵向一体化的制度优势,通过科层形式组织部分交易,积极调配集团内部资源,组织人员和设备动员准备,并提供迅速而有力的资金支持,提前采购必要物资。中石油集团对自身综合优势的充分调动,发挥了纵向一体化的协调效应,降低了交易过程中的时间成本,为项目按期开工提供保障。

中亚天然气管道项目建设管理最佳实践如图5-6所示。

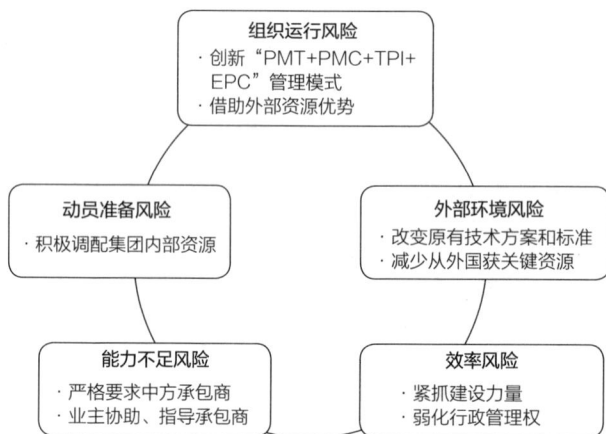

图5-6　项目建设管理最佳实践

第 **6** 章

中亚天然气管道投产
准备与试运行

天然气长输管道投产与试运行是管道从建设期转入运行期的关键节点，更是对建成的长输管道是否达到预期质量目标的核心检验。为确保投产的一次成功，需要对投产准备与试运行过程中涉及的组织机构、人员、物资和技术方案等各方面进行周密计划、合理安排，确保此项工作能够安全、平稳和有序地进行。线路和站场各个设备的正常运转对于管道投产至关重要，但是对于横跨四国的中亚天然气管道而言，这些必须具备的工程条件是重点但不是难点，如何平衡各国利益诉求、协调各国法律和专项规定的要求、建立跨国协调机制才是难点所在。中亚管道公司早在2009年初就提前筹划A线投产准备工作，成立工程施工、投产技术准备和投产商务准备3个工作组，高效推进相关工作。

6.1 中亚天然气管道项目运行管理模式

6.1.1 运行面临的挑战

为了保证管道的平稳运行，中亚管道公司制定了"上游不停产、下游不停输，安全、平稳输气"的工作目标。为了实现此目标，需要在中亚天然气管道运行相关各方间建立多边联动机制，规范上、中、下游工作程序，以有效地协调、制定和调整输气计划。

中亚管道公司在2009年2月编制完成了《中亚天然气管道项目2009年投产运行工作计划》，针对不同国家情况，对运行技术准备、运行管理模式、商务准备、人员配备和物资筹备五方面工作做出规划，明确54个单项工作的计划节点和要求，为指导中亚天然气管道项目投产运行工作的全面开展，保证投产运行工作的万无一失奠定了坚实的基础。投产准备工作涉及4个国家10多个公司，需要签署几十项协议，商务关系盘根错节，利益纠葛错综复杂。各项协议既相对独立，又有必然的内在联系。一项协议的谈判进程不顺利，往往会直接影响到其他协议的谈判。

为此，中亚管道公司在每次谈判前，都反复研究谈判方案，制定合理的谈判策略，既要有理有据，还要策略得当，引导对方走向共赢。几个月下来，合资公司层面、股东层面和国家公司层面进行了多轮数百场谈判，在艰难中不断前行。

6.1.2 过境国管道运行主体

中乌、中哈政府间协议和企业间协议规定，中乌合资公司、中哈合资公司分别作为乌、哈两国管段建设和运行的法律主体，即中乌、中哈合资公司负责项目建设组织实施和投产后的运行管理事务。

乌国相关法律规定，企业运行天然气管道须获得运行许可，中乌合资公司根据规定于2009年9月分别向乌国消防总局、环保总局、油气监督局以及技术监督局四个政府机构提交了获得运行许可的申请，四家部委分别给予肯定的书面回复。合资公司据此向乌国内阁审查委员会提交申请，由乌国内阁专设的运行许可审查委员会进行审查，在2009年12月获得合资公司运行干线管道和维抢修业务的运行许可。

然而，合资公司在哈国办理运行许可并不顺利。在2009年6月，哈方股东提出要以签订有偿服务合同的形式，委托哈方股东下属子公司Intergas Central Asia Pipeline（ICA）负责中哈天然气管道运行及管线、压气站设施运行维护工作。ICA作为哈国唯一的石油天然气管道运行企业，在哈国管道运行行业中处于垄断地位，掌控着哈国境内几乎全部的天然气管道运行权。

哈国作为管道的过境国，对过境管道提出或保留利益诉求是他们的必然选择。哈方认为哈国段中亚天然气管道作为不动产位于哈国境内，存在属于国家战略工程的可能性，而且按照惯例，哈国境内的管道只能由哈国企业独立运行，因此中哈天然气管道应交由ICA运行。

但是，出于保障国内能源安全和能源战略通道的考虑，中国作为资源需求国也积极要求掌握管道运行权。从运行安全方面分析，中哈天然气管道是始于土国，途经乌国、哈国到中国的中亚天然气管道的一部分，为了保证管道的平稳安全运行，必须实现全线统一的调度指挥，如果天然气管道哈国段由哈方子公司承担全部运行工作，将增加北京油气调控中心全线调控的难度。

中亚管道公司领导层高度重视这一棘手问题，迅速反应，在摸清哈方股东的真实意图后，提出科学、合理且符合项目实际的中哈天然气管道运行模式。中亚管道公司运行准备部与中哈合资公司紧密配合，按照"求大同而存小异，求大益而弃小利"的原则，针对中哈天然气管道"多元主体取向差异"等问题，在政府间协议和企业间协议等法律框架内合理运用协调、谈判和行使股东权等手段，与哈方就管道运行模式及管道运行组织结构进行谈判，弥合股东间利益差异带来的分歧，全力推动中哈合资公司取得管道运行权。

中亚管道公司从分析管道运行成本入手，比较合资公司承担运行和哈方子公司运行需承担的运行成本，试图从降低成本的角度说服哈方股东。天然气管道运行所需要的资源主要包括：必要的材料和备品备件、特殊的维抢修设备以及专业技术人员。中哈天然气管道运行所需的资源如果由哈方子公司采购，再通过合同给中哈合资公司提供相应的服务，合资公司还要支付相应材料的增值税和一定的服务利润。因此，由哈方子公司运行将增大这一部分材料和服务成本。根据初设，中哈天然气管道将在沿线相应的站场内设立分支机构，分段负责中哈天然气管道的站场和线路的维抢修及日常维护。长远考虑，这一部分成本主要由人工费用构成。无论是由合资公司运行还是对方子公司运行，所需人员的编制基本相等，但是由哈方子公司组织运行，仍然会产生增值税和服务费用支出等额外的费用。因此，综合考虑这三个因素，由合资公司运行能够大幅节省运行成本。

在中方的科学分析和据理力争下，哈方最终同意确立合资公司为中哈天然气管道运行主体，承担管道的运行管理。哈国法律规定，合资公司无法取得天然气管道运行资质，因此，中哈合资公司依据与ICA签署的运行技术服务合同实现对中哈天然气管道的线路运行管理。这一举措既解决了法律上的限制，又在一定程度上保障了哈方股东的利益。

2009年10月15日中哈双方签署协议，允许由中哈合资公司实施管道运行，改写了哈国境内管道只能由哈方运行的历史，为中亚天然气管道今后30年能够向中国稳定供气提供了保障。中哈天然气管道线路运行管理模式的选择是多方因素影响的结果，也是在对过境油气管道具有强烈管理控制诉求的哈国实施天然气管道运行管理的必然之路，只有通过整合各方资源优势，提升管理水平，才能实现管道的持续、安全、平稳运行。

6.1.3 运行协调机制

协调指通过外力使组织系统中分散的各个要素具有一定的系统性和整体性，并且使之配合适当，即力求把系统中原来分散的各要素组合起来，协同一致地实现共同的预定目标。对组织活动的有效协调是保证组织高效运作、提高组织绩效的关键。组织结构的设置和协调机制的构建是组织结构化活动的两个不可分割的方面：前者是对组织活动的参与方进行责、权、利的划分，后者包含对组织活动进行协调处理、实现组织目标的协调活动。

为了能给中亚天然气管道创造一个"目标统一、责任共担、协调有力、合作共赢"的工作环境，贯彻执行股东生产运行主导思想、推动上下游相关各方共同开展工作，中亚管道公司开拓性地建立了"四国七方跨国协调机制"，规范了上下游生产运行工作程序，从而在中亚天然气管道所处的特殊环境下确保管道顺利投产，保证项目投产后安全、平稳、高效运行。

为了保证跨国协调机制的正确设计以及获得相关各方的大力支持，按照中亚管道公司投产试运工作组的统一部署，中亚管道公司与中联油、北京油气调控中心联合成立了专门的工作组，于2009年6月赴管道沿线三国（土国、乌国、哈国）就跨国联合调度运行、贸易计量和商检报关等事宜与当地海关、计量等政府部门以及当地输气公司、阿姆河天然气公司和土国天然气康采恩等相关单位进行沟通，现场调研中亚地区跨国天然气管道的管理模式和经验做法。中亚管道公司与当地政府和企业就管道运行联合调度工作形成了基本共识，为下一步商务、技术协议的签署奠定了基础。

在前期调研的基础上，中亚管道公司协调中石油国际事业公司、中石油北京油气调控中心、阿姆河天然气公司、土国康采恩、中乌天然气管道公司和中哈天然气管道公司等运行相关方，开拓性地组建了代表四国七方的"土-乌-哈-中天然气管道运行协调委员会"，形成了负责协商确定中亚天然气管道的年度、半年度、月度输气计划和维检修计划等工作的协调议事机构，如图6-1所示。

2009年9月，中亚管道公司完成了联合调度协议文本，经过与土、乌、哈三国的艰苦谈判，最终达成一致意见。2009年10月，完成了全部输气协议和调度协议的签署，为年底投产目标的实现扫清了又一障碍。

2009年11月，中亚管道公司组织筹办的土-乌-哈-中天然气管道运行协调委员会第一次会议在京召开，土库曼斯坦国家天然气康采恩、阿姆河天然气公司、乌兹别克斯坦亚洲输气公司、哈萨克斯坦亚洲天然气管道公司、中石油国际事业有限公司、中石油北京油气调控中心和中亚管道公司等七家公司派代表出席会议。会议一致通过并签署了协调委员会工作程序，成立委员会秘书处，确定了2010年度供气和输气计划及分月输气计划，并就中亚天然气管道2009年年底投产的相关组织工作达成共识，建立全线联系制度，以保证投产运行的沟通顺畅。

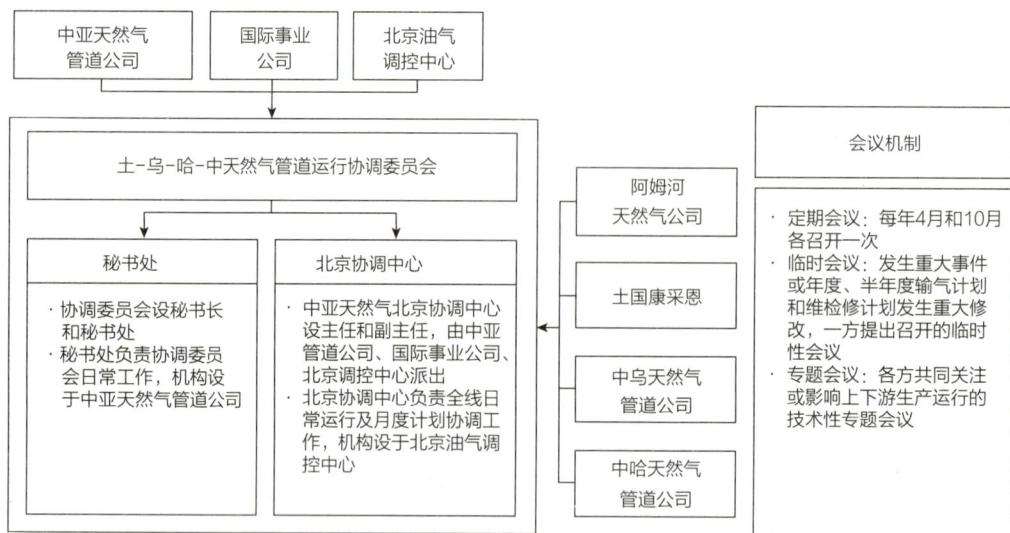

图6-1 土－乌－哈－中天然气管道运行协调委员会组织机构及工作职责

项目前期，为了避免管道沿线各国间矛盾和利益冲突，快速推进工作，中亚天然气管道项目采用双边协议、多边协作的模式进行建设，但是这种分段模式为管道运行阶段带来了沟通和协调上挑战。"四国七方跨国协调机制"突破了"双边代替多边"的跨国运行组织结构可能导致的协调效率低下的问题，形成了目标统一、责任共担、协调有力和合作共赢的运行环境，为中亚天然气管道的平稳运行奠定了坚实基础。

土－乌－哈－中天然气管道运行协调委员会下设秘书处和北京协调中心。秘书处是协调委员会的常设办事机构，负责协调委员会会议的筹备和日常工作的组织，参加协调委员会会议。北京协调中心设主任和副主任，由中亚管道公司、国际事业公司和北京调控中心派出，负责协调全线日常运行及月度计划协调工作，参与供输气计划和检修计划协调，机构设于北京油气调控中心。

协调委员会采用会议协商制度，协调委员会会议每年4月和10月各召开一次。4月的年度协调委员会会议协商确定下半年及次年一季度分月输气计划和维检修计划；10月协调委员会会议协商确定下一年度全年分月输气计划和下一年度维检修计划。

如果发生重大事件或年度、半年度输气计划和维检修计划发生重大修改，任何一方可以提出召开协调委员会临时会议的书面请求，秘书处应在收到该请求后立即与协

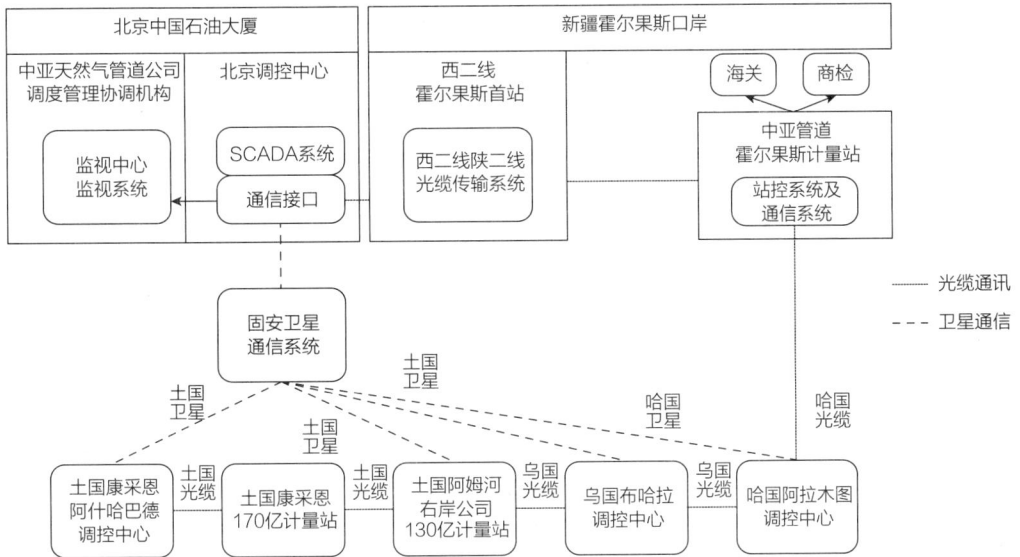

图6-2 数据传输工作方案

调委员会其他各方协商，在5日内确定召开会议的具体日期和地点，原则上临时会议召开的日期不迟于秘书处收到提出召开临时会议方要求之日起3周。各方共同关注或影响上下游生产运行的技术性专题会议可根据实际情况不定期召开。

在多方之间对跨国管道的生产运行进行有效协调的一个关键是运行数据的交流和分享。只有把管道运行中的各项数据及时地传输给土–乌–哈–中天然气管道运行协调委员会，才能保证多边联动协调机制有效运转。为此，中亚天然气管道制定了两套数据传输方案：卫星传输方案和光缆传输方案。此外，中亚管道公司为数据的传输和共享制定了阶段实施方案，使得在两种数据传输方案全面实现前有效保障跨国管道协调委员会对数据的需求。数据传输工作方案如图6-2所示。

然而中方参与到中亚天然气管道生产运行的单位众多，包括中亚管道公司、中石油国际事业公司、北京油气调控中心、中石油阿姆河天然气公司以及国内相关天然气生产单位和用气单位。这些单位分布在油气"产、购、销、用"整个链条的上、中、下游各处，利益取向同样存在差异。在四国七方跨国联动协调机制中，如果中方每个单位各执一词，不能首先做到统一口径的话，必将导致整条管道不能形成统一的运行目标，危害各个股东的核心利益。为此，中亚管道公司充分发挥中石油集团公司综合一体化的优势，统一协调、集中领导，制定了先内部协调和统一、再跨国协调和确定输气计划的工作程序，如图6-3所示。

　　首先，在中亚管道公司、国际事业公司、北京调控中心和阿姆河天然气公司之间建立中方内部协调机制，明确各方在气质改善、计划调整、运行方案制定、上下游日常协调以及北京与现场工作组织等方面的工作职责，通过生产协调会议和工作协调函等多种手段，根据已确定的年度分月供输气协议计划及各方计划调整申请，协调进行月度计划调整。然后，土-乌-哈-中天然气管道运行协调委员会进行跨国协调，根据各方资源配置情况协商确定年度分月供输气协议草案计划。草案计划下发给土国康采恩、阿姆河天然气公司、中乌天然气管道公司和中哈天然气管道公司并征询意见。如果有不同意见，再对草案计划做进一步调整。最后，确定中亚天然气管道的年度分月协议计划，并下达给土国康采恩、阿姆河天然气公司、中乌天然气管道公司、中哈天然气管道公司。各方按已确定的年度分月协议计划组织生产运行。

　　"四国七方运行协调机制"的提前确立是投产准备工作的重要组成部分，为计划制定、调控、维检修、应急抢修、物资和计量运销等六大业务的有效开展提供了保证，并能够帮助有效地制定及落实供输气计划、统一制定和协调运行方案、有效运转调控体系、准确执行生产指令、准确反馈和掌控生产信息。

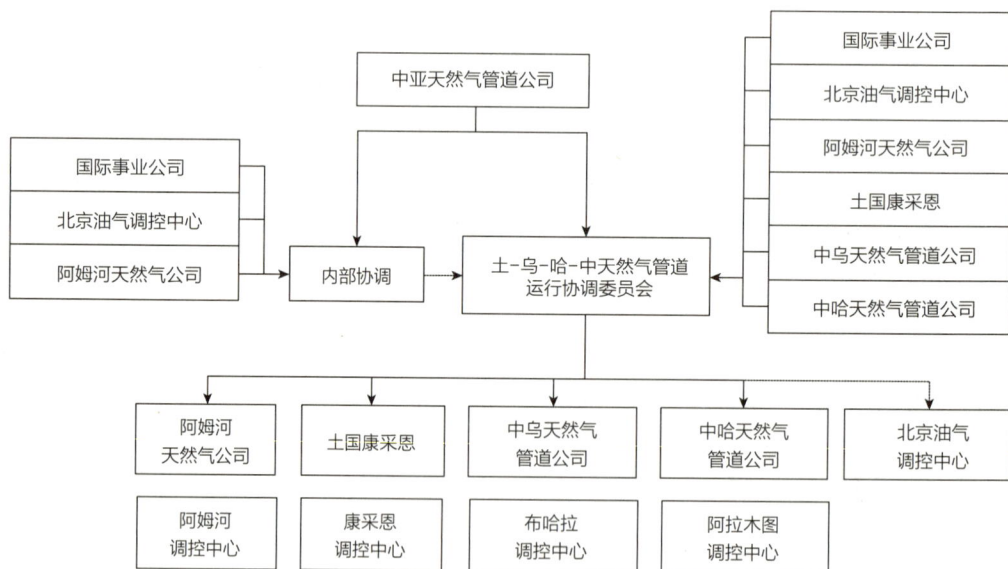

图6-3　内部协调与四国七方运行协调机制的工作关系

6.2　中亚天然气管道项目投产试运的组织

6.2.1　临时管理机构

中亚天然气管道项目的竣工验收与试运行是建设期与运行期的过渡重叠阶段，建设和运行工作交叉进行。中亚天然气管道的工期目标是"2009年年底完成单线建设并通气，2010年完成双线建设和投产"，项目本身具有的"分步建设、分步投产"特点使得A线运行和B线建设必然存在较长时间的重叠期。根据这一特点，中乌、中哈合资公司在建设过程中就适时地纳入了运行管理组织机构。尽管哈国境内油气管道均由其本国公司运行，中哈合资公司一直无法取得运行许可，中方在不断与哈方交涉谈判的同时，也积极推动哈方在合资公司内设立运行部，最大限度地保证合资公司较早介入运行管理工作，这为未来合资公司获得运行许可从而加快合资公司接管运行做好了组织准备。

运行管理组织机构覆盖项目建设和管道运行管理两大业务，符合合资公司发展目标，为实现工程建设向运行管理平稳过渡奠定了基础。运行团队尽早介入项目不仅能够较早地深入建设现场，实施投产和运行管理准备工作，缩短投产准备的时间，也有利于建设和运行两大业务的相互促进和相互融合，保障建设和运行工作的连续性与一致性。

为保障中亚天然气管道A线顺利投产运行，中石油集团组建了一个由中亚管道公司全面负责指挥的多层次的投产指挥系统，如图6-4所示。

2009年7月16日，中石油集团层面成立中亚天然气管道及西二线投产领导协调小组，下设中亚天然气管道投产指挥部和西二线管道投产指挥部，全面负责中亚及西二线管道投产运行相关工作的组织、协调、管理和指挥工作。

2009年8月6日，中亚管道公司成立投产领导小组及投产运行、商务法律、技术支持和安全监督等四个专业工作组，指导中乌、中哈天然气管道项目开展投产准备工作。

2009年8月13日和8月21日，按照中亚管道公司整体部署，中乌天然气管道项目、中哈天然气管道项目分别成立投产领导小组，贯彻落实公司总部对项目投产工作的重大决策和部署，制定投产运行工作策略和运行方案，协调组织全线投产各项准备工作。

中乌天然气管道项目投产领导小组下设投产指挥部及总调度室、商务法律、后勤

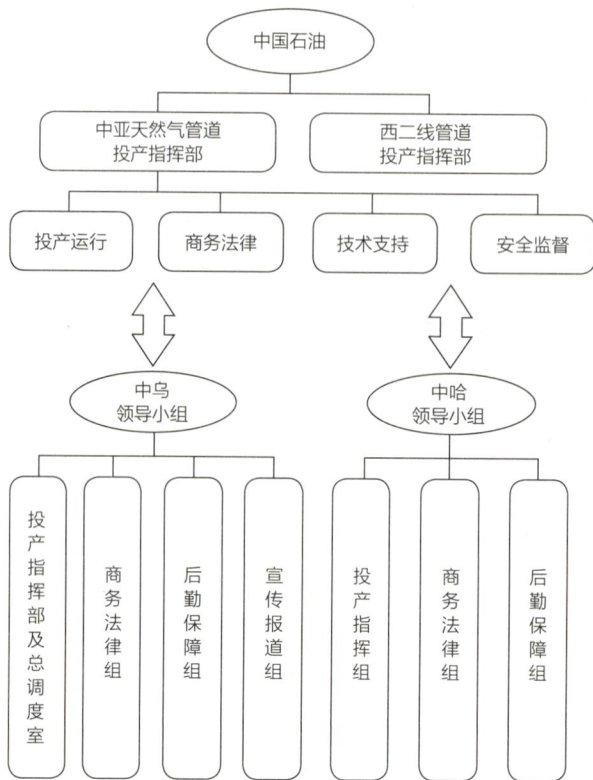

图 6-4　投产指挥系统

保障和宣传报道四个专业小组，其中投产指挥部及总调度室下设站场操作、线路、投产保驾、通信保障和HSE五个工作组。中乌合资公司成立了中乌管道置换投产调度指挥机构，WKC1压气站作为主调控中心，布哈拉作为备用调控中心；明确了中乌管道调控中心和3个EPC承包商（管道局、CPECC和ZeroMax）之间的调度工作界面和职责，中乌管道调控中心向3个EPC承包商下达调度指令；调控中心负责与上游阿姆河右岸气田、下游中哈天然气管道相互协调，并对中亚总调度部和北京协调中心负责。由于中亚天然气管道的气源包括阿姆河气源和康采恩气源，因此管道置换投产工作由两个气源向管道供气组成。

　　中乌管道调控中心建立了畅通的调度通信、明确的调度界面和清晰的调度程序，保证了在投产过程中各方均没有在调度界面和程序上发生争议，细化了中乌管道调度人员的分工和职责，确保了各项指令、各项操作能迅速得到执行，每名调度人员各司其职，工作井然有序。中乌管道调控中心统一指挥，顺利完成中乌管道置换投产工作。

中哈合资公司和2个EPC承包商（管道局、KSS）共同组建了哈国段投产领导小组，负责中哈管道投产工作的重大决策和部署，制定中哈管道投产运行工作策略，协调组织管道投产各项工作。投产领导小组下设投产指挥组、商务法律组和后勤保障组，其中投产指挥组下设调度组，统一调度指挥技术支持组、通信保障组、线路站场组KSS段、线路站场组管道局段、投产保驾组、HSE组、霍尔果斯组。中哈管道全线共设立了42个投产工作组，其中，KSS公司有29个组，管道局有13个组。投产期间，中哈管道合资公司和2个EPC承包商参与人数共计290人，直接参与置换投产人数约190人。

为了确保投产顺利进行，KSS和管道局在现场配备了熟练的岗位操作人员，并从国内借聘具有丰富经验的管道运行人员和专家，对中哈管道的投产提供技术支援，为投产顺利保驾护航。同时，中哈天然气管道合资公司通过与哈国专业的管道保安公司SEMSER公司签订管道安保合同的方式，确保管道投产运行期间的安全，SEMSER公司为中哈管道全线配备13个工作小组，共52人，对管道进行每周7天、每天24小时的巡察。

根据EPC合同，EPC承包商是投产责任主体，负责投产的全部工作；合资公司作为业主方，仅负责投产方案的审批和投产条件的确认，对投产过程进行监督、检查和协调。合资公司投产组织机构中各部门对口协调、配合和支持承包商投产工作。整体投产坚持以EPC承包商为主、合资公司为辅的原则进行运作。

6.2.2　运行人员配备与培训

在确立合资公司运行管理主体地位的同时，中亚管道公司借鉴西气东输二线及国内其他管线运行组织机构及人员配置经验，按照"积极推动、依托当地资源、合理兼顾各方利益诉求"的工作策略，积极与乌、哈两方股东就运行管理架构及岗位定员进行谈判，在运行岗位合理分配运行管理人员，保障投产后运行工作的可控。结合乌、哈两国实际生产运行情况及特点，运行准备部完成了两个合资公司操作运行的定岗定编工作，与人力资源部一道为合资公司选拔配置了中方投产运行人员，按期完成了76名中方运行人员动迁，两个项目运行人员中外方合计到岗114人，满足了A线2009年投产运行的需要。中乌、中哈合资公司管道运行关键岗位，例如站场SCADA系统和机械电气设备，安排经验丰富、能力突出的人员负责，为A线投产准备工作的按时完成奠定了基础，也为投产后按计划向国内输送天然气提供保障。

　　中亚天然气管道是一条具有重要意义的跨国输气管道，为了确保管道顺利投产和平稳运行，合资公司十分重视对生产人员的培训，合资公司技术部负责组织在投产试运前对关键岗位的技术人员和生产人员进行培训。EPC承包商、供货商（特别是甲供物资供货商）根据投产试运方案编制投产试运人员培训计划，并上报PMC审查，在投产试运申请之前对合资公司人员进行投产试运培训。投产试运人员培训内容主要包括：功能设计和系统设计理念、各部分组件的深入理解、操作程序、启动和关闭程序、应急操作程序和维护和维修程序。

　　为加强中乌、中哈项目生产管理人员的业务操作技能，提高一线管理操作人员的理论和操作水平，运行准备部指导两个项目根据现场实际情况，有计划地组织上岗人员开展业务培训。当地政府部门授权中乌合资公司对其运行人员进行培训和考核，并将考核结果备案，乌国运行人员全部通过培训考核并持证上岗。中乌合资公司还组织各个站场结合岗位需求积极开展一系列技术培训，将所有在站人员划分为不同专业小组，并按小组制定系统的培训计划。专业组长牵头联系厂家调试人员对在站人员进行理论和现场实际操作培训，同时组织了大量内部培训，全面提升了所有员工的技术素质和管理水平。为了保证培训效果，培训视参加人员的数量分批次进行，每次培训都做到有组织、有考核、有点评，确保每个员工"知其然，并且知其所以然"。

　　考虑到哈国境内管线长、站场多、维护压力大，中哈合资公司于2009年3月至9月，先后选送25名哈国学员赴中国石油大学接受系统的专业理论学习，并到西气东输的两个站场进行为期一个月的实习。哈国学员在学习专业技能和理论的同时接受了中国语言和文化的培训，有利于减少哈方与中方的文化冲突和矛盾，这为以后的管道运行管理工作及与中方员工的合作奠定了良好的基础。后来几期的培训加入了长输管道运行管理的课程，还有一批约20名哈方员工被专门送至管道研究所，重点培训维抢修的技术。与此同时，在中哈合资公司的统一组织下，对新招收的应届大学生也进行了天然气管道运行方面的专业培训，并组织他们深入大庆和西气东输现场学习。2009年11月，中哈合资公司组织合资公司和ICA的全体运行人员进行了包括管道概况、工艺流程、投产方案、应急预案、仪表操作维护和调度手册等在内的十项课程内容的培训和现场培训。在中哈合资公司的示范作用下，中乌合资公司也选派了两批员工到中国石油大学进行培训。

　　形式多样的培训一方面增进了中乌、中哈两家合资公司间的沟通了解，另一方面也提升了生产人员的专业技术水平，为管道的顺利投产和安全平稳运行提供了切实的保证。

6.3 中亚天然气管道项目投产试运

6.3.1 试运和验收

EPC合同范围内全部单位工程已经建成且分别通过相关检查，项目整体达到临时验收标准后，按照合同规定，合资公司应先内部组织机械完工验收。合资公司关于进行机械完工验收工作的要求在PMC合同、TPI合同和EPC合同中加以规定。合资公司建设和运行相关部门、PMC、TPI以及EPC承包商等相关各方组成机械完工验收小组，组长由合资公司领导出任，对项目进行机械完工验收，编制整改清单并颁发机械完工证书。对于未通过机械完工验收的项目，合资公司施工部需要根据机械完工验收小组编制的问题清单，在规定期限内组织和监督EPC承包商对问题进行消项整改。

机械完工验收的销项整改完毕之后，工作委员会对项目进行临时验收。工作委员会由国家相关部委或者相关部委下属单位、合资公司、PMC、TPI、EPC承包商等组成。各方需要到现场进行检查，合格后颁发临时完工证书。

项目通过临时验收后，具备了投产试运的条件，可以进入投产试运阶段，包括单机试运和联合试运。单机试运工作以承包商为主进行，业主驻厂学习，但是单机运行程序文件需要上报业主。联合试运是投产前的一个准备工作和检验工作，与投产工作一气呵成，需要满足投产条件才能进行联合试运。联合试运工作以建设期人员为主，运行期人员为辅。投产试运方案由承包商编制并提交业主，在联合试运前必须审批结束。业主的运行人员需要介入、主导和跟踪整个联合试运过程。

试运阶段结束后需要由国家委员会验收小组进行最终验收。国家委员会验收小组成员由项目所在国国家行政机构代表、合资公司股东代表、合资公司代表、PMC代表、TPI代表、EPC承包商及其分包商代表、运行方代表组成。国家委员会验收小组内的合资公司代表负责编制国家委员会验收报告，并提交给国家委员会验收小组进行审查。项目通过国家委员会验收后，合资公司将获得国家相关部门颁发的运行许可，项目投入正式运行，运行许可主要包括：通信系统投产许可、干线天然气管道维修和运行许可、风险提高的和有潜在危险的生产项目运行许可、城际通信网络运行许可和数据传输网络许可等。项目通过最终验收（国家委员会验收）后，合资公司向EPC承包商颁发最终验收证书，项目随即进入质量保证期。

6.3.2　投产方案

针对中亚天然气管道项目涉及多家承包商共同参与投产的特点，2009年4月，中亚管道公司组织相关单位召开了《中亚天然气管道项目操作原理评审专题会议》，明确技术要求和措施，保证投产组织工作协调统一。为了保证横跨四国的天然气管道投产运行工作的一致性和连续性，中亚天然气管道采用了三级投产方案的体系，第一级为中亚总部编写的总体投产方案，第二级为中乌合资公司和中哈合资公司两个合资公司的整体投产方案，第三级为各EPC承包商的投产方案。

2009年4月16日，中亚管道公司运行准备部根据投产运行计划要求，先后组织管道公司、管道局、管道工程有限公司和管道局投产运行公司有关领导和人员召开了《中亚天然气管道投产运行方案大纲》及《中亚天然气管道项目EPC承包商投产方案》编制工作启动会，并启动了各承包商投产方案编制工作，提前协调各承包商的投产试运工作界面、分工和责任主体，稳步推进项目投产运行各项技术文件编制工作。

2009年6月5日，《中亚天然气管道项目EPC承包商投产方案》中文初稿编制完毕，提交中乌项目部审查。2009年6月17日，中乌项目部内部审查完毕，将审查意见反馈至投产运行公司，要求其修改完善后提交英、俄文版《中亚天然气管道项目EPC承包商投产方案》。

为实现中亚天然气管道整体投产运行的要求，中亚管道公司组织管道局投产公司完成中亚天然气管道A线投产总体方案，中乌、中哈管道干线A投产方案，中乌管道站场投产方案以及霍尔果斯末站投产方案，并于2009年8月，召开《中亚天然气管道总体投产方案审查会》，通过审查的总体投产方案于8月底下发给中乌、中哈两项目用于执行，从而实现全线投产技术标准要求和操作方式的统一。

中乌管道投产方案由中乌管道干线和中乌管道站场两个投产方案组成，由管道局负责统一编制。前期中乌合资公司对投产方案的编制提出了具体要求并组织技术人员对方案进行了3次审核，中亚管道公司也组织召开相关会议对投产方案进行了审查。2009年10月，中乌合资公司正式批准EPC承包商的《中乌管道干线投产方案》和《中乌管道站场投产方案》。

中哈管道投产方案由中哈管道干线和中哈管道霍尔果斯末站两个投产方案组成，由两个EPC承包商（管道局和KSS）分别负责编制。中哈合资公司组织人员编写了《中哈天然气管道整体投产方案》，然后要求各EPC承包商按照《整体投产方案》编写了《中哈天然气管道A线A段（KSS段）投产方案》、《中哈天然气管道A线B段（管道局段）投产方案》以及《中哈天然气管道霍尔果斯末站投产方案》，并多次组织专家对各EPC承包商的投产方案进行审查，使之逐步完善，最终达到投产要求。

2009年10月，中亚总部组织召开相关会议对投产方案进行了审查，并下发了最终版《中亚天然气管道A线总体投产方案》，各合资公司也同时审批通过投产方案。投产方案涵盖工程概况、投产范围、隔离保障、组织机构及职责、投产必要条件检查、试运投产计划、置换、升压、投产HSE要求以及应急处理等十几项内容；方案协调了各EPC承包商之间以及与上下游管道公司和海关等组织之间的工作，可操作性强，为管道投产做好了程序文件上的准备和保障。

中亚天然气管道投产实践表明，投产方案为投产期间紧张有序的工作提供了程序上的指导，使投产工作有章可循，为管道平稳投产奠定了坚实的基础。

6.3.3　事故应急预案

天然气长输管道具有统一、连续的安全风险特性，危险一旦发生将会对管道产生整体影响，也就是说，如果某一方管辖范围内发生管道安全问题将会影响其他各方管辖范围内的管道正常运行，产生直接、间接和延迟的不利后果。为了保证投产工作安全平稳进行，迅速、有序对突发事件实施紧急处理，最大限度减少损失和影响，合资公司成立投产保驾组。EPC承包商负责本标段投产保驾方案编制及应急措施实施，同时负责投产保驾组人员、设备、材料和物资的准备。为进一步保证在投产期间突发事件的应急响应能力，对突发事件能迅速、有序、高效地实施紧急处置，最大限度地减少试运行期间可能发生的突发事件造成的财产损失和影响，合资公司制定突发事件应急预案。应急预案主要原则包括：疏散无关人员，最大限度减少人员伤亡；阻断危险物源，防止二次事故发生及事态蔓延；全面检查，正确判断在抢修的同时，是否存在发生新险情的可能性，并及时上报应急事件和现场处理的相关信息；保持通信畅通，随时掌握险情动态；调集救助力量，迅速控制事态发展；正确分析现场情况和风险损益，及时划分危险范围，在尽可能减少人员伤亡的前提下组织抢救；抢修结束后，现场进行反复检查，确认无误后，按照指令再恢复正式投产。

为预防风险并有效掌控和处理风险、全面检测中亚天然气管道全线突发事故指挥和应急反应能力，合资公司统一部署，组织制定了针对不同情况的投产应急演练方案。为检验应急处置预案的应对能力，合资公司组织乌、哈两项目开展了投产运行通讯演练和站场、线路、阀室投产操作演练。2009年11月，中亚管道公司北京总部以哈国某处管道遭到恐怖袭击发生爆管事件为假想条件，组织上下游6家单位共同参与了中亚天然气管道全线应急仿真演练。这是有效检验中亚跨国天然气管道项目应对恐怖袭击、处置突发事件应急反应能力的一次有针对性的实战演练。演练历时3个半小时，动用121人，投入抢修主要设备14台套和机具80件。通过演练，中亚天然气管道全线应急反应能力得到了全面提升。

6.3.4 C线投产准备

中亚天然气管道AB线的顺利投产表明，管道生产运行准备工作充分、合理，为管道顺利投产提供了强有力的支持，实现了一次投产成功的目标。在AB线运行准备工作经验基础上，C线的运行准备工作顺利开展。结合2009年AB线投产工作中遇到的问题和积累的经验，中亚管道公司组织相关单位召开了专题会议，明确技术要求和措施，保证投产组织工作协调统一。在组织机构上，按照管道投产需要总体部署和统一安排的要求，中亚管道公司在投产前成立中亚天然气管道C线投产指挥部和总调度室，全面负责试运投产工作的指挥、管理及协调。中乌合资公司和中哈合资公司分别成立独立的投产组织机构，各自负责本国管段的投产工作。

C线投产方案的编制沿用AB线的体系分为三个层次，分别由不同的单位编写。第一级为中亚总部编写的总体投产方案，第二级为中乌合资公司和中哈合资公司两个合资公司的整体投产方案，第三级为各EPC承包商的投产方案。

由于C线与AB线并行敷设，中间与AB线存在多处联络线，在C线投产期间需保证不影响AB线的安全平稳运行。试运投产期间与工程收尾及移交工作互相交叉，投产、保驾、施工和运行等人员交织一起，因此，统一指挥、加强HSE管理和妥善协调显得尤为重要。

合资公司运行准备部从AB线抽调业务水平高、投产运行准备经验丰富的工程师组成投产运行准备小组参与单体设备调试、多设备联调并最终达到所有场站设备联动，实现压气站增压输送功能。

考虑到KSS后期采购的用于清管站的阀门、管件抵达现场时间晚于C线计划投产日期，哈国段管道不能满足4座清管站完全施工完毕后再进行C线投产的实际情况，中哈合资公司提出短流程投产方案，即4座清管站不参与投产，采用直管段连接管道，等后期清管站材料到齐、施工完毕后，与原隔离部分进行连头动火。

中亚管道公司投产领导小组、中亚天然气管道投产指挥部、总调度部为中亚天然气管道的顺利投产运行作了充分的准备工作，并进行了场站投产置换演练、投产通信应急演练、重大突发事故应急演练和防恐急救演练，有效地检验了投产操作、通信保障和处置突发事件的能力。

2014年5月，中亚天然气管道C线置换投产顺利完成。正式投产后，全线各单体及系统进入72小时连续试运及性能测试阶段。总体而言，单体和系统72小时连续试运情况基本符合设计要求，保证了投产过程一次成功。

6.4　中亚天然气管道项目投产准备与试运行最佳实践

运行准备工作的有序和高效推进是中亚天然气管道按期投产的重要保障。为了应对投产运行中潜在的风险和阻碍，中亚管道公司采取了一系列措施保障运行准备工作的顺利开展，也为投产后的运行奠定了良好的技术和商务基础。一次投产成功的喜人结果表明，这些措施构成了在特定条件下中亚天然气管道项目投产准备与试运行的最佳实践。

6.4.1　运行准备与建设并举

管道工程的竣工验收与试运行是建设期与运行期的过渡重叠阶段，而中亚天然气管道工期短、任务重，建设和运行工作不可避免交叉进行。以全生命周期管理作为项目管理的出发点，实行建设与运行一体化才能够减少建设与运行的脱节和运行工作的适应不良，因此合资公司统领项目管理全过程，在建设过程中就适时纳入了运行管理组织机构，保证合资公司较早介入运行管理工作。

6.4.2　合理选择运行模式

中亚天然气管道作为中国能源战略通道，由中方掌控一定的运行权才能够保障中国能源战略安全。然而，无论是出于法律规定还是自身利益，过境国均要求掌握国内管道的运行权，这增加了中亚天然气管道运行时统一调度和协调的难度。尽管面临重重阻碍，中亚管道公司果断决策、积极应对，提前策划运行权的安排并在法律框架内主动谈判磋商，用执着的精神和智慧的手段保障了各方核心利益。

6.4.3　建立运行协调机制

中亚天然气管道双边协议、多边协作的模式有利于避免管道沿线各国间矛盾和利益冲突，快速推进建设工作，但是这种分段模式使管道运行处于复杂的内部环境之中，面临沟通和协调的风险。因此，中亚管道公司创造性地建立了"四国七方跨国协调机制"，数据共享，统一决策，突破"双边代替多边"的跨国运行组织结构可能导致的协调效率低下的问题，形成了目标统一、责任共担、协调有力、合作共赢的运行环境，为中亚天然气管道的平稳运行奠定了坚实基础。中亚天然气管道项目投产准备与试运行最佳实践如图6-5所示。

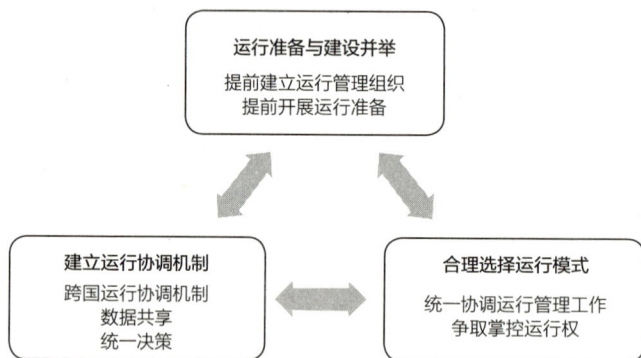

图6-5　投产准备与试运行最佳实践

第 7 章

中亚天然气管道AB/C线
项目后评价

作为我国西北部重要的能源战略通道，中亚天然气管道AB/C线前期调研深入、论证充分，方案调整及时、决策果断，工艺技术方案成熟可靠；AB/C线搭建并完善项目运作的法律框架体系，相关审批、核准程序齐全规范，多项工作打破常规、并行推进、扎实有效，确保项目按节点全面开工；AB/C线建设实施过程中，中亚管道公司引进并创新国际化项目管理模式，管理规范、系统、到位，招投标工作公开、公正、严谨、规范，物资采购管理体系运行高效，物资供应及时；AB/C线投资管理中，中方协调乌、哈合作方，确定了合理的管输费水平，签署管输协议，实现了互利共赢，并且强化项目投资计划管理，加强投资源头控制，工程建设费用得到有效控制。综合各方面评价情况，中亚天然气管道项目较好地完成了可行性研究中制定的各项阶段性目标，项目总体进展情况良好。

7.1 中亚天然气管道项目目标后评价

中亚天然气管道AB/C线起自土乌边境的格达伊姆，经乌兹别克斯坦、哈萨克斯坦，由新疆霍尔果斯进入中国境内，与我国天然气管道西气东输二线相连接。管道线路总长1833km，AB线双管敷设，管径ϕ1067mm，设计压力9.81MPa，设计输量300亿方/年，材质为X70钢。2009年年底A线先期投入运行，具备45亿方/年的输气能力，完成了28个月实现中亚天然气管道通气的工期目标；B线及配套站场建设快速推进，2010年9月B线贯通，WKC1压缩机站建成投运，A线具备100亿方/年的输气能力；2011年CS-1压缩机站建成投运，B线正式投运，AB双线管输气能力达170亿方/年；2012年AB线全部压缩机站建成投运。

AB线建成之际，中石油又与土库曼斯坦天然气康采恩签订购销合同，土国承诺向中国增供天然气100亿立方米/年；中石油与乌兹别克国家油气控股公司签订了合作协议，乌国承诺向中国供应天然气100亿立方米/年；中石油与哈萨克石油天然气股份公司签订了框架协议，哈国承诺向中国供气50亿立方米/年。为满足中亚天然气250亿立方米/年的增输要求，中亚管道公司决定建设中亚天然气管道C线。C线于2013年

1月20日开工，与AB线并行单管敷设，敷设过程中多次穿行AB线，最终于2014年5月31日投产。C线乌国段位于乌兹别克斯坦中东部地区，沿线以平原、荒漠为主，线路干线全长530km，其中土乌边境—加兹里段211km，管线管径为ϕ1067mm，采用X70直缝埋弧焊钢管和螺旋缝埋弧焊钢管，设计输气能力为100亿方/年；加兹里段—乌哈边境段319km，管线管径为ϕ1219mm，采用X80直缝埋弧焊钢管和螺旋缝埋弧焊钢管，设计输气能力为200亿方/年。乌国段全线设计压力为9.81MPa。乌国境内管道沿线设立3座压气站、1座独立计量站、4座清管站和23座阀室，在布哈拉设置调控中心，负责对乌国境内的管线进行集中监控、优化运行和统一调度管理。哈国段主要沿哈国东南部敷设，沿线地貌包括平原、低山、丘陵、盐沼以及沟渠，以平原为主，管道先后穿越大型河流锡尔河和伊犁河。C线哈国段线路总长1304km，管线管径为ϕ1219mm，设计压力为9.81MPa，设计输气能力为250亿方/年。哈国境内沿途设立压气站8座、清管站8座，1座计量站，3个维抢中心和64座阀室，AB线和C线有多处跨接线，并且预留了23处新的管线跨接接口。C线全线采用SCADA系统，实现对管道全线输送工艺过程的数据采集、监控和调度管理，大部分站场按"有人值守、无人操守"设计。

C线的初步设计在充分调研并充分总结和借鉴AB线设计经验的基础上完成，对可研阶段中阀室的设置进行了部分优化，但是管道管径、压力和站场设置等重大技术方案与可研保持一致。C线选用的工艺、技术方案较好地汲取了AB线的设计经验，整体工艺技术方案和设备选型成熟合理，适应性强，满足了安全生产的运行要求。由于C线建成通气后国内天然气需求放缓，中亚管道公司及时对哈国段压气站的建设目标重新进行了调整：第一阶段，2013年年底之前，C线建成管道及附属工程，输气能力达到71亿方/年；第二阶段，2015年7月底之前，建成哈国段KCS2、KCS6压气站，输气能力达到140亿方/年；第三阶段，2016年8月底之前，建成KCS4、KCS8压气站，输气能力达到210亿方/年；第四阶段，2017年12月底之前，建成KCS1、KCS3、KCS5、KCS7压气站，输气能力达到250亿方/年。2016年8月中旬，C线已经实现前三阶段的建设目标。随着国内天然气市场回暖以及哈国段压气站的全面建成，在2017年底之前，C线输气能力达到250亿方/年的设计输量。

建成后的实际情况表明，中亚天然气管道在管道敷设长度、管道输送能力、压缩机投运数量等主要评价指标方面较好地完成了项目可研阶段确定的目标。总体来看，中亚天然气管道项目阶段目标实现程度良好。

7.2 中亚天然气管道项目实施后评价

在中亚天然气管道项目中，中石油举全集团之力，成立领导小组、组建前线指挥机构、建立合资公司，对各参建单位实行统一组织和领导，集中精干力量，从资金、技术、人才、队伍组织等方面全力支持项目建设，优化各种资源的配置和利用。以合资公司为项目建设和运营主体，各参建单位密切配合、科学组织、明确分工、团结协作，完成AB/C线的管道建设。

7.2.1 前期规划和设计评价

（1）商务策划安排评价

商务谈判是中亚天然气管道项目前期的一项中心工作，也是多方利益关注的焦点。中亚天然气管道项目中，在商务筹划方面做到了重谋略，保项目节点；讲策略，保中方核心利益。中亚管道公司以合资公司成立为目标进行艰苦的项目法律谈判工作，在综合考虑对方利益的同时，维护了中方的核心利益。创造性提出"分国分段建设和运营"的项目运作方式，避免了中亚国家间矛盾；通过合资公司中PMT的管理机制设计，使得中方在对等股权的合资公司中把控中亚天然气管道项目的建设进程。短短几个月时间中亚管道公司与外方进行了百轮次的商务谈判，最终落实并建立了中亚天然气管道项目的法律主体。在国家政府间协议的既定框架内，形成了更有利于项目快速推进的公司治理结构，实现了联合收益最大化。

一系列商务谈判工作，为项目的顺利实施赢得了时间，成为最终管道建成投产的重要保障条件之一。中方行之有效地与哈、乌分别签署了政府间协议、企业间协议，创造性地起草并签署了合资公司创建协议和章程。中亚管道公司客观有效地完成了公司的管理框架、决策机制和岗位设置等工作，解决了管材供应、控制性工程等关键问题，对整个项目的成败起到了至关重要的作用。

（2）设计方案评价

在中亚天然气管道项目AB线建设中，将ϕ1422mm管径单线敷设的工程方案调整为ϕ1067mm管径双线敷设，实现了AB线"2009年底单线建成通气"、"2010年双线贯通"、"2011年底建成年300亿方输气能力"的工程目标，同时，双线敷设为天然气的不间断输送增加了安全保障。C线为满足天然气增输要求，在土乌边境—加兹里段采用ϕ1067管径；加兹里—霍尔果斯段采用ϕ1219管径。管材标准方面，将线路主要用管由直缝管调整为螺旋管，突破了中亚国家的技术标准和传统，充分利用中国螺旋管材资源，确保了项目按期开工和资源需求。在保证管道项目安全性的前提下，高压输气管道使用高强度级别管线钢材可以减小壁厚和耗钢量，降低管道建设成本，中亚天然气管道项目采用的全线9.81MPa设计压力为乌国、哈国管道建设史中的最高水平。AB线的管线采用X70钢材，C线中则选用了技术含量更高的X80钢材，突破了乌国、哈国关于管线钢材等级规范的限制，不但保证了线路管材质量，又通过提高钢材等级，减少了钢管壁厚和运输、焊接的时间成本，在技术层面上为C线建设争取了时间。

EPC承包商的详细设计是对获批准的初步设计的进一步细化。工程技术人员充分吸取国际、国内同类工程的成功经验，在管道AB/C线勘察、选线以及包括自控、管道防腐、水保、消防、电力、通信、土建等在内的各专业设计施工中都采用了成熟可靠的工艺和技术，并结合相应的国际规范，基本满足了实际生产运行要求。

AB线建成之后，中亚管道公司总部、海外项目部和承包商开展了经验总结交流会，总结AB线建设和运行的相关经验和存在的不足。在后期C线设计时，继承和发扬了AB线良好做法，并对AB线存在的不足进行了修正。

AB线的站内紧急停车系统（ESD）为三级控制，在C线设计中，对站内控系统控制逻辑进行优化调整，在C线设计中，对站内防控系统控制逻辑进行优化调整，调整为四级ESD控制系统，使站控系统能更准确地实现紧急情况站内安全控制；C线站场多采用气动阀门，自动化控制程度较AB线有较大提高；C线所有SCADA和压缩机机组控制柜集中摆放在UCP间，站场监控室更加美观；C线所有站场增加了旋风分离器，避免出现AB线清管和内检测时过滤器和干气密封频繁堵塞问题。C线比AB线干线阀室旁通回路多一道阀门，发生仪表根部漏气等突发事件时，不需停输；C线放空管增高，从3.5米增高到5米；C线增加了移动压缩机接口，减少紧急情况下干线放空；清管站进站ESDV1101旁通为一个电动阀调节流量，一个气液ESD阀，站场置换作业时具备紧急截断功能；收球筒增加CV1101单向阀，清管球前后平压速度加快；C线发球筒平压管由AB线2寸增大到4寸，过气量增大；C线的CCVT相比较AB线，在燃气回路GPRS的前端加装了气体干燥处理装置；C线为在沙漠地区的阀室增加混凝土基础的防沙墙，减轻了外部不利环境的影响。

中亚管道公司充分总结吸收了AB线设计、运行的经验和不足，对C线设计方案进行合理优化，并深化设计工作，确保更高的设计质量。

（3）设计工作评价

初步设计中，中亚天然气管道项目采用了中方设计院与当地设计院联合设计的方式开展工作，中方设计人员直接将外方设计人员邀请到国内，集中办公，两国设计人员随时交流学习，共同设计，提高了双方的沟通效率，确保了设计方案的质量，同时大幅度缩短了初步设计完成和审批的时间。

中亚国家技术标准大多采用苏联标准，与我国国内和国际标准存在着较大的差异。在中亚天然气管道设计过程中，乌国、哈国对我国国内和国际标准持有怀疑态度。在设计过程中，中方没有主推自己的标准，而是以尊重当地标准为基础，在签订的协议中规定"选用当地标准或者不低于当地标准的国际标准"，为后期采购国际化设备提供了可能。同时中方设计人员还加强与当地设计人员的沟通，通过PMC工程师、俄罗斯设计院等多方论证，说服乌国、哈国采纳我国标准和国际标准，突破了中亚国家原有技术标准和技术传统。中亚天然气管道项目的建设将螺旋管首次引入中亚地区，不仅保证了项目的顺利完成，还改变了这一地区延续多年的管道建设标准体系。中亚国家从只认同苏联的标准到开始接受中国技术标准，这一重要转变为中亚地区今后管道项目建设的设计标准和资源的选择提供了更大的空间。

中乌、中哈项目技术部都配备了PMC工程师，涵盖了包括工艺、线路、电气、仪表、阴保、土建、通信、给排水、通风、压缩机等各个专业，为图纸审查的质量提供了充分保证。合资公司技术部中外双方和PMC工程师共同对EPC承包商编制提交的详细设计文件进行审核，并标注批复意见要求修改，直至归零版批准。对在审查过程中出现的不一致意见，采取会审制，直至合资公司中外双方及PMC达成一致意见。

（4）前期规划和设计评价结论

在前期规划和设计中，中亚管道公司调研深入、论证充分，创新工作方式，短时间完成项目法律谈判工作，搭建完善的项目运作法律框架体系，确保中方核心利益不动摇。通过广泛、深入调研和精确计算，方案调整及时，以项目可实现为基本前提，果断决策，将$\phi 1422mm$管径单线敷设的工程方案调整为$\phi 1067mm$管径双线敷设，确保了"2009年底单线建成通气"、"2010年双线贯通"、"2011年底建成年300亿方输气能力"的可实现工程目标；及时制定管材标准，将线路主要用管由直缝管调整为螺旋管，突破了中亚国家的技术标准和技术传统，充分利用中国螺旋管材资源，确保了项目按期开工和资源需求；多项工作齐头并进，确保项目按节点全面开工，利用中方资源超前准备详勘工作和初步设计，为项目实施赢得最宝贵的时间；严格履行相关国家建设项目审批程序要求，项目审批程序文件齐全，相关审批、核准程序齐全规范。综合对前期规划和设计及建设程序等方面的评价，前期工作综合评价良好。

7.2.2 采购评价

（1）招标采购工作评价

中亚天然气管道项目业主负责采购的物资包括：压缩机组、线路大口径阀门、线路管材；EPC承包商负责采购合同范围内的设备和施工辅助材料。物资采购招标工作实现了国际化、标准化和市场化。中乌、中哈管道项目在立项后立即着手制定采购管理程序，并通过参股人大会（合资公司成立前为CC）批准，该采购程序是依据总统令、当地法律、合资公司创建协议以及两国国家石油公司关于敷设和运营天然气管道协议制定的，是合资公司执行采购工作的纲领性文件。

中亚天然气管道项目的招标采购形成了"利用国内资源实现基本保障，利用过境国资源实现利益平衡，利用国际市场资源最大化投资价值"的采购格局。例如，中亚天然气管道项目技术条件要求高、采购周期长、国内资源紧张的压缩机采购，采用国际竞争性招标，实现了弥补资源缺口和优化采购价格的目的。

（2）物资运输评价

中亚天然气管道项目的物资运输，特别是管材运输，是按时完成管道建设的关键制约。为解决运输问题，在对铁路、公路运输资源进行充分调研以及对口岸通关环境进行细致考察的基础上，中亚管道公司制定了铁路为主、公路为辅的运输策略，确定了中外双方各采购一半管材的正确思路，创造了具有中国特色的高效通关方法。

在具体分析现场施工需求计划和营运成本的基础上，优化了铁路运输与公路运输的分配比例；铁路运输方面建立协调机制、争取车皮资源，最大限度地利用现有的换装能力和车皮资源，合理分配国际联运和阿拉山口换装所需的车皮；公路运输方面开通绿色通道，建立了集中申报、先装后报的快速通关机制，简化了验单和放行手续，实现了集中申报、批量放行；雇佣当地的清关公司，协助解决中亚天然气管道项目物资及设备的通关问题，最终实现了压缩机和管材的现场或者堆场清关，节约了运输时间和整体运输费用。

（3）承包商采购质量控制评价

对于EPC承包商采购的物资，承包商负责编制相应的技术规格书、数据单、ER（Equipment Requisition）及MR（Material Requisition）文件。EPC合同中附有资质和履约较好的供货商短名单，由EPC承包商从中选择作为AB线设备和材料的供货商。EPC承包商亦可根据项目工作的需要向业主推荐供货商，报PMC审核并经PMT批准后，进入供货商短名单。EPC承包商所有的设备和材料的供货厂家必须从短名单内选择。EPC承包商物资的采购和运输由自己负责，但需要定期汇报订单状态、生产状态、发运状态和设备到场状态，全过程接受业主监督和管理。中亚天然气管道项目引入国际知名监理公司英国Moddy公司，对物资的出厂验收、发运、现场接收等进行全过程、全方位的质量监控，到场的设备材料必须经现场业主代表、监理和总包商三方检查验收后方可签署现场验收单。以上质量控制措施保证了中亚天然气管道项目采购物资的高质量。

（4）采购评价结论

采购工作是保障中亚天然气管道项目能否按期建成的重要环节，根据中亚天然气管道项目建设要求，为优质、高效完成工程建设物资供应任务，中亚管道公司通过认真分析工程物资采购的特点，深入梳理物资采购工作所面临的内外部商务环境，严格服从项目建设总体部署，及时建立了物资采购管理体系及管理制度，制定了采购目标和实施计划，中乌、中哈合资公司坚持中方引导，在PMC和第三方监理的协助下，通过科学组织、严格管理，克服了时间紧、任务重、人员少、商务环境复杂等诸多困难，确保了采购工作规范、有序、全面开展，为工程建设提供了可靠的物资保障。整个采购制度完善、程序合理、执行严格，做到了全过程、全方位的采购质量管理。具体从采购计划、审批状态、订单状态、生产状态、运输到报验状态等监控采购进度，保障采购质量并进行进度管理。在物资采购阶段，各项管理措施行之有效，现场物资供应及时准确，物资采购质量得到有效控制。综合对招标采购以及物资运输等方面的评价，采购整体工作良好。

7.2.3 工程建设施工评价

（1）新技术的应用

为加快施工进度以及保证管道建设质量，在管道施工过程中采取了多项新技术和方法。

1）全自动焊的广泛应用。主线路焊接采用全自动CRC焊接和PWT焊接方法，全自动焊焊接机组的投入不仅提高了中亚天然气管道线路工程的施工质量，也加快了线路工程的施工进度。

2）自动挖沟作业和沉管法施工。在管沟易成型地段采用自动挖沟机进行挖沟作业，在沙漠地段采用沉管法进行施工，既减少了对沙漠植被的破坏，又提高了工效。

3）定向钻穿越。中亚天然气管道成功应用定向钻穿越了锡尔河和伊犁河，顺利完成了这两大控制性工程，避免了开挖穿越对锡尔河和伊犁河穿越点周边环境的影响。

4）干空气干燥法。中亚天然气管道应用了排量为250m³/min的大排量干空气干燥设备，在较短时间内完成了A线管道线路的干燥施工，确保了A线成功投产进气。

5）自动顶钢套管穿越技术。中亚天然气管道工程普遍使用了自动顶钢套管穿越铁路和公路技术，这种自动顶钢套管穿越铁路和公路的设备是德国生产的，它具有施工速度快、适应复杂地质性能强、套管穿越的施工偏差小等特点，确保优质高效地完成了全线铁路和等级公路的顶管穿越，保证了施工工期。

6）先进光缆施工技术。光缆施工采用放缆机进行布线，铧犁设备进行挖沟、下沟和回填作业，保证了光缆施工进度和质量。

以上多项先进技术的采用，缩短了工期，提高了质量，为2009年底单线通气目标的实现打下了坚实的基础。

（2）施工工作评价

针对中亚天然气管道项目特点，中乌、中哈合资公司借鉴现代项目管理经验，采取了"PMT+PMC+TPI+EPC"的项目管理模式。在中亚天然气管道项目施工中，采用业主分段长驻现场以及设立现场第三方监理，有效监督了整体施工工序的工作质量。现场质量控制雇用Moody咨询公司作为独立的第三方监理进行全方位、全天候跟踪、旁站监理。工程建设过程中，业主代表协同监理人员到现场全面负责质量、进度与HSE工作，监理人员依据业主批准的程序文件、施工图纸和标准，对承包商进行全方位跟踪、检查和监督，编写日报、周报、月报以及不符合项整改清单，并督促和跟踪整改情况。对严重违反规定的情况，监理人员及时下发不符合项通知，甚至下发停工令，将施工质量隐患消灭在萌芽状态。

此外，对于各个施工段，尤其是控制性工程、进度存在隐患的施工段和压缩机站场，中乌、中哈合资公司会安排部门经理或者PMT协调员长驻现场，加强现场协调和现场管理力度，负责监督现场施工进度，做到了现场随时检查，有力地促进了承包商在施工过程中操作的规范化和专业化，并在现场施工中形成了相互制约、相互协作、相互促进的局面，保证了施工工作的顺利开展，同时也便于更高效地处理和解决相关问题。在关键控制性工程锡尔河穿越过程中，中哈合资公司派遣PMT中方协调员、施工部经理长驻锡尔河畔达3个月之久，其他人员则长达半年之久，由于管理及协调到位，有效协助了EPC承包商的现场施工进度和质量。

（3）施工质量评价

中亚天然气管道确立了施工质量目标：管线现场焊接一次合格率达90%以上，管道补口补伤一次合格率为98%，单位工程合格率为100%，优良率为85%以上。

中亚天然气管道站场区及阀室控制部分的工艺设备安装合格率为100%；场站部分土建及安装工程质量符合当地规范要求；工艺焊接质量符合API、ASME标准要求。A线焊接一次性合格率达到96.8%；尽管施工环节多、地形复杂，但管道局（CPP）施工人员凭借多年长输管道施工经验有效地避免了下沟、回填过程中钢管变形问题，通球测径一次合格率达100%；双线定向钻穿越伊犁河、锡尔河均一次性回拖成功，穿越管防腐层完好；试压一次性合格率为100%；φ300mm以上阀门A线投产416个，投产时没有发生阀门泄漏；2009年12月5日，土国的天然气通过中亚天然气管道A线顺利抵达中国霍尔果斯末站；B线施工处于受控状态，CPP施工的B线焊接一次合格率达到97.75%，防腐补口合格率达到100%；哈国承包商KSS负责敷设段B线焊接一次合格率达到93.8%，防腐补口合格率达到100%，创造了KSS油气长输管道施工焊接一次合格率最高纪录。C线敷设过程中，由于在AB线线路运行保护范围内进行施工，为了不影响AB线线路运行，项目采取的施工工序审核更为严格，施工工作更加程序化，施工管理进一步优化，并结合施工过程中安全措施的升级，强化了工程建设过程中的全过程监督。到2014年5月投产，达到"零事故、零伤害、零污染"目标。

（4）工程建设施工评价结论

中亚天然气管道建设理念先进、组织得力、管理科学，在工程建设过程中实行全过程监督，较好地实现了进度、质量、投资及HSE控制目标。根据乌兹别克斯坦国家技术监督局、油气监督局和建设委员会的每月定期检查以及中间检查验收的24个分项，全部一次合格，通过验收。根据哈萨克斯坦国家验收委员会对A线工程质量的评定，委员会35名成员没有提出意见，建设项目单位工程合格率为100%，达到了工程质量的预控目标。综合对施工技术、工序及质量的评价，施工工作整体评价为优。

7.2.4 项目管理评价

中亚天然气管道必须在2009年底建设完成，工期仅28个月。然而，中亚地区特殊的地缘政治和能源博弈背景、参与方复杂的利益关系、短缺的工程资源为按时完成工程带来重大挑战。面对重重困难，中亚天然气管道项目的建设者们以"智慧+拼命"的精神应对这些前所未有的挑战，同时也意识到了必须在遵守大型工程建设内在基本规律的前提下，创造性地运用现代管理方法，以确保工程目标的最终实现。因此，中亚天然气管道项目在建设过程中，密切结合中亚天然气管道项目实践，创新性地应用了国际先进的工程管理模式，确保28个月工期目标的实现及质量、安全、投资相关目标的综合优化，也确保了中方在中亚天然气管道项目运营阶段的核心利益。中亚天然气管道项目的顺利实施离不开国家的大力支持和集团的组织协调，项目充分发挥集团公司一体化优势，依赖集团公司不同层级的力量带动外方相应力量，如图7-1所示。

（1）创新运用国际大型工程管理组织模式

中亚天然气管道项目引入"PMT+PMC+TPI+EPC"管理模式，是国际化运作与

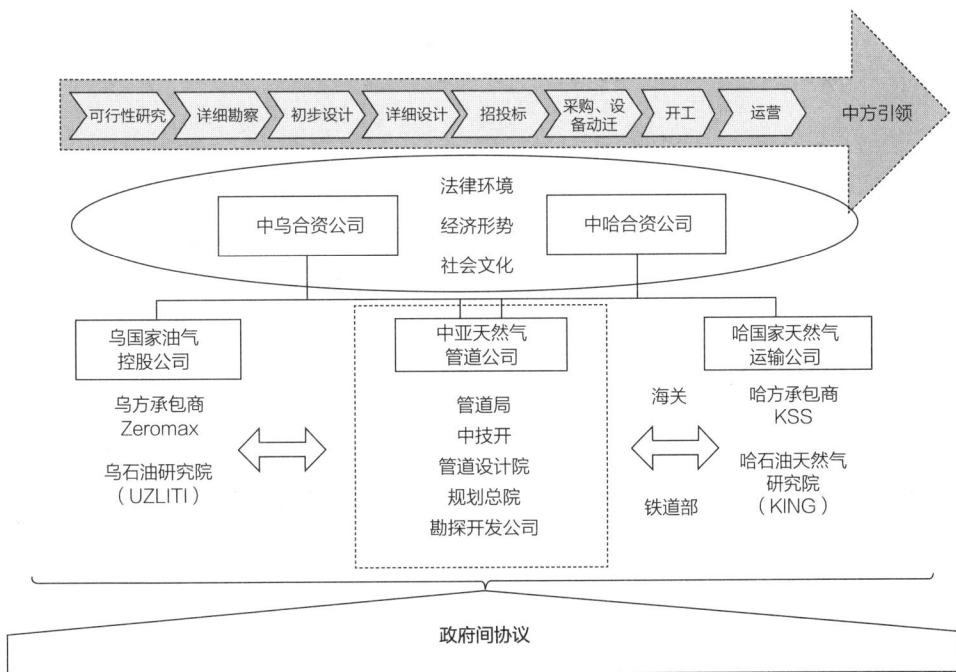

图7-1 举集团之力组织协调图

项目实际需要相结合的项目管理策略，是对管理体制、管理方式和管理手段进行的协同创新，建立以中方股东为主导的工程建设全过程组织，为工程最终目标实现保驾护航。

在合资公司尚未建立之前，中方积极与乌、哈两国合作伙伴沟通并取得对方理解，采用CC（项目协调委员会）和前期PMT先期开展工作。2008年初，在前期PMT的基础上成立了合资公司。由于中方在PMT中的主导地位，在项目准备、建设实施和运营中能够推动合资公司执行相关决策，从而确保了中外方核心利益。业主创造性地对中亚天然气管道项目PMC的角色进行了新的定位，充分利用PMC对乌、哈两国在技术与管理方面拥有的权威影响力，解决和弥合中外方股东的意见分歧，特别是不符合国际大型项目运作基本规律的做法和不合理诉求。中亚天然气管道项目业主根据实际情况，对承担TPI角色的英国Moody咨询公司的职能进行了延伸，全方位地利用第三方监理对于承包商、供应商（包括承包商的供应商）甚至下游分包商进行管理。对于关键路径上的设备，通过驻场监造保证质量，通过催交催运保证工期，从而将业主的管理贯穿于整个工程的管理链条。在关注对方合理利益的前提下，业主还创新性地利用中方EPC承包商的优势对外国EPC承包商形成制衡。例如，在竞争性投标阶段，利用中方EPC承包商的合理价格，在价格上形成了对外方承包商报价的竞争性制衡；在项目实施阶段对外方起到了技术和管理上的传帮带作用；同时，做好备用方案，一旦外方未能按照计划和要求完成关键节点，中方EPC可以随时接替，保证工程的进度和质量。

在创新的"PMT+PMC+TPI+EPC"管理模式中，业主PMT保证工程在宏观方向上的正确性；PMC作为业主职能的延伸和细化，确保了项目全过程实施的协调；TPI则主要监督工程实施的质量和安全；EPC设计、采购和施工过程中体现了中方和外方的协同。这种伙伴关系管理模式下，四方密切合作，减小了因项目实施过程割裂可能带来的负面影响，实现了中亚天然气项目的顺利实施。

（2）优化中亚天然气管道项目实施的过程管理

中亚天然气管道项目所面临的最核心的挑战就是工期异常紧迫，如采用常规工程管理方法根本无法实现工期目标。为了确保工程的刚性节点，中亚管道公司确定了"统筹安排、强化协调、抓大放小、死保节点"的指导方针，创造性地应用外交手段，辅以合同制约，采取超常措施使工期目标得以实现。

1）保证资金供应：在条件不完备的情况下，由集团公司做担保，当地机构安排短期贷款22.5亿美元，并在2008年金融危机严重的情况下仍然成功完成巨额融资110亿美元，保证了管材采购和顺利开工，为工期目标的实现奠定了资金基础。

2）抢可研：通过集团公司驻外中方机构与外方可研机构代为签订相关合同，先行开展可行性研究，在无业主法律主体的情况下，顺利完成了可行性研究，向当地政府机构报批了可研报告。

3）抢详勘：在合资公司尚未成立、详勘委托合同无法签订的情况下，由可研单位与当地详勘公司签订工程地质详勘合同，千方百计在2007年寒冬到来前完成详勘，为能利用冬季开展初设提供了条件，并抢出了十个月的工期。

4）抢初步设计：按照惯例，初步设计应该在可研批准后才能开始，而且要由当地设计院完成并报批。为了抢时间，中亚管道公司在合资公司成立前，大胆利用中方资源提前启动初步设计，在设计中牢牢把握"联合设计"的思想，采用集中办公的工作方式，通过中方力量带动外方力量，以当地设计院和中方联合完成的名义申报，从而抢到了宝贵的时间。

5）统一招投标：为了缩短招标时间，规避商务经营风险，中方总部统一编制主要合同文件。2008年3月，中亚管道公司总部对海外项目的招标进行了统一审查，对商务索赔、预付款和进度款、仲裁地点等重要条款进行了统一调整，并将全部文件作为招标文件的通用范本提供给前期PMT（合资公司）在各类国际招标项目中采用，中方股东对合资公司给予技术上的支持，大大缩短了招标文件的编制周期和招标时间。

6）抢管材和长线设备采购：根据初设的成果，提前锁定了管材和长线设备。利用中石油集团公司下属制管厂、运输商等国内资源，在管材标准确定后，马上融资38亿人民币，采购500km管材，确保前期管材的充足供应，也因此对外方股东积极组织管材供应起到激励。

7）抢材料、设备和人力资源动迁：在管材出口无合同、设备运输无名分、人员动迁无许可的情况下，加大公关协调力度，争取国家铁道和商检部门"特许"，取得了外交渠道支持，有效解决了开工物资动迁没有合法手续的难点问题。

8）协助EPC承包商确定关键控制节点：指导EPC承包商采取了一系列诸如设置关键控制节点目标的保障措施，确保工期和其他目标的实现和优化。

9）巧妙应对工程变更：在工程实施中，乌国提出变更原有的管道路线绕行加兹里的要求。中方巧妙应对设计变更以保证工期。在短时间内，经过多种方案比选，提出了"现有单线+双线绕行加兹里"的双方都可接受方案，并策略性地将"绕行"与解决乌方承包商施工能力不足问题相结合，一揽子解决双方面临的问题。

10）解除"卡脖子"工程风险：中亚天然气管道项目施工过程的核心节点全部由中方完成。在工程建设过程中相互帮携，确保施工质量和速度，例如伊犁河和锡尔河两条大河穿越是中亚天然气管道建设的"卡脖子"工程，中方先行实施伊犁河穿越，之后借鉴伊犁河穿越经验，派驻专家指导、引进先进应急设备协助承包商成功实施锡尔河穿越。

在遵循工程项目管理基本程序的前提下，提前谋划与实施，中亚天然气管道实现了以中方引导，率先开始相关工作，并引领各参与方协同保证工程关键节点的完成。

总之，中亚天然气管道项目的设计文件质量较高，资料、图纸提交及时，设计单位服务周到全面，现场解决问题能力强。设计工作的准时和高质量完成为中亚天然气管道项目建设各项里程碑目标的顺利实现打下了坚实的基础。招投标工作公开、合理，物资采购各项管理措施严格落实、运行高效，现场物资供应及时、准确，物资采购质量得到有效控制，采购投资控制效果显著；工程建设理念先进，组织得力，管理科学，在工程建设过程中实行全过程监督，采用新的施工工艺。中乌、中哈PMT逐步完善了项目质量管理组织机构和管理程序，通过完善ILF公司作为项目PMC，Moody作为项目第三方质量监理的管理模式，较好地实现了进度、质量、投资及HSE控制目标。综合对设计、采购与工程建设实施及项目管理等方面的评价，中亚天然气管道工程综合评价为优。

7.3　中亚天然气管道项目经济效益后评价

7.3.1　经济效益后评价

根据前期初步测算，中亚天然气管道AB线工程建设投资可能达到130.1亿美元。AB线建设过程中，中亚天然气管道项目确定了"优化技术方案—抓根本、强化精细管理—抓节俭、争取税收优惠—抓政策、优化投资节奏—抓资金"四大投资控制主攻方向，有效地控制了投资增长，中亚天然气管道项目通过采取多种措施，将建设投资大幅压缩。在项目建设初期，中方多方位节省建设投资，具体包括国际竞标制衡、直缝管变螺旋管、线路优化以及国内铁路运输每车由4根改5根。2009年以后，随着国际金融危机对实体经济影响的进一步加剧，由于110亿投资规模建立在大部分工程项目已经招标完成的基础之上，进一步压缩投资的难度相对较大，但是仍通过精细管理进一步降低了投资。

（1）前期投资控制

1）直缝改螺旋：国内生产直缝管的技术尚不成熟，生产成本较高，而螺旋焊缝管的生产技术比较成熟，成本较低。直缝改螺旋使得50%的管材可以从国内采购，降低了成本。另一方面低成本地供应螺旋焊缝管也制衡了供应直缝管的高报价。

2）优化技术方案：中亚天然气管道项目中通过优化技术方案来节约投资的举措有很多。经过对所在国技术规范的详细讨论和论证，获得减少停机坪35个、阴保站15座、变壁厚穿越75处等设计优化成果。经过优化，线路走向和长度比原设计大幅度缩短，大幅度降低了投资。

3）提前锁定管材：在2008年初全球钢材价格涨幅巨大，在未来继续上涨预期明显的情况下，中亚管道公司果断决策，提前锁定中方管材资源，通过集团采购中心启动多家钢厂竞争投标，有效规避了国际市场钢材价格飙升的风险。此外，中方的提前锁定也压低了对方的管材报价。通过提前采购72万吨管材，节约了投资。

4）优化铁路运载方案：将一节车厢运载4根钢管提高为5根，大大降低了运输费用。

（2）招标价格制衡

管道工程中，管材成本和施工费用约占全部成本的85%。因此，把管材和施工成本降下来是节约投资的关键。中亚管道公司牵头组织集团下属相关单位和厂商，积极参与公开竞标。中方企业和队伍凭借综合优势，承担了近一半的订单和工作量，形成了有效且充分竞争的招投标氛围，通过竞标降低了投资。

（3）深度压缩费用

中亚管道公司进一步强化精细管理，向管理要效益。采取的主要措施有严控变更，减少预备费使用，降低PMC和第三方监理费用，降低工资、差旅、租赁等管理费用。同时中亚管道公司采取系列措施争取税收优惠，通过争取项目所在国免除部分关税和增值税。对项目提款和付款进行合理节奏安排，节省建设期利息，降低了投资费用。

A线实际发生建设投资比可研投资额减少1.46亿美元，控制在可研投资范围内。分段来看，乌国段实际投资比可研投资10.19亿美元高0.57亿美元，其中阀门采购及线路EPC费用变化较大，主要是由于乌国段线路后期改线，线路延长39km，阀室增多，造成投资增加。哈国段实际投资比可研投资减少2.03亿美元。

中亚天然气管道C线于2014年5月投产，C线乌国段截至2016年底实际发生建设投资暂时比可研C线投资额减少2.36亿美元，预计全部建成后投资额可控制在可研投资范围内。乌哈边境—霍尔果斯末站段实际投资额预计减少投资比例将达20.85%。

7.3.2　经济效益评价结论

中亚天然气管道项目确立"严控内生变量、客观评价外生变量"的项目投资控制总体思路，从项目前期、招标投资控制、技术优化和深度压缩费用入手，重点做好"强化精细管理"，尽全力降低新签合同的投资水平，并且成立专门工作组严格控制各类合同索赔，多渠道控制PMC和第三方监理费用，不断优化工程方案，降低项目总投资水平，以保证项目总体投资在批复范围内。

但是由于国内天然气需求放缓，中亚天然气管道输气量低于预期，导致项目实际管输收入较可研水平持续偏低。

未来提升效益的举措和建议主要包括：

1）加大与资源国协调力度和国内下游主体协调力度，提高管道的资源供给量和接气量，确保管道输气能力得到有效利用；

2）加大政府间沟通协调力度，强化所在国政治经济形势研究和判断，及时有效应对过境国财金政策变化对项目带来的影响；

3）强化管道运行管理和项目经营管理，确保关键设备可用率和可靠性，促进管道安全平稳运行，提升管理效率，增加项目效益；

4）加强策略研究，积极开拓多元化、市场化管理能力利用方式，提高实际输量；

5）坚持"有质量、有效益、可持续发展"理念，强化投资和成本控制，大力采取开源节流、降本增效措施，继续做好税收筹划，为提高项目投资效益奠定基础。

7.4 中亚天然气管道项目影响后评价

7.4.1 经济影响

（1）缓解我国天然气供应的紧张局面，保障了我国天然气供应

随着我国经济快速增长，人民生活水平日益提高，对环境的要求越来越高，市场对天然气这一清洁能源的需求大幅度增加。我国国内天然气远不能满足市场需求，而且利用国外天然气资源的难度增大，供不应求的情况在一定时期内将长期存在。中亚天然气管道可有效缓解天然气供应紧张局面。

在我国一次性能源消费结构中，煤炭消费约占70%，石油、天然气约占23%。若这种能源结构不进行调整，将制约我国社会经济的可持续发展。建设中亚天然气管道，就是优化能源结构、促进节能减排的一个重大举措。据初步测算，我国每年将引进天然气约300亿方，天然气消费比重在能源消费结构中可提高1~2个百分点。同用煤相比，每年可减少二氧化碳排放1.3亿吨，减排效益将十分显著。

截止到2017年，中亚天然气管道已经累计向国内输气超过2000亿方，几乎与我国全年天然气消费量持平。按北京市2016年天然气消费量166亿方计算，可供北京市消耗12年，中亚天然气已经成为我国经济发展能源保障的重要力量。

（2）带动我国相关产业的发展

中亚天然气管道的建设将我国成熟的螺旋管技术引入中亚各国，突破了中亚的国家标准和技术传统。中亚天然气管道线路长，所需物资、装备数量多，产业链长，拉动作用大，有力地推动了我国高等级钢管的生产与销售，带动了我国钢铁业和制管业的发展，同时也带动了我国国内机械、电子、冶金、建材等相关产业的发展，促进了结构升级和优化，推动了技术进步。

（3）促进资源国和过境国能源出口多元化

中亚地区远离世界几大主要天然气消费市场，需要通过管道向消费地区出口天然气。而由于历史原因，中亚地区除了一条通往伊朗的管道以外，其余管道都要经过俄罗斯再输往欧洲市场。俄罗斯往往以低廉的价格收购天然气，再以较高的价格销往欧洲市场，单一的出口渠道使得中亚地区天然气的出口和价格受到制约。中亚天然气管道的出现从根本上改变了土库曼斯坦等国的天然气出口格局，实现了出口渠道的多元化。2009年12月，中亚—中央管道土库曼斯坦段爆炸，土俄两国产生矛盾，土库曼

斯坦停止向俄罗斯供气，土库曼斯坦政府因此蒙受了巨大的损失，中亚天然气管道带来的收益在一定程度上弥补了这一损失。中亚天然气管道的多元化出口渠道格局使其在天然气价格谈判中获得更大的主动权，出口气价逐渐向欧洲的市场价格靠拢。

（4）增加资源国和过境国外汇和税收

1）增加外汇

中亚地区通过中亚天然气管道向中国出口天然气，每年将增加几十亿美元的外汇。增加的外汇有助于中亚各国进行国际货物、服务的支付，对国际商品、金融、劳务、资金等方面债权债务的清偿，同时对稳定各国国内汇率、促进经济稳定发展做出贡献。

2）增加税收

中亚天然气管道是一条横跨四国的过境管道，项目所需的施工设备、管材和阀门等物资运输也为沿途的国家增加了关税。中石油分别与乌兹别克斯坦国家石油公司和哈萨克斯坦国家石油公司成立合资公司，由合资公司负责管道的建设和运营，公司的运营也增加了当地的税收，保障了过境国的利益。

（5）有助于过境国的基础设施建设

中亚天然气管道项目有利于各方加强对沿线基础设施的建设和开发。中亚地区的大部分管道、公路、铁路仍然通向俄罗斯，而且很多已经开始老化，无法满足中亚地区经济发展和独立的需求。中亚各国一直希望修建经中国通向亚太地区的油气管道和陆路通道，这不仅会为中亚各国带来非常可观的过境收入，同时还会使中亚与亚太地区的经济融为一体，加速中亚地区的发展。中亚天然气管道项目加速了相应地区交通和通信的建设，特别是中国西部至欧洲西部公路、中塔公路、中吉乌公路、中吉乌铁路等重大交通项目，而刚刚开辟的重庆—新疆—欧洲这条亚欧物流大通道也将继续推动地区经贸和通信网络一体化。随着陆路交通的相互贯通，中国和中亚国家的经济合作会上升到一个新的高度，同时也会带动地区经济发展，促进旅游和文化往来。除了交通基础设施外，中石油和当地政府为了配合天然气管道的建设，还积极在沿线修建农业、文化、医疗等方面的基础设施，为人民提供了便利，促进了沿线的经济和社会发展。

（6）促进过境国建设行业的发展

中亚天然气管道项目的建设带动了当地相关产业的发展和繁荣。尤其在管道建设方面，由中石油管道局和乌、哈两国承包商共同负责施工建设。乌兹别克斯坦的承包商ZeroMax负责乌兹别克斯坦段467km管道的建设，哈萨克斯坦的承包商KSS负责哈萨克斯坦段1300km管道的建设，这都极大促进了两国建设行业的发展。除此之外，中亚天然气管道项目的建设还会带动建材、冶金、化工、轻工、电子、运输、油气设备等数十个相关产业的发展，为当地工业发展的繁荣做出贡献。

7.4.2 社会影响

（1）为相关国家培养技术人才，并输出先进的技术

1）人才培养

中亚天然气管道管线长、站场多，考虑到管道的维护压力，合资公司实行多层次的人才培养体系，如图7-2所示。从2010年起合资公司先后办了三期培训班，选派运营部门以及其他关键技术部门的哈方人员来中国培训，每一期持续2~3个月，培训不仅涉及管道运行的技术培训，还加入了中国文化课程，通过文化潜移默化的影响，加

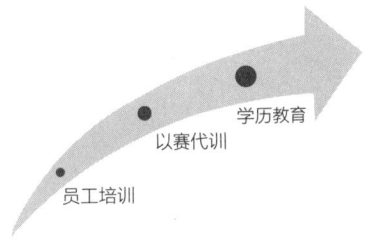

图7-2 合资公司多层次人才培养

强外方人员对中国的了解，减少外方人员对中方管理的敌对情绪，使得合资公司的中外方人员在后期合作中更加友好。这些人才经过培训，学习了中国先进的管道技术和经验，成为一批油气专业的技术人才，为中亚地区未来的能源发展做出了重要贡献。目前，中亚天然气管道哈国段的站长很多都是当时第一批来中国培训的人员。除了采取培训班的方式，合资公司同时采用了以赛代训的形式——以合资公司为单位举办焊接比赛、压缩机维修比赛等，通过中外方并肩作战，加强了合资公司内部人员的相互沟通和交流。

中亚各国借助中亚天然气管道项目培养了自身的人才。2009年，中石油在土库曼斯坦启动了旨在为今后5年培养100名留学生的人才工程。从2010年起，中方向土方提供的中国政府奖学金名额从每年45人增加到每年90人；到2009年，哈萨克斯坦已有超过四百名员工到中国参加过学习培训，120名优秀学生受到政府资助到中国留学，2010年起中方将赴华奖学金留学生名额从每年100人增加到200人。除此之外，石油大学在哈国建立了办事处，与当地孔子学院合作，同时在哈英技术学校开办长输管道的学历培训，开设长输管道输送管理专业，采用半英半俄教育，四年学制，毕业之后颁发毕业证书。这些优秀的人才能够促进双方文化交流，有助于双方相互沟通和

了解，进一步实现了中国和中亚地区的合作往来。

2）输出先进技术

虽然中亚地区有很多石油天然气的管道，但大部分都是建设于苏联时期，所以中亚各国在管道技术方面已经不能满足现今能源发展的要求。中亚天然气管道项目的建设为沿线各国带来了先进的技术。

在施工技术上，乌兹别克斯坦的施工以手工焊为主，只有个别地方采用全自动焊，这样的施工方式效率低下，也满足不了技术要求和标准。管道局作为线路EPC中方总承包商，在中亚天然气管道项目施工中首次采用了内焊机根焊+半自动焊填充焊接工艺，这种全新的焊接工艺综合了全自动焊根焊速度快以及半自动焊设备简单、工艺成熟、焊接质量高、施工成本低的特点。同时，该工艺还通过适当的劳动组合，以稍高于传统半自动焊接、远低于全自动焊接的施工费用，实现了与CRC自动焊机组相近的焊接速度，从而产生了巨大的经济效益。

在项目管理上，中方强调设计、采购、施工紧密结合，统筹安排，加强沟通，效率优先，通过三方面的协调实现EPC成本的最小化和效率的最大化。从测量放线、布管、焊接及无损检测到地貌恢复等22个工序均由单个综合性施工机组完成，减少了工作界面，提高了工作效率。

在质量上，中方创新性地把国内无损检测队引入了乌国、哈国，并通过指导培训当地分包商提高了当地检测水平。

（2）促进当地就业和文化交流

中亚天然气管道项目为沿线地区提供了超过5000个就业岗位，吸收各地区多余的劳动力。项目合资公司中，外方员工的比例超过了70%。哈萨克斯坦的法律明确规定了雇佣一个外国劳工必须相应雇佣九个本国劳工，中哈二期管道得到特许比例为2：8。随着项目建设规模的扩大，所需的劳动力也会不断增加，大量的当地劳动力可以得到妥善的安排，有助于解决各国的就业问题，促进社会和谐发展。项目公司给予劳务人员高于当地的待遇，同时重视对员工的技术培训，提高了当地劳务人员的综合素质。

中石油作为该项目的主力军，积极开展公益活动，扶持当地经济社会的发展，承担起一系列社会责任。在土库曼斯坦，中石油向文化、教育、医疗、留学生资助和残疾人救助等方面累计投入超过700万美元，推动了土库曼斯坦各方面的发展，同时中石油也成为当地最受欢迎的外资企业；在哈萨克斯坦，中石油同样积极扶持贫困地区，帮助发展农业、教育、文化、体育、医疗等事业，累计投入2亿美元支持哈萨克斯坦的基础设施建设；在乌兹别克斯坦出资修建路桥，照顾当地的残疾人。这一系列的行动促进了中国与沿线地区的友好合作，促进了中亚地区的社会发展。

7.4.3　环境影响

工程启动初期，中亚管道公司就按照建设一条安全、绿色、环保管道的承诺和目标要求，制定了一系列有关环境保护方面的规章制度，同时仔细研究乌国、哈国关于环保措施的法律法规，确定相关环保措施。

公司严格遵照管道沿线所在国有关环境保护、文物保护方面的法规、规定和要求，按要求编制了环境影响评价报告、考古报告等专项评估报告，并上报哈国政府部门审批。报告通过国家审批后，在建设过程中，公司严格按照相关报告提出的要求和结论执行，加强责任落实，要求各承包商按照项目环境评价分析报告内容编制环境保护执行程序文件和执行计划，在施工过程中按程序文件监督执行。为更加有效地对工程建设实施环境监督，公司还邀请第三方监理公司Moody进行环境监督。

在工程建设各个阶段，中亚天然气管道的投资者、建设者始终将保护管道沿线生态环境作为中亚天然气管道项目建设的首要任务之一，采取各种有效措施保护沿线的生态环境。

在中乌管道建设前期的土地使用招投标阶段，为了保护乌国管道沿线的环境，根据乌国相关部门的建议，将管道建设作业带的宽度由原来设计的58m减少到55m，最后减少至50m，仅此项工作就使乌国近$376 \times 10^4 m^2$面积的植被免受破坏，保护了乌国环境，造福于当地人民。

在哈国为了保护水资源，避免截流开挖对自然水域及其周边环境造成危害，中亚天然气管道在通过哈国境内两条重要河流——伊犁河和锡尔河时，采用了水平定向钻穿越的方案。为保证穿越的可靠性，穿越前总承包单位还邀请了国际著名咨询公司帮助制定详细的实施方案，针对穿越中泥浆容易污染环境的风险，采取敷设泥浆输送管的方式，建立环形闭路泥浆输送、循环处理和回收系统。

由于中亚管道公司实施了高标准的环境保护要求，认真履行有关环境保护方面的承诺，在管道建设期间，从未发生过因环境问题而引发的纠纷，未发生任何环境污染事故、重大社会投诉事件和生态环境破坏事件，不仅有效地保护了沿线的生态环境，造福了当地群众，而且得到当地政府和人民的充分肯定。真正体现了中石油"创造能源与环境的和谐"的环境保护宗旨，实现了"绿色"管道的建设目标。

中亚天然气管道自从2009年投产8年来，累计向国内输送天然气超过2000亿方。惠及国内包括北京、香港在内的26个省、市、区，5亿多人口，相当于减少使用标准燃煤2.39亿吨，减少排放二氧化碳2.56亿吨和二氧化硫396万吨。中亚天然气这种清洁能源的供应，为我国环境改善、减少污染物排放、减少雾霾天气、重现碧水蓝天做出了巨大贡献。

7.5 中亚天然气管道项目可持续发展后评价

中亚天然气管道AB/C线投产以来，逐步提升输气能力，管道运营管理成为中亚管道公司日常业务的重要一环。管道运行期间，AB/C线管线压力平稳上升，未发生大的泄漏或损坏，主要设备均在设计负荷下经受了检验，管道运行设备的选择配置比较合理，运行基本稳定，达到了设计要求，并能够在设计生产规模下安全平稳运行；各类工艺设备运行较为正常，基本满足目前管道运营的需求；管道各站场工艺流程设置、运行监控、自控、通讯配置等基本上能够满足生产运行需要；管道沿线的线路敷设和穿跨越结构以及大部分管段的水土保持工程等也都稳定可靠，可满足实际运行需要。中亚管道公司运行管理高效、良好。

中亚管道公司是以中亚天然气管道项目为契机成立的公司，作为项目公司，中亚管道公司负责中亚天然气管道项目建设、项目投资与投资管理、技术开发、技术咨询和投产后的运营管理，以项目作为公司主体，其管理和后期发展都具备一定的特殊性。中亚天然气管道作为我国第一条跨国天然气管道，AB/C线的顺利运行保证了我国西北能源通道的安全，是名副其实的"民生工程"，为解决投资建设过程中遇到的难题，项目人员勇于尝试、全力以赴，采取了多种创新的工作实践，最终圆满完成中亚天然气管道的建设目标，在中亚地区探索出一条适合当地的投资建设模式，为后期的管道建设提供了宝贵的经验。随着中亚天然气管道的建成和不断推进，中亚管道公司建设和运行的成熟度逐渐提高。中亚管道公司注重经验的总结和知识的积累，AB线完成之后，公司及时总结设计、建设经验以及AB线中尚不完善的做法，随即用到C线的建设中。另外，中亚管道公司聘请天津大学对中亚天然气管道项目管理进行专

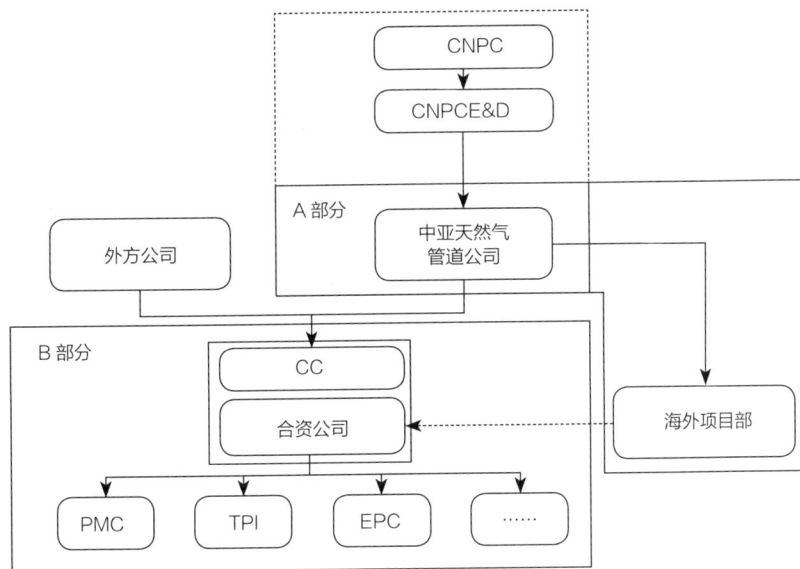

图7-3 《中亚管道公司建设项目管理手册》A和B部分关系图

项研究，编写中亚管道公司的项目管理手册。目前已经编纂和正式发布《中亚管道公司建设项目管理手册》（A部分和B部分），如图7-3所示。A部分针对中亚管道公司总部对海外项目部的管理，B部分针对的是合资公司的项目管理，该手册通过流程及程序文件规范管理过程，并且以标准化合同文本、文件范本作为辅助参考。两部分管理手册的接口能够实现工作的有机过渡，并且可根据实际情况实现管理的变通、延伸与升华。十年来，中亚管道公司边建设管道边积累经验，理论和实践两手抓，管理积淀越来越深厚。

　　古有万里长城抵御外敌，今有中亚天然气管道保障能源安全，两条巨龙蜿蜒盘桓在广袤的土地上守护着中华民族。中亚天然气管道项目是"一带一路"的先行者，为我国类似大型跨国能源工程管理积累了宝贵的实践经验，中亚天然气管道项目的成功运作为超大型工程管理理论的发展提供了经典案例。在我国"一带一路"倡议下，中亚管道公司如一颗明星闪耀在中亚地区，随着中哈原油管道、中缅天然气管道并入中亚管道公司，中亚管道公司几乎覆盖了"一带一路"沿线的全部区域，中亚管道公司在中亚天然气管道基础上，将来会带动其他天然气能源通道的建设和运营，成为"一带一路"倡议的践行者。

第8章

中亚天然气管道建设
经典案例集锦

中亚天然气管道项目建设过程中遇到了一个又一个的困难和挑战，但是每一次，石油人都运用智慧、勇气和拼命的精神顺利过关。"单线变双线"，一字之差，却充满智慧，成功破解了资源不足和时间约束的难题；"直缝变螺旋"，确保了管材资源的供应，突破了制约中亚天然气管道项目进度的瓶颈；"四根变五根"，大胆提出优化建议的同时进行谨慎的求证，化解了运输危机；"工程量置换"，一举解决了施工进度落后的严峻形势，将改线诉求对工期的不利影响降到最低。中亚管道公司协调多方资源力量，将两河穿越由限制性工程转变为非限制性工程；借助政府力量突破了劳务许可的限制。此外，中亚天然气管道项目良好的组织环境孕育出了众多的技术创新，为单线按期通气奠定了坚实的基础。

8.1 单线变双线

8.1.1 面临的挑战

在中亚天然气管道项目可行性研究过程中，提出了单线管径ϕ1422mm和双线管径ϕ1067mm两个方案。最初的可研报告在比较两种方案的耗钢量、压气站数、耗气量等重要参数后得出：从工程量和技术经济性角度，单线管径ϕ1422mm方案优于双线管径ϕ1067mm方案。此外，中亚地区受俄罗斯技术标准影响，通常选用较大管径的天然气管道。

对于中亚天然气管道这一长距离跨国管道而言，在管材运达施工现场之前，从钢板订货到生产组织，从制管到防腐，再从装车到采取国际联运方式出口到乌国和哈国，这一完整供管过程至少需要5个月的时间，且面临着诸多的不确定性，这些都给项目按时开工提出了严峻的考验。要在2009年12月底建成投产，时间非常紧迫，各阶段工作需要相互交叉，平行推进。因此，在技术经济比较的基础上，需对单线、双线管径方案的可操作性做进一步的分析和研究。

通过对中国、独联体国家和其他相关国家未来几年内钢板、钢管供应情况的考察，中亚天然气管道建设期将是世界管道建设的高峰期，国内外钢板供不应求，特别是世界上能够生产管径φ1422mm、壁厚在22.6mm以上钢板的生产线数量相对较少，宽厚板资源紧缺，使钢管的供应周期和价格均存在较高的不确定性。一方面，生产管径φ1422mm直缝焊管需要的板材宽度超过4.4m，中国国内拥有5m轧

在中亚天然气管道组建初期立即组织科学论证，确定双线敷设的建设方案，为按期建成中亚天然气管道奠定了重要基础

机的钢厂数量很少，生产此类钢板需要进行试制，2008年中国这种管线钢的产量每年只有70万吨。另一方面，在俄罗斯和乌克兰境内只有俄罗斯北方钢公司拥有5m宽厚板轧机，北方钢公司对中亚天然气管道项目所需的22.6mm厚的钢板年产量仅为60万吨，数量也远远不能满足中亚天然气管道项目高达160万吨的钢管需求量。

中亚天然气管道全长1833km，若选用管径φ1422mm方案，X70直缝埋弧焊管的总重量约150万吨。工程要求在2009年底建成，由于工期紧迫，有70%以上的钢管需要从俄罗斯、欧洲、日本等地区采购，国内供应量不足30%。

根据国内外天然气管道工程建设经验，制约项目进度的主要因素是长周期设备采办。若采用管径φ1422mm方案，相关的很多设备材料的供货周期接近24个月，按期完工通气的可能性几乎为零。

从施工可行性考虑，若采用φ1422mm的管材，起重设备、运输设备以及其他的施工机械都无法满足要求，需要重新制造和更新，成本将会大大增加，工期也无法得到保证。

综合管材、设备生产和运输与施工可行性等方面的考虑，依据φ1422mm的设计方案进行建设，无法保障2009年底投产通气。因此，必须根据国内外钢板、钢管的生产能力和供货周期、管道的施工能力和机具配备的实际情况，优化原有设计，为实现28个月工期提供可能。

8.1.2　方案优化

对于管径ϕ1067mm方案，中国拥有3.6m及以上轧机的钢厂较多，能够较高程度地保证钢板的供应，满足中亚天然气管道项目所需的15.9mm、18.8mm厚的钢板加工技术要求，仅中国3.6m及以上轧机的生产能力就达135万吨。此外，俄罗斯北方钢公司的5m轧机、乌克兰亚速钢厂的3.6m轧机都可以生产，两个钢厂管线钢总产量为每年250万吨。两条管道可根据输量增长情况，采用分步建设的方式，不仅可缓解供管压力，同时也减小了钢管运输和施工的难度，可操作性较强。

若选用双线管径ϕ1067mm方案，具备分步建设的条件，可以保证2009年底先建成一条管道的目标，2010年再建成第二条管道。再加上部分管段改用螺旋焊管之后，国内的供管量增加到70%，充分利用国内生产企业的能力，不仅能提升中国制管业在国际上的地位，同时也提高了项目所需供管的保证程度。许多与ϕ1067mm管材配套的材料设备的供货周期可以控制在16个月以内。而且双线方案可采用两条管道分步建设的方式，先建一条单管保证管道按期投产，有利于缓解供板和供管压力，降低管材的施工难度和管线建设风险。

从施工可行性角度，在双线ϕ1067mm管径条件下，刚建成的西气东输一线项目所用的机械设备可以继续投入使用，国内现有的施工机具可以满足施工要求，而且易于在中亚地区找到能够铺设此标准管材的施工承包商。

从运行安全、稳定、可靠性方面对比，双线管径ϕ1067mm方案优于ϕ1422mm方案。中亚天然气管道是一条长距离的跨国输气管道，管道沿线自然和地质条件比较复杂，而且管道附近没有地下储气库等设施。在此条件下，若发生故障，单线管道开展检修或抢修需停输，而选用双线管道方案可以保证在一条管道出现故障时，另一条管道仍然能够继续运行，不会导致停输，可保障连续平稳向市场供气，有利于保障天然气管道的安全运行。

结合中亚天然气管道项目2009年12月底建成通气的前提条件，通过对国内外钢板、钢管的生产能力和供货周期、管道的施工能力和机具配备，以及管道运行的安全和稳定性等方面调查、分析和对比，作为中亚天然气管道项目设计方，规划总院建议将双线管径ϕ1067mm作为首选方案，确定了"2009年底单线建成通气"、"2010年双线贯通"、"2011年底建成年300亿方输气能力"的可实现的工程目标。

8.1.3 说服对方

中方确定双线管径ϕ1067mm方案后，最主要的任务是说服乌国、哈国股东接受这一方案。为此，中亚管道公司组织中石油规划总院、中技开、西安管材所等多家单位，举行多次技术交流和研讨会，并邀请俄罗斯专家参加，用大量的数据和实例说服了乌国和哈国股东接受了双线管径ϕ1067mm方案。

8.2 直缝变螺旋

8.2.1 面临的挑战

在双线管径ϕ1067mm方案确定后，中亚管道公司马上着手对单直缝埋弧焊管供应能力进行调查和分析。西气东输工程以来，中国的管线钢开发取得了很大成绩，管线钢强度为X70的卷板的国产化率达到了71%，但是直缝埋弧焊管和制管用的管线钢板的国产化率仍很低，均仅为20%左右。从中国国内供应来看，只有少数几家钢管厂能生产直缝管，全国每年直缝管制管能力不足300km，与中亚天然气管道双线全长3666km相比，简直是杯水车薪。即使国内有钢管厂生产的直缝管能够达到直缝管钢级、壁厚的要求，但是这些厂家并没有大批量的供货业绩，也难以保障2009年底建成投产通气。而且，由于中亚天然气管道和西气东输二线管道需同步建成投产，若全部采用单直缝埋弧焊管，国内宽厚板材的资源严重不足的问题会更加严重，在有限时间内完成所需全部钢板采购几乎不可能。

乌国、哈国是中亚天然气管道的过境国，中国是资源需求国，三个国家也是项目业主的所在国，但是其现有生产能力均无法保障直缝埋弧焊管的大量供应。俄罗斯、乌克兰等几个独联体国家有能力生产和供应大批量的直缝管，但是如果项目所需的大部分管材均由非业主所在国的企业来供应，将使得供应渠道无法控制。管道建设的核心资源受制于非业主所在国企业，容易使项目面临极大的政治和经济风险，并且容易由于合同履约方面的纰漏给项目建设带来极大的隐患。

8.2.2 方案创新

目前世界上多数天然气管道是根据美国石油协会（American Petroleum Institute，以下简称API）规范建设的，根据API规定，钢管按生产工艺不同可分为八种，其中主要使用的是无缝钢管、直缝高频电阻焊管、直缝埋弧焊管、螺旋埋弧焊管四种。

由于无缝钢管和直缝高频焊管尺寸的限制，管径较大的主干线一般采用直缝埋弧焊管和螺旋埋弧焊管，而在高压输送管道主干线主要选用直缝埋弧焊管。随着中国大口径螺旋埋弧焊管生产线的增加，经过多年不断的技术改造，中国螺旋埋弧焊管的生产技术已达到较高水平，国产母材、焊缝、热影响区的强度、韧性和疲劳性能均已达到进口直缝埋弧焊管的国际先进水平，推动了螺旋埋弧焊管在中国天然气输送领域的应用。直缝埋弧焊管与螺旋埋弧焊管的区别主要表现在以下六个方面：

（1）原材料。生产直缝埋弧焊管需要热轧卷板与热轧宽厚厚板，管径受钢板宽度的制约，一种宽度的钢板只能生成出一种直径的钢管。而生产螺旋埋弧焊管可以利用宽度较小的卷板，用一种宽度的带钢可生产出几种不同直径的钢管，生产过程机械化、自动化、连续化。因此加工的螺旋钢管在直径和壁厚的尺寸规格范围上有更大的灵活性。

（2）生产工艺。直缝埋弧焊管没有拆卷、矫平、平头等工序，只配备几套焊接生产设备，焊缝短，水平位置直缝焊接可实现焊缝自动跟踪，故产量较高；螺旋埋弧焊管没有母材100%超声波探伤等工序，焊缝自动跟踪困难，但成型、焊接均在连续运转的状态下完成，可实现连续生产，成型机易调整。而且，根据埋弧焊的工艺规定，每条焊缝均应有引弧处和熄弧处，但每根直缝焊管在焊接环缝时无法达到该条件，由此在熄弧处可能有较多的焊接缺陷。螺旋埋弧焊管的焊缝与管道环向呈一定的角度，使得焊缝避开了主应力方向，即缩短了螺旋埋弧焊管焊缝缺陷的当量长度，就单个缺陷而言，其危险性较直缝埋弧焊管小。

（3）焊缝长度。直缝埋弧焊管焊缝短，产生缺陷的概率低；螺旋埋弧焊管焊缝长，约为管长的1.3~2.3倍，增加了产生缺陷的概率。

（4）性能与强度。直缝埋弧焊管是用钢板生产的，而螺旋焊管是用热轧卷板生产的。热轧带钢机组轧制工艺具有一系列的优点，具有获得生产优质管线钢的冶金工艺能力。例如，在输出台架上装有水冷却系统以加速冷却，能够允许使用低合金成分来达到特殊的强度等级和低温韧性，从而改进钢材的可焊性。钢板生产厂基本没有这一系统。卷板的合金含量（碳当量）往往低于相似等级的钢板，提高了螺旋焊管的可焊性。由于螺旋焊管的卷板轧制方向不是垂直钢管轴线方向（其夹角取决于钢管的螺旋角），而直缝钢管的钢板轧制方向垂直于钢管轴线方向，因而，螺旋焊管材料的抗裂性能优于直缝钢管。焊管在承受内压时，通常在管壁上产生两种主要应力，即径向应力和轴向应力，焊缝处受合成应力。由于焊缝形状的不同，在承受内压时，螺旋焊缝处合成应力是直缝焊管主应力的60%~85%。因此，在相同工作压力下，同一管径的螺旋焊管与直缝焊管相比壁厚可减小。

（5）价格。生产螺旋埋弧焊管的卷板价格明显低于生产直缝埋弧焊管所需的钢板的价格，且直缝埋弧焊管生产所需材料成本更高，所以直缝埋弧焊管的价格一般高于螺旋埋弧焊管。

（6）信誉度。2000年以前，由于直缝埋弧焊管在技术可靠性方面处于优势，因此直缝埋弧焊管信誉度明显高于螺旋埋弧焊管。进入21世纪，通过对螺旋埋弧焊管生产线的改进，螺旋埋弧焊管制管工艺日益成熟，管道建设开始广泛采用螺旋埋弧焊管，认为螺旋埋弧焊管能达到直缝埋弧焊管在使用性能、安全可靠性方面的要求。

对于直缝埋弧焊管与螺旋埋弧焊管的选用，不同国家一直持有截然不同的意见。日本和德国总体上否定螺旋埋弧焊管，认为主干线不宜使用螺旋埋弧焊管。美国本土在2000年之前的近20年内建设的油气输送主干线几乎全部采用直缝埋弧焊管。从2005年，美国已经开始广泛采用螺旋埋弧焊管，在其建设的Cheyenne Plains输气管道中的80%采用了螺旋埋弧焊管。俄罗斯充分认可螺旋埋弧焊管，把螺旋埋弧焊管列为主干线首选管材；意大利允许在主干线上使用螺旋埋弧焊管。在加拿大，螺旋埋弧焊管和直缝埋弧焊管处于同等位置，但螺旋埋弧焊管占主干线实际使用量的70%左右，其油气管网中主要采用螺旋埋弧焊管。印度东气西输工程大量采用管径ϕ1219mm、压力为10MPa的螺旋埋弧焊管。

在中国，直缝埋弧焊管和螺旋埋弧焊管这两种钢管都在天然气输送领域有所应用。陕京天然气输送管线全长918km，其中812.95km采用国产大口径螺旋埋弧焊管。随后陕京二线也大量采用螺旋埋弧焊管作为输气管道。西气东输一线工程全长4167km，根据输气工程的地质条件、环境状况和中国焊管业的实际情况，其中3297km选用螺旋埋弧焊管。冀宁联络线、川气东送等压力均为10MPa的大型输气管道在一、二类地区也大量使用了螺旋埋弧焊管。

通过螺旋埋弧焊管与直缝埋弧焊管的技术比较和施工案例分析，中国生产的螺旋埋弧焊管已经能够达到进口直缝埋弧焊管的技术要求，采用螺旋埋弧焊管能够满足施工技术要求，而且能够缓解管材供应不足的难题。为此，中亚管道公司及时组织国内专家与俄罗斯专家进行交流，并结合国内外高压、大口径管道的建设和运行的成功经验，提出建议在Ⅲ级、Ⅳ级地区（不包括铁路、公路、农田穿跨越地段）采用螺旋焊管。

采用螺旋埋弧焊管，生产螺旋焊管所需的卷板供应厂家较多，可以大大缓解直缝埋弧焊管和钢板的供货压力。经过精确计算，使用直缝埋弧焊管建成单线的供管时间约为1.9~2.4年，建成双线的供管时间约为3.8~4.8年；若采用螺旋埋弧焊管，单线的供管时间约

钢花四溅的螺旋管材成型过程

为1年，双线的供货时间约为2年。大量采用螺旋埋弧焊管比只选用直缝埋弧焊管可减少供货时间约0.9~1.4年。按照项目进度，保证单线通气的供管时间仅有1.5年，若不大量选用螺旋埋弧焊管就不能按期完工。

此外，螺旋埋弧焊管的经济性比直缝埋弧焊管好，每公里的螺旋埋弧焊管比直缝埋弧焊管价格低约82万元人民币。按照设计方案，中方可供螺旋埋弧焊管占双线1833km全部所需管材的50%，仅按中方供应的管材采用螺旋埋弧焊管计算，整个中亚天然气管道项目可减少投资约7亿人民币。

螺旋埋弧焊管在中国天然气输送领域已经有众多成功的先例，并且国际上越来越多的国家开始采用螺旋埋弧焊管输送天然气，螺旋埋弧焊管的技术可行性已经得到世界的认可。同时，大量使用螺旋埋弧焊管在建设成本和建设工期方面都有利于中亚天然气管道项目的顺利实施。

8.2.3 方案优化

跨国管道的管材供应与国内管道相比有很大不同，需要考虑到中亚国家的风俗和习惯，而中亚国家传统上使用直缝埋弧焊管运输天然气。乌兹别克斯坦《油气工业钢管使用规则》明确规定，螺旋焊管只能用于压力不大于7.5MPa的天然气管道建设

中。因此，按照中亚地区国家的设计标准和习惯做法，中亚天然气管道这种高压天然气干线只能采用直缝管。2007年8月和9月，中亚管道公司分别致信乌方和哈方，说明提出新方案、建议大量使用螺旋埋弧焊管的原因。

作为独联体成员国，乌、哈两国有着近50年的天然气管线建设和运行实践经验，而中国建设和运行天然气管道的历史较短。在中国工程师面前，乌、哈两国拥有很强的技术优越感，让螺旋管首次进入中亚地区，意味着将改变这一地区延续多年的管道建设标准体系，因此乌、哈两方工程技术人员一开始就不接受新的管材方案。为使乌方和哈方人员接受螺旋埋弧焊管方案，中亚管道公司采取了一系列充满智慧和谋略的举措。

苏联解体后，俄罗斯在中亚地区的影响力仍然显著存在，俄罗斯专家的意见在中亚地区具有权威性，借助俄罗斯专家的影响与乌方、哈方进行协调是最有效的方法。为此，中亚管道公司邀请俄罗斯科学院相关专业的3名知名院士和17个钢厂、制管厂的代表来到中国，与中方专家一起研讨、确定螺旋管技术标准，最终获得了他们对中国螺旋管技术的认可。同时，中亚管道公司还整理出世界上许多成功使用螺旋埋弧焊管的实例，并获得了俄罗斯最大天然气输送商GAZPROM在俄罗斯使用螺旋埋弧焊管的证明材料，这为在中亚地区使用螺旋埋弧焊管提供了有针对性的技术佐证，从而打消了乌、哈两国工程师技术上的顾虑。中亚管道公司还多次组织乌、哈两国专家赴中国西气东输工程、钢厂及制管厂参观，向他们展示中国天然气管道的成果和成熟技术，共同讨论确定技术方案。

经过三个多月的充分讨论和沟通，乌国和哈国终于在2007年11月采纳中方意见，同意采用螺旋埋弧焊管。

从直缝到螺旋，中亚天然气管道项目突破了中亚国家的技术标准和技术传统，实现了从只认同苏联标准向接受中国标准的转变，使用的管径与国内资源的匹配也给中亚天然气管道带来更大的选择空间。除此之外，"直缝变螺旋"这一方案的优化有着以下重要意义：

（1）有效避免政治风险，确保了项目工期，解决了资源保障的核心问题。

（2）大大节约了采购成本，采用"直缝变螺旋"，使得50%的管材可以从国内采购，降低了成本。中方低成本地供应螺旋管，也压低了外方供应直缝管的高报价。"直缝变螺旋"共减少管材采购成本约5亿美元。

（3）直接支持了中国产品出口。中亚天然气管道总用管量154万吨，使用中国钢管约80万吨，出口总额超过150亿元人民币。在全球经济危机积重难返，中国出口总量急剧下滑的情况下，新疆阿拉山口边境口岸仍夺得了全国铁路口岸出口总量第一的骄人业绩，中亚天然气管道项目的拉动作用居功至伟。

8.3 四根变五根

8.3.1 面临的挑战

由于线长、面广、中间环节多、空间距离大、涉及部门多、情况多变，中亚天然气管道项目的工程物资运输面临一系列问题。"单线变双线"、"直缝变螺旋"的创新性方案保证了中亚天然气管道项目开工所需的充足的管材来源，但是若运输环节无法保障，充足的管材也无法按期进入现场。

当时中哈边境唯一的铁路口岸——阿拉山口运输问题形势严峻。根据统计，阿拉山口口岸2006年出口300万吨，2007年出口500万吨，出口涨幅69.30%，出口货量逐年大幅增加。但是阿拉山口至哈方多斯托克口岸堵塞状况严重，2007年严重时每天积压待换的车皮高达3600多辆，为缓解口岸压力，国内铁路沿线各站点经常停装、限装。2007年有120天停装、限装，占全年运输时间的2/5。

在中哈边境的公路运输口岸霍尔果斯，货车进出境放行时间为周一至周五，平均每天进出境的车辆数为70辆左右。每年8至11月为高峰期，最大通过能力为300辆。无疑，通行能力制约了公路运输量。该运输口岸速度慢的主要原因是口岸进出境货物均须经过X光机检查，经阿拉木图海关批准才能放行，且哈方对出入境车辆实行总量控制，然而哈方海关人员调动频繁，不利于中亚管道公司对哈国海关政策的把握。

在中亚管道公司的统一领导和协调下，成立了由中亚管道公司、中技开、管道局、中国石油天然气运输公司以及中乌PMT、中哈PMT等各项目相关单位组成的运输领导小组和工作组，对中哈铁路的换装能力和铁路运输资源进行了进一步调研。铁路换装能力、车皮来源和公路口岸海关通关放行量，是影响运输方案顺利执行的最主要原因，运输领导小组和工作组专门研究了传统车皮换装、换轮过轨等方式的现实性和可行性。

中亚天然气管道项目运输领导小组和工作组在对铁路、公路运输资源充分调研以及口岸通关环境细致考察的基础上，制定了"铁路运输为主，公路运输为辅"的方案，创造了具有中国特色的高效通关方法。在具体分析施工需要计划和营运成本的基础上，运输领导工作组优化了铁路运输与公路运输的分配比例，制定了合理的国际联运和口岸换装方案。在发改委国家能源局的牵头下，外交部、财政部、铁道部、商务部、海关总署和税务总局等单位参与下建立的中亚天然气管道项目协调机制为运输工作提供了组织保障，顺利解决了签证、通关、税务等问题。

除此之外，仍有一个问题亟待解决，制约着管材如期运抵现场，即装载加固方案的确定。根据中国铁道部颁布的《铁路货物装载加固规则》，管材的铁路运输必须通过装载和加固方案审批。中亚天然气管道所用管材为管径ϕ1067mm，在国内应用较少，没有装载加固方案。经过与部分始发车站协商，相关路局根据中国铁道部运输管理工作强调"安全第一"的原则，从安全管理及效益管理的角度，初步拟定每节敞车装4根的暂行试运方案。据测算2008年中亚天然气管道项目需从中国向国外发运钢管物资约60万吨，约需24569个车皮，如采用铁路专列运输，共需546个专列。如果采用每节敞车装4根的装载方案，铁路运输在时间和效率上仍与中亚天然气管道项目的建设工期要求有较大的差距。如果做不到"多拉快跑"，则将被迫开辟其他海铁联运线路，从而增加运输成本。

8.3.2 装载方案创新

如果将原来每节车皮装载4根管的方案改为装载5根，仅1根管的差别，就直接节省车皮约8000节，节省运费约4000万美元，更为重要的是，管材及时到达现场，可为现场连续施工提供有力保障。因此在安全、科学的基础上争取每车5根装载方案，是实现铁路运输任务按期完成所必须争取达到的工作目标。

中亚管道公司以中石油集团致中国铁道部的《关于中亚天然气及西气东输二线项目建设所需物资铁路运输问题的请示》为依据，采取不同形式与中国铁道部进行沟通交流，并得到了铁道部的理解和支持。同时，中亚管道公司与中国石油技术开发公司（简称中技开）一道协调原中铁外服公司、北京交通大学铁路货物装载加固技术研究与咨询中心、铁道科学研究院运输及经济研究所以及中国铁道部运输局运营部货运管理处，提早进行了可行性分析，根据管材的规格，所能提供的货车车型，选定加固材料，确定装载和加固方法，进行方案的论证和试验，制定了试验大纲并报中国铁道部核准进行试验。

中亚管道公司组织、协调和推动了装载和加固方案的试验和方案审批。2007年年底前，中亚管道公司完成了方案论证工作并将试验申请报告由车站、路局逐级审核报到中国铁道部运输局。2008年1

使用新方案装载加固管材

月3日，在青县依据试验大纲进行了试装。2008年3月6日，中国铁道部签发了《关于1067钢管防腐管装载加固方案的通知》，确定了每车5根的装载和加固定型方案。

8.3.3 方案创新效果

管材装载加固方案由每车皮装4根管的方案改为装载5根管的方案，保证了管材及时到达施工现场，为现场能够连续施工提供了有力保障，除此之外优化的加固方案还带来了其他效益，主要有：

（1）节省了车皮数量。每车装4根需要39522节车皮，而每车装5根仅需要31617节车皮，由此，直接节省车皮约7905节。

（2）提高了运输效率。以每列50节计算，减少了158列火车的流量，节省了25%的运力与时间。

（3）节省了铁路运费。中方供管合同总额约21.6亿美元，根据预算，运输费用约占合同总额的近20%，其中国内铁路运费约占运费总额的近40%。保守估计，节省运费约25%。实现4根变5根装载方案，仅国内铁路运费一项就至少节省运费4000万美元。

通过铁路3.2万节车皮和公路1.22万车次，国内供应的76万吨管材仅用13个月就及时顺利运抵现场，保障了中亚天然气管道项目打火开焊这一重要时间节点。在国内快速供管的压力下，国外78万吨管材也按合同约定如期到货，为中亚天然气管道项目顺利建设提供保证。

8.4 工作量置换与加兹里改线

8.4.1 面临的挑战

中亚天然气管道乌国段全长529km，分成两个标段，分别由乌国线路EPC总承包商ZeroMax公司和中国线路EPC总承包商管道局负责建设。ZeroMax公司的合同范围是负责0~231.8km管道线路工程（含干线管道、河流道路穿跨越、线路阀室安装、清管站安装等工程内容）的EPC总承包。ZeroMax公司是一家在瑞典注册的大型综合投资公司，但是缺乏与管道建设相关的经验和能力，在确定中标后才开始寻找设计分包商、采购分包商和施工分包商。由于在中标之后无法及时找到满足合同要求的分包商来组建项目管理组织机构，因此尽管中乌合资公司在2008年8月份已经完成线路的招评标工作，但ZeroMax公司迟迟不接受中标。在中亚管道公司和中石油的努力协调下，经过5个多月艰苦的谈判，ZeroMax公司才于2009年1月份与中乌合资公司签订总包合同，和乌国当地一个设计院和一个工程公司组成联合体进行施工，由工程公司负责设计、采办和施工工作的总体协调工作。

ZeroMax公司在项目组织机构组建过程中花费了大量时间，而且自合同签订后ZeroMax公司暴露出一系列的问题，设计、采办和施工工作都受到了影响，威胁到合同的按期保质执行。根据ZeroMax公司当时的施工资源动迁计划进行分析，中乌合资公司发现在其动迁的施工力量形成稳定工效之后，仍将有近160km的干线管道焊接任务不能在2009年6月底前完成，这对确保中亚天然气管道2009年底单线建成投产构成严重的威胁。

8.4.2 双赢思维创新：首次工作量置换

考虑到乌国管道承包商ZeroMax的综合施工能力和进度情况，中亚管道公司组织相关人员，集中研究并形成了解决方案。之后将此方案与中乌合资公司股东进行沟通，达成共识。在此基础上，2009年2月23日，中乌合资公司与ZeroMax就其施工资源、进度、质量和技术问题以及解决办法进行了务实和积极的磋商。鉴于管道局CRC自动焊机组将于2009年3月下旬完成其单线施工任务，中乌合资公司向ZeroMax公司提出了工作量置换的方案，即管道局CRC机组在A线施工中额外承担从双方施工分界点241km处向ZeroMax公司管线施工方向延伸70~80km的工作量，管道局在其B

线施工中拿出等量长度的工作量与ZeroMax公司进行置换。ZeroMax公司同意进行工程量置换。

8.4.3 突现新挑战：加兹里改线

2009年3月，乌国政府突然提出改变中亚天然气管道现有路由，要求管道改线绕行至乌国主要产气区加兹里，以利用中亚天然气管道搭售本国天然气。加兹里作为乌国最大的气田之一，于1961年投产，天然气总储量4193亿立方米。加兹里地区不仅仅是一个气田，而且是一个地下储气库，其储气能力达40亿立方米。

乌国可能早已有搭售加兹里天然气的计划，但出于地缘政治的因素，在中亚天然气管道项目可研初期没有提出这一要求，而是在开工之后才提出。开工后再改线就能"不显山不露水"地正好路过加兹里，把加兹里天然气接入中亚天然气管道。乌国绕行段使乌国由管道过境国转变为资源出口国，符合乌国经济利益，而且提升了中亚天然气管道在乌国的战略地位，从而大大降低了未来管道在乌国运行的政治风险，同时增加中亚天然气管道的天然气来源，从根本上也符合中方利益。

当时，可研提出的管线走向穿过乌国规划的未来工业经济开发区，乌方以此为由表示，如果不改变管线走向，中乌合资公司无法获得可研批准也难以获取到运营许可。因此，无论是为满足乌方利益诉求，顺利推进项目，还是考虑到绕行方案在战略上有利于中方，中方都必须妥善解决乌方提出的改线要求。

然而，当时距2009年底单线通气仅剩不足八个月时间，对于改线导致的新增加的122km路段需要重新进行详勘和设计，并新增40km管材订购工作。对施工组织而言，这将极大地影响进度，很可能致使2009年底单线通气目标无法实现。依照乌方提出的方案，管道线路将延长36.1km，双线总长72.2km，由此将引发一系列的变更：

（1）进度上不能保证2009年底建成投产；

（2）将导致压缩机设计参数变更而引起设备供货延迟；

（3）将在WKC3压气站比原设计增加一台30MW压缩机；

（4）将导致总投资增加20200万美元；

（5）将增加运行耗气4900万立方米/年。

8.4.4 双赢思维创新：二次工作量置换

中亚管道公司组织各方专家在短时间内从不同角度提出了四种线路走向方案，并就每种方案的利弊作了详细分析。

方案一：现有管线+支线，即在目前实施的管道线路走向不变的基础上，修建一条支线连接加兹里与中亚天然气管道压气站的支线。

方案二：预可研线路+支线，即线路走向回到原来预可研批准的路由，再修建一条支线连接加兹里与中亚天然气管道的支线。

方案三：双线绕行加兹里方案。

方案四：现有单线+双线绕行加兹里，即在建设现有路由临时段管线的同时，开始绕行加兹里双线的建设，在第一条线具备通气条件后，再将临时段管线停用拆除并将该段管线用于绕行加兹里的第二条线建设。

最终，根据优化比选和考虑乌方利益，专家们建议采用"现有单线+双线绕行加兹里"方案。该方案在确保中亚天然气管道2009年底单线通气的同时，因途经加兹里这一乌国天然气管网的主要枢纽，实现了借助中亚天然气管道向中国出口乌国天然气的战略意义，为中方考虑未来建设第三条管线以及使中亚天然气管道扩建至550亿~600亿立方米/年的输气能力埋下了伏笔。与此同时，由于此方案基本满足了乌国高层的战略思维和要求，也使管道在乌国的政治风险降到最低。

与"原路由双线+连接加兹里单线"方案相比，中亚天然气管道乌国段总长度仅增加了37.3km。同时，建议方案保留的现路由单线除确保中亚管道2009年底单线通气外，还可考虑用于下一步中亚天然气管道绕行路由的复线使用。

当时，虽然ZeroMax公司已经与管道局进行了80km工作量的置换，但工期滞后问题没有得到根本好转，仍然在继续朝着不利于工期目标实现的方向发展。

ZeroMax公司计划整个项目投入6个以上的手工焊接机组，中乌项目部管理人员几乎每天都驻守施工现场，查找焊接质量问题，提出整改意见，帮助ZeroMax公司改进了防风棚，提高管口、焊口打磨和对口质量，保证焊接温度，改善焊接手法，采取了多种提高焊接质量的措施。同时，根据手工焊接机组现状和手工焊焊工水平实际情况，中乌项目管理人员及时叫停了ZeroMax公司手工焊接机组，对M300机组也进行了停工整顿。经过专业培训，M300机组在3月初停工整改后的焊接质量由原来的不到5%达到了90%，基本满足了项目的要求。

然而，即使采取以上措施ZeroMax公司的进度依然缓慢，仍不能保证在2009年底单线通气投产。此时，距6月底完成单线主体焊接的目标仅有4个月时间，如果不立即采取具有针对性且强有力的方法，主体焊接任务难以按期完成。

中亚管道公司策略性地将"绕行加兹里"与"解决乌方承包商施工能力不足问题"相结合，一揽子解决，在原合同工作量不变的前提下，将第一条线原A、B标段的分界点沿原路由逆气流方向向上延伸163.9km的工作量全部划给管道局施工；ZeroMax公司在第一条线保留76km工作量，同时绕行加兹里的双线122km全部由ZeroMax公司负责施工，其他合同施工工作量不变。实际上，调整后管道局将承担676km的管道施工任务，而ZeroMax公司将维持约467km管道施工的合同工作量不变，只是位置进行了调整。这一方案合理分配了承包商的施工力量，为2009年底单线建成投产通气提供了保证。

8.5 两河穿越

8.5.1 面临的挑战

中亚天然气管道全线河流大型穿越工程共有3处，包括哈国段的锡尔河穿越、楚河大开挖穿越和伊犁河穿越，穿越长度共2809m，乌国段无水域大型穿越。其中，锡尔河、伊犁河穿越属于哈国段五大控制性工程（乌哈边境段铺设、锡尔河穿越、伊犁河穿越、哈中边境段铺设和霍尔果斯末站建设）中最主要的两个关键性工序，对2009年底A线能否按计划投产进气至关重要。

由于中亚天然气管道AB线是双线敷设，按照设计需要，每一处穿越需采用定向钻穿越技术实施三次穿越，其中穿越主管两次，穿越光缆套管一次，穿越长度分别为1057m和792m。负责AB线伊犁河穿越和锡尔河穿越的承包商分别是中国石油天然气管道局穿越公司（以下简称管道局穿越公司）和KSS公司的分包商俄罗斯PTPS穿越公司（以下简称PTPS穿越公司）。

伊犁河流经中国和哈国，是亚洲中部最大的内陆河。伊犁河与中亚天然气管道交汇于哈国扎尔肯特市南部，阿拉木图至霍尔果斯公路伊犁河桥以东6.3km处。锡尔河源于帕米尔高原，流经乌国、塔国和哈国三国，经图兰低地注入咸海，全长超过3000km。锡尔河与中亚天然气管道交汇于南哈萨克斯坦州Aydakal湖以北40km处，地质条件为软砾石、中细砂、黏土等，穿越施工容易造成塌方。

伊犁河和锡尔河是哈国的两条重要河流，为了保护水资源，避免截流开挖对自然水域及其周边环境造成危害，中亚天然气管道在通过伊犁河和锡尔河时，采用了水平定向钻穿越方案。定向钻穿越可以不破坏地貌和环境，不影响江河通航，不损坏江河两侧堤坝及河床结构；河底定向钻管线埋深大，不必采用压石笼、抛石、复壁管等防护措施，而且地层内部的腐蚀性物质很少，对管线可以起到很好的自然防腐和保温作用，可以保证管线的长期运行，降低了穿越过程中的维护工作量和费用。相比于其他施工方法，例如大开挖穿越施工，定向钻穿越占地少，施工成本低。为保证穿越的可靠性，穿越前总承包商还邀请了国际著名咨询公司帮助制定详细的实施方案，针对穿越中泥浆容易污染环境的风险，采取铺设泥浆输送管的方式，建立环形闭路泥浆输送、循环处理和回收系统。

但是定向钻穿越属于地下作业，具有极高的作业风险。伊犁河穿越施工的难点是要穿越长约970m长的中细砂层底层，钻孔成型难，极易产生坍塌和卡钻事故。同时，穿越管线口径大、管道壁厚、穿越长度较长且深度较深的特点都对管材质量、项目设计和建设提出了很高的要求。因此，伊犁河、锡尔河穿越是中亚天然气管道哈国段施工的难点，也是决定中亚天然气管道能否按期完成全年施工任务以及实现2009年底单线通气目标的控制性工程。

8.5.2　施工准备

为了保证AB线伊犁河、锡尔河穿越这两项控制性工程的顺利开展，中亚管道公司优化穿越施工的计划与协调，超前计划、超前组织和超前实施，在项目前期就制定了"提前组织、重点控制、确保成功"的原则，并且在时间上做出了明确的安排。具体的施工准备包括以下三个方面：

（1）组织协调

中哈合资公司成立了由设计、采办、施工人员等组成的专门工作组，负责穿越管理协调工作，并明确相关单位的人员以及在穿越准备、施工、收尾各阶段的工作内容、职责和完成的时间要求。中哈合资公司还成立了施工管理小组，严格审查穿越方案，并在穿越施工时驻现场协助穿越公司解决穿越过程中导向孔控制难度大、卡钻、钻杆疲劳断裂、回拖阻力以及扩孔器卡死等一系列施工难题。

（2）技术方案

在两河穿越管材和技术方案的确定上，中哈合资公司的技术人员根据相关标准，和哈方专家、ILF公司及总承包商设计人员一起，结合地质、可施工性以及未来运行的安全性等诸多因素反复论证。技术人员先后四次到两河现场踏勘并组织承包商现场详勘，两次到地方部门查阅相关地质资料。

在伊犁河穿越中，合资公司多次组织中、哈方设计、采办、施工专家及ILF专家，针对管道局穿越公司提交的穿越施工方案，召开专门的伊犁河穿越方案研讨会，重点对中细砂层穿越技术难点进行了论证，充实环境保护的措施以完善施工方案。

在锡尔河穿越中，针对锡尔河地质情况复杂的现状，中哈合资公司组织EPC承包商KSS、ILF的专家和管道局伊犁河定向钻穿越专家共同会审和优化了锡尔河穿越施工方案，采取首先进行ϕ168mm光缆套管穿越，再进行两条主管线穿越的顺序。同时，针对各种可能出现的安全环保风险，安排了相应的风险防范措施，先进、合理、清晰的设计方案降低了风险。针对管材壁薄、自重轻带来的风险，采取将PE管放入穿越管线内注水封堵的措施以增加管线的自重，减少管线在回拖过程中拱顶孔壁的阻力。针对泥浆容易污染环境的风险，采取铺设一条泥浆输送管的方式，以建立环形闭路的泥浆输送、循环处理和回收系统。针对回拖过程中穿越管与地面摩擦容易损害管材防腐层的风险，采取了给穿越管线安装发送滚轮的办法以保护防腐层。针对穿越两岸高差大的地形，改变原先从低岸向高岸回拖的方法，采取从高岸向低岸回拖的方案。

（3）管材供应

在钢管的生产和制管过程中，合资公司积极主动和管道局设计院、国内科研单位及TPI等各方进行协调沟通，解决了高壁厚、大管径、高压力穿越用管在技术、制造、监理方面存在的难题。

为保证伊犁河穿越用钢管按计划节点交货，在管材供应合同尚未签署的情况下，中哈合资公司采办小组人员按照中亚管道公司的指示，要求中技开公司提前开始其合同项下伊犁河穿越所需壁厚28.6mm钢管的生产；在护照签证不全的情况下，会同哈方在海关现场连续四天协调办理陆路运输清关的工作。采办小组还认真做好对锡尔河25.4mm穿越管生产交货的两手准备，一方面以中方名义要求中技开公司开始准备锡尔河穿越管的生产，另一方面积极协调哈方要求尽快开始锡尔河穿越管生产，保证了锡尔河穿越管在2008年12月20日前及时到达施工现场。

8.5.3 伊犁河施工

为了保证"2009年底单管通气"目标的实现，2008年9月，中亚管道公司调整决策，原计划在2009年4月后进行的河流穿越提前至2008年11月开钻。穿越工程提前了5个月，这意味着必须在冬季来临前进行伊犁河穿越施工。

定向钻是高风险的施工行业之一，在国外施工风险尤为突出，因此管道局穿越公司针对预见的可能发生的风险制定了具体的风险应对措施，做了相应的具体准备，努力将穿越风险降到最低。虽然伊犁河穿越的难度超过预期，施工期间遭遇多次卡钻，并且在回拖过程中遭遇了大回拖力和扩孔器卡钻的困境，但是项目施工人员按照事先制定的应急预案，合理实施多项应对措施，最终于2008年12月18日23时6分，完成了伊犁河穿越第一条主管A线的回拖，取得了伊犁河A线定向钻穿越的成功。

这是管道局穿越公司第一次在哈萨克斯坦成功实施大型河流穿越，也是当时中国施工队伍所完成的管壁最厚的大口径天然气管道定向钻穿越。以伊犁河成功穿越为标志，中亚天然气管道全线建设顺利推进。

中亚天然气管道伊犁河穿越开钻

A线穿越完成后，管道局穿越公司即着手进行A线穿越的施工总结，收集现场所有的施工数据，如控向数据、各级别扩孔和洗孔的司钻数据以及各级扩孔和洗孔的泥浆参数等，并将相关数据汇编成一个施工记录的系统文件，绘制了施工平均扭矩分布图、最大扭矩分布图、回拖拉力分布图、单根钻杆使用时间的对照图以及反映泥浆使用量的条形图。在科学总结A线定向钻穿越后，管道局穿越公司又编制了B线的施工作业指导书，并根据A管的施工情况，将施工方案中的扩孔次数减少为4次。根据A线的施工经验总结，管道局穿越公司在B线穿越的指导书中针对施工过程中会遭遇的技术难点，制订了周密的应急预案。

　　为了按期完成伊犁河穿越任务，管道局的穿越队伍于2009年1月27日开始了第二条主管线，即B线的穿越。由于有了A线穿越的经验，B线穿越导向孔一直比较正，穿越过程中遇到卡钻等问题时，管道局穿越公司立即启动应急预案，处理起来更坚决更及时，从而迅速扫除了障碍，进展十分顺利。

　　2009年2月21日19时32分，中亚天然气管道伊犁河B线主管线穿越成功，只用了26天的时间，比A线穿越少用了20天，为中亚天然气管道控制性工程——伊犁河定向钻穿越工程画上了圆满的句号，提前为2010年项目B线路贯通奠定了基础，这为实现2009年单管通气、2010年底双线贯通的目标迈出了坚实一步，同时也提高了管道局在哈国的声誉，促进其进一步在哈萨克斯坦乃至中亚地区的市场开拓，实现了管道局"干一项工程、创一片市场"的目标。

8.5.4　锡尔河施工

　　AB线锡尔河定向钻穿越同样需要穿越3次。锡尔河段的承包商KSS将穿越任务分包给俄罗斯PTPS穿越公司。锡尔河穿越原计划在2009年3月完成，但直到2009年3月31日才开钻，好在这并没有超过中亚管道公司内定的时间红线。PTPS穿越公司现场施工管理虽然专业，但其设备老化，并且只有一套设备，一旦出现问题，无备用设备应急。但是KSS和PTPS对此次锡尔河穿越任务也十分重视，PTPS配备了经验丰富的施工管理人员和操作人员，调迁了等级较高的FMBK-260/400定向钻设备，其中配套钻机最大回拖力可达400吨。

　　锡尔河穿越地质条件较复杂、施工难度较大。一是锡尔河穿越的地质条件是由卵砾石、中细沙、黏土等复杂成分组成，容易造成塌方。二是穿越两侧表层均有卵砾石，穿越风险较大。三是穿越管材壁厚较薄，管材自重较轻容易影响回拖。四是穿越两岸高差18m，穿越难度增大。面对锡尔河穿越的复杂条件，中亚管道公司在积极敦促KSS和PTPS尽快动迁人员和设备、修筑进场道路等各项准备工作的同时，严把技术、质量和安全关。

　　穿越初期，由于地质条件复杂，曾出现一些意料之外的问题。例如PTPS穿越公司为了掌握真实的地质资料，先进行较为简单的光缆穿越，但是钻杆的折断使这一计划宣告失败。

　　针对这一情况，管道局穿越公司配合PTPS穿越公司在原有地勘资料的基础上，增加对穿越河流断面的地质勘测，以获取更为详细的地质结构分布。中哈合资公司组织中外方专家、监理工程师和总包方现场协调人员紧密合作，根据现场情况，及时对锡尔河穿越施工方案进行"会诊"，先后3次优化调整穿越设计曲线图纸，优化后的地质为各出入土点处约100m为沙质地质，中间580m为泥岩层，减少锡尔河穿越长度224m，避开了穿越中砂卵石层。

在穿越的各个施工段，尤其是控制性工程和进度存在隐患的施工段，中哈合资公司会派遣PMT施工部代表常驻现场，负责监督现场施工进度，以便更高效地处理和解决问题。中哈合资公司PMT施工部代表常驻锡尔河畔施工营地达半年之久，有效地协助EPC承包商解决现场的施工问题。

为保证穿越万无一失，中哈合资公司制定了几套应急预案，并协调经验丰富的穿越专家在现场指导和协助。同时，刚完成伊犁河穿越任务的管道局穿越公司将施工队伍和夯管机等机具调遣至锡尔河岸的营地，做好应急预案备，随时准备为实施锡尔河穿越补充施工力量。

在PTPS穿越施工遇到困难时，中哈合资公司借助中方股东的力量从管道局抽调穿越专家和必要设备前往现场驻场协助，PMT代表也全程在现场提供各种协助。正是中方对各EPC承包商的一贯支持和帮助，赢得了PTPS的尊重和理解，有力地推动了项目建设的顺利开展，为按时完工上了双重保险。

2009年7月4日到6日凌晨，历时36个小时，锡尔河A线回拖终于顺利完成。这是中亚天然气管道建设过程中取得的又一重大阶段性胜利，标志着中亚天然气管道单线通气最后一项关键工程顺利完成，为年底单线通气打下了坚实基础。

8.5.5 C线穿越

C线伊犁河、锡尔河穿越施工均由管道局穿越公司负责。C线也采用水平定向钻穿越方案。在AB线经验的基础上，管道局穿越公司不负重托，成功解决了伊犁河、锡尔河导向孔控制难度大、卡钻、钻杆疲劳断裂、回拖阻力和扭矩以及扩孔器卡死等一系列技术难题，于2014年12月2日成功完成了两河四次穿越工程任务。

中亚C线锡尔河定向钻穿越在全面总结和分析中亚AB线锡尔河成功穿越经验和教训的基础上，大胆创新，采用了多种新工艺。C线锡尔河穿越工程自2013年9月11日开钻，至10月22日回拖成功，共历时41天，相对A线锡尔河穿越96天的工期，工期缩短55天，大大节省了人力、物力，同时也确保了整体工期的顺利实现。

8.6 劳务许可与属地化

8.6.1 面临的挑战

自2001年起，哈国就建立了外国劳动力申请劳务许可证的数量限制系统，该系统根据每年全国劳动力总数发放外国劳务许可证的配额。哈国对外国劳务许可数量实行总量控制、按州发放，每年引进外国劳务限额不超过哈国劳务总人口的2%（2016年通过颁发政府令调整至0.7%），各个州有自己的配额。因此哈国对外国公司在哈国从事劳务工作人员的劳务许可限制，常常是外国施工队伍在哈国进行工程项目建设面临的最大困难。

哈国将外国劳务按人员职位划分为四类：第一类别为第一负责人及其代理人；第二类别为符合领导人员、专家和其他职员等级标准手册规定的资格要求，以及符合领导人员、专家和其他员工组织标准技术等级特征的组织领导人员；第三类别为符合领导人员、专家和其他职员等级标准手册规定的资格要求，以及符合领导人员、专家和其他员工组织标准技术等级特征的专家；第四类别为符合工人工作和职业统一技术等级标准手册规定的资格要求，以及工人职业技术特征的熟练工作者。

不同人员类别办理劳务签证期限及属地化要求有所不同。第一类除小企业主体外，劳务许可期限可为三年，到期可延长12个月；第一类中小企业主体劳务许可期限为12个月，延长期限为12个月，延长次数不超过2次。第二类和第三类的劳务许可期限为12个月，延长期限为12个月，延长次数不超过3次；第四类和季节性外国工人劳务许可期限为12个月，无延期权限。同时，在第一类及第二类工作人员中，外国企业所雇佣的外国劳动者与当地劳动者的比例不低于3：7，而第三类别和第四类别则不低于1：9。劳务签证每个岗位有效期三年，三年过后岗位应该给属地化员工，劳务许可一年一签发。对于没有劳务签证的人员，一是不允许发工资，二是所有费用不得列入在当地注册的公司的成本，三是一经发现将被罚款、拘留直至驱逐出境。

哈国为劳务许可的获取建立了一套复杂、严格的程序，审批一般需要4~5个月，办理成本高。当地有职业目录，如果学习专业和工作专业不一致，就无法去哈国工作。哈国法律原则上规定，只有本国劳动力市场上没有合适某些工种技能的情况下，才允许雇佣外籍劳务。因此合资公司招人时需要先在报纸上登招聘启事，优先雇佣本国人，若没有适合的本国人才能招聘外国劳工。哈国对外国劳务许可证的审查也十分严格：明确规定高级管理人员必须具有本科以上学历，同时具有八年以上工作经历；高级技术人员必须具有本科以上学历，同时具有五年以上工作经历；高级操作人员必须具有大专以上学历，同时具有三年以上工作经历。即使满足以上要求，获得赴哈邀请函花费时间很长，手续烦冗复杂，还要将学历、职业资格和无犯罪记录提交哈国国家安全局的审查，从申请劳务许可证到获批最快需要两个月时间，之后还需要等一个月才能拿到劳务签证。

中亚天然气管道项目哈国段建设过程中，管道局中标AB双线合计1300km的管道施工任务。要在规定工期完工，粗略估算至少需要3500名员工参建。而按照哈国的法律要求，必须为这些从中国国内派遣的员工办理劳务许可，但是哈国的劳务许可配额十分有限，而且手续烦琐，这必然大大影响工程进度。

8.6.2 难题化解

在中哈合资公司成立初期，很多工作都没有步入正轨。申请劳务签证需要有与哈国当地公司签的劳动合同，但是合资公司迟迟没有与中国员工签订劳动合同，因此中国员工只能先用商务签证赴哈国开展相关工作。为了推动哈方解决用工合同和劳务签证问题，合资公司会计人员只好履险蹈危，以同时暂停发放哈方和中方员工工资为筹码与哈方股东协商，有效推动了劳务签证的快速取得，解除前期用工的风险。

2007年确定中标后，管道局按照"2009年底A线建成通气"目标要求倒排施工计划，需向乌、哈两国派出28个焊接施工机组，各类工程及辅助人员共计3760人，其中哈国2693人。但是，由于受到哈国政治、经济的影响，哈国的社会环境变得非常复杂。设备疏港、人员劳务签证等异常缓慢，开工时间一拖再拖，直到2008年12月底，还有部分施工人员、设备没有到位。经过各方面艰苦努力协调，就中亚天然气管道建设争取到的哈国批复最快、数量最多的劳务签证为1750个名额。然而，实际批复名额与计划施工人员数量相差了35%。而且，哈国当地移民局、警察局频繁调查，先后有64名员工被拘禁。因此在工程开工仅仅13天后，管道局决定撤回55名施工人员到霍尔果斯等待劳务签证。频繁的拘留和调查使员工的情绪受到了影响，为此，管道局积极开展思想政治工作，对员工进行"形势、目标、责任"主题教育，分析中亚管道工程施工现状。

为了解决管道局及其他中方承包商的劳务许可问题，中亚管道公司指定专人专项负责劳务签证相关事宜，在合资公司的组织安排问题上，中亚管道公司坚持由中方人员出任行政副总经理，并主管人力资源部，竭尽全力帮助中国承包商获得足额的劳务许可。同时中石油驻哈办事处、中亚天然气管道哈国项目部，在中国驻哈国大使馆的大力支持下，以投资方身份，与哈国政府相关部门协商，反复强调中亚天然气管道建设对中哈双方的重要意义，讲述管道建设将为当地人民带来的好处，讲述合作双赢的关系，并派专人多次赴哈国州政府劳动部门、移民局协调。当时任国家主席与总理出访哈国时，分别亲自向哈国政府高层提及劳务签证问题，并明确指出所需要的劳务许可指标，希望哈国政府能配合解决。在多方努力协调下，劳务许可问题得到哈国政府高层的重视和支持。最终，哈国政府批准了2592人的劳务指标，这是中石油在哈国历史上第一次主要依靠项目公司解决施工单位劳务指标问题。

8.7　焊接技术与工艺创新

8.7.1　面临的挑战

对于中亚天然气管道项目而言，要在28个月内完成跨越三个国家总长约1833km的管线建设工作，必须突破传统模式，将"中亚管道速度"建立在科技进步、技术创新的基础上。全长1833km的管道焊接工作是中亚天然气管道项目的整个工序中最关键的单项任务之一。如果采用常规作业方法采用手工或半半自动焊接方法，测算一个班组只能每天焊接约25道焊口，约0.2km管线。要在规定的时间内完成焊接进度，给后面的工序留下作业时间，只能依靠施工人员、材料、机械等资源的大量投入。由于乌国、哈国劳务签证政策的限制，实际批复签证名额与计划施工人员数量相差35%，无法保障足够数量的焊接人员进入现场施工作业。与此同时，施工作业主要承包商管道局的大多数机组尚在印度东气西输管线上施工，同时还要筹备国内西气东输二线的建设，已经无法再向中亚天然气管道项目派出更多的焊接机组，而哈国当地承包商也面临着专业人员及自动化机具不足的困境。

AB线采用的管线钢级别已在国内全面应用到西气东输管道工程中，常用的手工焊由于焊接效率低下，已逐渐成为辅助焊接手段，全自动焊或"纤维素焊条根焊+半自动焊接"工艺已在长输管道的焊接中得到应用并推广，成为长输管道高级别管线钢的主要接头焊接方法，尤其是应用目前大口径长输管道主导工艺"纤维素焊条根焊＋半自动焊填充盖面"，机组焊接速度已经是突飞猛进了。即使这样，由于中亚天然气管道采用X70、42英寸、壁厚15.9mm的管材，如果采用"纤维素根焊＋半自动焊填充盖面"工艺，1个机组每天工作8小时，平均每天只能焊接约25道焊缝。如果全部采用CRC自动根焊及全自动外焊方式，1个机组按每天工作8小时计算，可以焊接近90道焊缝，极大地提高了焊接效率。但1套内焊及外焊焊接机组设备成本高达900万美元，是"焊条＋半自动焊"机组的3倍，管道局并没有足够的内焊及外焊CRC设备，要保证中亚天然气管道项目的施工进度要求，必须根据实际情况改变焊接工艺，在保护焊接质量的基础上，提高每道焊口的效率。

8.7.2　工艺和技术创新

中亚管道公司总部将"尽快保证焊接质量的同时采取新的工艺提高焊接速度"的任务安排给中方承包商管道局，管道局中亚管线EPC筹备组与中亚管道项目人员在充分研究中亚管道公司建议的基础上，决定在焊接工艺上进行创新，寻找一个"质量

中亚天然气管道焊接作业

和合格率有保证的、高效的、低成本的焊接新工艺"，努力降低人员数量以适应劳务签证的要求。经研究决定：抽调管道局主管焊接与检测的专家牵头成立"高效焊接工艺研发小组"。

为了提高线路焊接速度，一般长输管道焊接采用流水作业，焊口焊接按壁厚大小分为根焊、填充和盖面，每道工序按先后顺序完成。考虑到长输管道焊接施工中根焊的质量及完成根焊工序的时间是决定整条管道焊缝焊接完成时间及合格率的关键，缩短管道组对时间、提高根焊焊接合格率及减少根焊工序时间将极大地提高现场焊接效率。因此，减少根焊工序的时间是提高机组日焊接口数的关键之一。

根焊工序时间包括：吊管机吊起钢管行走时间、对口时间、预热时间和焊口根部

焊接时间，这四者中只有预热时间和根焊接时间受焊接方法影响较大。

预热时间与预热温度有关。高扩散氢的焊接方法必须采用较高的预热温度，而低扩散氢的焊接方法则可以采用较低的预热温度。对于中亚天然气管道项目所采用的X70钢，如果根焊采用实芯焊丝富氩气体保护焊，每100克融敷金属含扩散氢2~4mL，与纤维素焊条相比，扩散氢含量低了90%；而且如果使用内焊机方法，可以有6~8个焊头同时作业，其热输入量较大，焊接过程中未凝固前的氢含量容易扩散，实际焊缝中氢含量降低明显。综合以上两点因素及实验方法，单独用全自动内焊机，焊口的预热温度可降至60℃，极大地缩小了焊接前的焊口准备时间。

根焊焊接时间是一个可变参数，也与焊接方法相关。双手操作、自动化程度越低，根焊时间越长。焊条电弧焊由于受焊条长度限制需要在焊接中不断更换焊条、打磨接头，导致整体焊接速度也很低，即使是纤维素下向焊条加上熟练的焊工操作，焊接根焊速度也仅约为每

中亚天然气管道内对口机作业

分钟15~25mm。如果使用气保护实芯焊丝外部半自动焊机进行根焊，虽然能够实现无间隙或小间隙对口，但因防风棚、焊接速度（40cm/min左右）或手工焊丝摆动等原因，容易造成根部未熔合缺陷，根焊时间无法减少太多。只有采用真正意义的、无间隙的自动焊才能使焊接速度达到最快、根焊时间降到最低。

综合比较，由于全自动内焊机采用富氩气体保护，对口机上装有多个焊枪，实芯焊丝连续填充，可以实现0~0.5对口间隙甚至无间隙，且速度最快，根部焊接质量好，完全满足低氢、自动焊和对口无间隙的要求，因此，根焊采用全自动内焊机不但可以保证焊接质量还可以有效提高焊接效率。

在确定根焊方法后，需要考虑填充层和盖面层的焊接方法。考虑到设备成本，研发小组认为采用目前成熟的半自动焊接方法进行填充和盖面，既利于焊工操作又能减

少采购全自动外焊设备的成本。因此设计全自动根焊之后适合于手工半自动焊的坡口形式是关键。根部坡口设计成38°的内倒角，能够适应内焊机焊接，但是钝边的尺寸、上半部坡口形状及角度是棘手问题。钝边过大则产生未焊透缺陷，过小则产生烧穿缺陷且加大填充量；上半部坡口形状关系到焊接质量，角度关系到焊工的可操作性和填充的大小，研发小组专家凭借多年的焊接经验，借鉴英国NOREAST、美国CRC、意大利PWT和法国海洋管道DASA等坡口形式，最终确定设计为"U"形坡口。

为了确定坡口尺寸，研发组积极组织调运坡口机、内焊机等设备，主动与廊坊开发区独资山特维克刀具公司研发车削坡口合适的圆弧刀具，并进行了长达3周的焊接试验检测和20多道环焊缝焊接试验，并对焊口进行了射线检测、力学性能试验及金相分析。经过对比，反复优化坡口，最终确定了钝边为1.8~2.0mm，上接半径3.2mm的圆弧，与10°斜面相切的坡口，如图8-1所示。

"内焊+半自动焊"最终顺利通过了API工艺管道焊接标准中规定的工艺评定及专家为中亚天然气管道专门设计的测试和试验。焊接新工艺"内焊机根焊 + 半自动焊填充盖面"采用世界上根焊最快的内焊机进行根焊和大

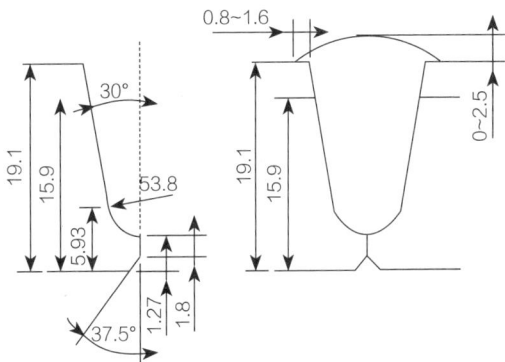

图8-1 坡口形式示意图

口径长输管道焊工最熟练的焊接方法——自保护药芯焊丝半自动焊进行填充盖面，是自动焊和半自动焊首次完美的结合。该工艺通过内焊机实现了"0"间隙组对管口，通过巧妙地利用半自动焊大熔深和独特的窄坡口设计进一步减少半自动焊焊丝的填充量，在保证质量的前提下，大幅度提高了焊接及人机效率。

8.7.3 新工艺优势

"内焊+半自动焊"焊接方法与传统"手工焊打底+半自动焊"工艺相比，具有如下的优点：

（1）大大提高了根焊的速度。以焊接管径ϕ1067mm×15.9mm管材为例，CRC内焊机完成一道焊口的根焊大约需要6分钟（焊接1.5分钟，预热3分钟，对口1.5分钟），而4人打底手工焊完成一道焊口的根焊需要12分钟。内焊机焊接速度是打底手

工焊的两倍。

（2）减少了半自动焊接的填充量。CRC内焊机采用复合型坡口和根部零间隙对口，坡口角度为10°，而手工焊采用的是V形坡口，坡口角度为22°，根部对口间隙3mm。经测算，复合型坡口半自动焊填充量比V形坡口节省30%。焊接填充量的减少不仅加快了焊接速度，而且减少了焊接用料，降低了施工成本。

（3）节省了部分工序。手工焊打底由于焊条长度限制且药皮较多，根焊过程中需要不断更换焊条，焊接完成之后还需要进行清理熔渣；而CRC内焊机采用的是气体保护焊，焊后没有药皮，根焊无需清理，热焊道也只需用钢丝刷清理即可。

"内焊+半自动焊"焊接方法与CRC全自动焊接方法相比较，具有如下的优点：

（1）各工序之间衔接更紧密。CRC全自动焊因受设备的限制，常会出现填充、盖面焊接速度衔接不上根焊的情况。技术创新后的"内焊+半自动焊"工艺则可以通过增加车辆、焊工来增加填充、盖面焊口的数量，跟上内焊机完成根焊焊口的速度，以减少根焊层与填充层间加热的时间，而且保证了焊接质量。

（2）焊接一次合格率高。由于CRC全自动外焊机焊枪头的摆幅、摆频是固定的，因此全自动焊的坡口必须精确，焊工在打磨焊道时必须非常细心，不能打磨到坡口，否则会因枪头摆不到位而造成未熔等缺陷。而半自动焊摆幅是由人工控制的，不会出现以上情况，故技术创新后的新工艺焊接一次合格率更高。

（3）工程费用低。CRC全自动焊接整套设备费用高达900万美元，并且填充、盖面均采用气体保护焊接，需要大量的保护气体，增加了运输成本和搬运的工作量。虽然半自动焊接所需人员比全自动焊接多，但焊接工程车的设备费用低，能产生更好的经济效益。

内焊加半自动焊

8.7.4 创新效果

2008年8月8日，中亚天然气管道项目哈国段首次开始应用"内焊机根焊＋半自动焊填盖"新工艺；2008年10月，焊接机组实现月焊接28km纪录，每日平均焊接80道环焊缝（直径1067mm，壁厚15.9mm），其中单日最高达108道环焊缝。管道局采用新工艺的4个机组，每个机组平均每月焊接20km以上。之后，这项技术也被当地承包商接受并推广应用，产生了很好的效益。在乌、哈两国使用该技术累计焊接达720km（一次检测合格率97%以上），占1800km的总焊口量40%，该工艺已成为中亚管道焊接的主导工艺。

中亚管道项目部分机组采用"内焊+半自动焊"焊接工艺的创新工法后，不仅为承建的施工单位节省了人力资源和设备成本，而且保证了焊接质量，更将焊接速度提高到原来的2.5倍，为中亚天然气管道项目顺利完工奠定了坚实的基础。

第 **9** 章

中亚天然气管道投资与建设
管理经验总结与理论提升

秉承互利共赢的原则，中亚管道公司与合作方一同着力打造跨国工程共同体，为工程管理理论注入了新的内涵。中亚管道公司采用"双边协议＋多边协作"方式，分国、分段建立合资公司，实现对项目的建设和运营管理，坚持以"中方引领、真诚合作、实现共赢"的思想引导合资公司建立和谐、发展的工程共同体，创造性地采用"PMT+PMC+TPI+EPC"的项目组织管理模式，充分利用PMC和TPI的世界先进管理经验和作为第三方的权威影响力，统筹协调保投产，采用创新性的思维和方法，从不同视角和方面诠释了基于责任、权力和利益的跨国工程共同体的内涵，为国家"一带一路"倡议构想提供了理论和实践基础。中亚天然气管道项目惠及沿线国家，在打造跨国工程共同体的同时，也为"一带一路"共商、共建和共享原则提供了宝贵的实践经验。

9.1 中亚天然气管道建设与运营管理模式：跨国工程共同体

中亚天然气管道项目横跨土、乌、哈、中四国，是连接资源国（土国）、过境国（乌国和哈国）和需求国（中国）的能源纽带，将四国的责任、权力和利益紧紧相连，承载着实现四国互利共赢、和谐发展的愿景，担负着四国共同发展的使命。在中亚天然气管道项目建设中，中亚管道公司举整个中石油集团公司之力，引导四国的合作伙伴创新性地构建起责任、权力和利益下的跨国工程共同体，在此共同体理念的指引下，通过一系列创新实现共同发展的目标。

9.1.1 跨国工程共同体结构、特征与维系机制

工程活动的主体是一个由投资方、建设者、工程师和其他利益相关者构成的具有复杂内部和外部关系的特定共同体，这些活动主体在跨国工程共同体中充当着不同的角色。工程共同体的功能是以追求外在的共同利益为目的的，即通过工程的建设与运营促进管道沿线地区经济和社会发展，提升当地民众的科技、物质和文化生活水平，并在这一过程中寻求降低成本和提高效益。

（1）跨国工程共同体的科层结构

跨国工程共同体因工程的跨国特征呈现出明显的科层结构，如图9-1所示。

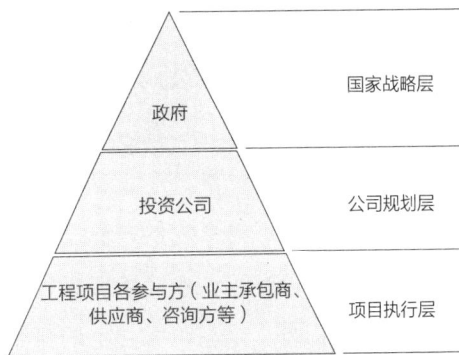

图9-1 跨国工程共同体科层结构

1）国家层：土、乌、哈、中四国在能源领域的合作与共同发展中达成共识，特别是中国与哈国从1997年即开始油气能源合作，此次就中亚天然气管道项目建设再次携手合作。在国家层面上，分别签署了中土、中乌、中哈政府间合作协议。土、乌、哈、中四国政府位于跨国工程共同体的顶层。

2）公司层：就中亚天然气管道建设与运营，中亚管道公司与乌国和哈国国有石油公司，分别签署了中乌和中哈国有公司间的合作协议（即企业间协议），作为股东投资建立了中乌、中哈两个合资公司，中外方股比为50∶50，形成了合资公司的股东治理结构（即公司规划层），中乌和中哈合资公司分别负责乌国段和哈国段管道的建设与运营。中亚管道公司、乌国国有石油公司和哈国国有石油公司位于工程共同体的中层。

3）项目层：中乌和中哈合资公司作为业主，在管道建设期承担招标采购和建设的主要职责，同时负责项目完工后的运营服务。中乌和中哈合资公司与设计方（可研和勘察设计）、PMC、TPI、承包商、供应商、分包商等，构成了工程共同体的项目执行层。

（2）跨国工程共同体的特征

相比于一般的大型工程项目，跨国工程共同体因其构成更为多元化、结构更为复杂、发展需求更为迫切且矛盾更加突出，而表现出以下特征。

1）国际社会性。大型跨国工程除具有本体上的复杂性之外，还会受到国际政治、经济、社会等方面的巨大影响，其实施过程中的各项决策、计划和执行控制是不同国家的利益相关者之间解决矛盾和利益冲突的互动过程。在中亚天然气管道工程上形成的跨国工程共同体是在中亚地缘政治、经济和社会发展中诞生的，各方的利益诉求会随时间发生改变，具有动态演化的特征。

2）结构复杂性和有序性。跨国工程的成功实施需要有坚实的组织保障，跨国工程的复杂性客观上产生了结构复杂和行为复杂的组织，即跨国工程共同体。其在纵向上涉及政府、公司、员工到社会公众，横向上需要政府间、投资公司间、项目参建公司间、员工间以及社会公众的密切合作。尽管组织结构复杂但却是有序的，是在统一指挥下的分工与协作。工程共同体成员按照工程总目标的需要，被有目的、有计划地安置在不同工程活动环节中，在工作任务、目标和内容上有严格分工，但却是相互依存、不可分割并联系紧密的一分子。成员间只有共同努力和精诚合作，才能更好地实现预期的工程总目标，也才能实现各成员的利益目标。从科层结构上看，三个层次存在隶属关系，是下层组织服从上层组织，而在每个层次上的组织间则是在协商一致的基础上形成合同关系，产生合同约束力。

3）具有共享的价值观、共同的规范和承诺。跨国工程共同体的各方必须有共同认可的价值观和身份认同才能形成共同体。从外部看，跨国工程共同体会受政治、经济、社会等方面的巨大影响，决策、计划和管理是一个多参与主体利益矛盾互动并达到均衡的过程。从内部看，主体之间必须通过遵守交往和互动的共享关系规范和对共同体做出承诺才能进行顺畅地沟通，达成目标认同、行动协调和利益共享，进而形成实施工程活动的动力。

4）多元性和异质性。不同于其他共同体（如科学共同体），跨国工程共同体因工程技术的复杂性，使得社会分工更为精细，由具有不同角色的利益相关者形成了多元性和异质性结构。这些利益相关者包括投资方、咨询方、管理方、专业工程师、工人等，他们是作为不同构成要素的子共同体，在工程活动中扮演不同的且存在紧密联系的互补角色，由此形成有机的整体，完成工程的建设与运营。

5）知识互补与系统集成性。工程项目全过程涉及科学、技术、经济、管理、社会、文化和制度环境等多个要素，需要采用系统化的工程思维创造和集成应用相关的知识，始终以一种整体的、全局的和联系的眼光去整合和把握全部工程活动。因此，跨国工程共同体是一个有机的系统，有自己独特的适应国际和国内环境的运行机制。

6）开放性与动态性。跨国工程共同体作为一个系统，它是开放的，与外部的国际环境保持着互动与交流，它会根据系统工作目标需要，随时从外部引入各类公司和人才，成为共同体的新成员，同时，也会有共同体成员退出，从而呈现动态发展的特点。

图9-2为中亚跨国工程共同体科层结构的详细示意图。

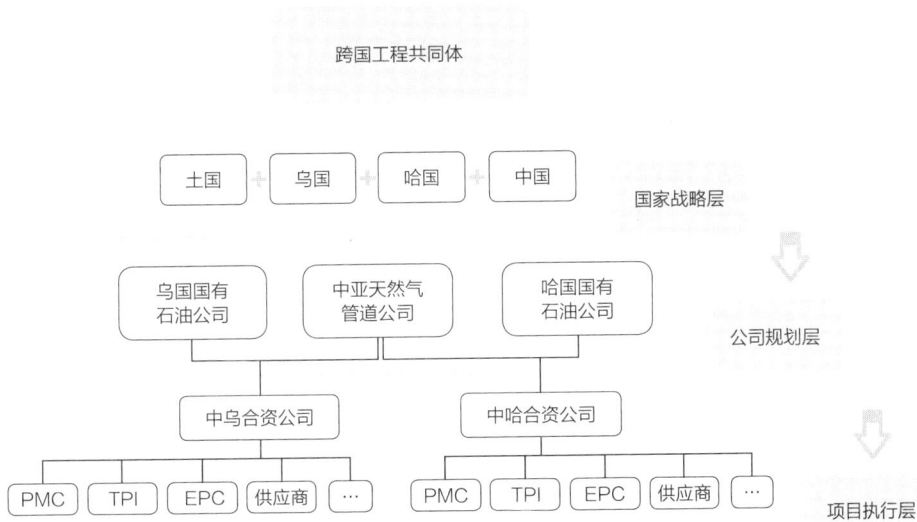

图9-2　中亚跨国工程共同体科层结构

（3）跨国工程共同体的责任、权力和利益

工程活动是一个创造价值、形成价值和实现价值的过程，难点在于在跨国工程共同体成员间价值利益如何共享、责任如何分担、权力如何分配，解决好上述问题才能实现共同体各方责任、权力和利益的均衡。责、权、利均衡是跨国工程共同体健康发展的基础，均衡主要体现在三个方面（图9-3）：

1）共同担当，打造责任共同体：工程共同体成员强调合作过程中的责任担当，应当勇于面对问题和共同解决问题，只有承担起己方应该承担的责任，共同体才能和谐运转、持续发展。

2）融合发展，形成权力共同体：不同国家有各自的制度环境（法律、规范与文化），存在制度差异，只有实现各个国家间的制度融合，尊重彼此诉求，借鉴彼此经验，才能实现决策权力的公平分配与决策机制效率的提升。

3）共同发展，结成利益共同体："你中有我、我中有你"的互利合作，不断扩大利益交汇点，尊重彼此核心利益和诉求，实现互惠共存和互利共赢。

跨国工程共同体的责任、权力和利益是三位一体、不可分割的，其中利益，特别是社会利益，是跨国工程共同体产生的驱动力，追求共同发展是其目标，责任和权力是跨国工程共同体实现共同发展目标的保障，责、权、利的均衡是跨国工程共同体永续发展的基础，更是国家间开展能源战略合作的必然。

（4）跨国工程共同体的维系机制

1）需要与利益

社会需要是工程活动得以发动的动力之源，也是工程共同体的社会责任。任何工程活动都是从一定的社会需要出发，并最终满足该需要进而获得相应利益。中亚天然气管道工程就是为了满足沿线国家的社会需要和利益，这是跨国工程共同体形成的主要原动力，而保障共同体成员的需要和利益就成为关键。各方的利益如何合理分配、是否能形成

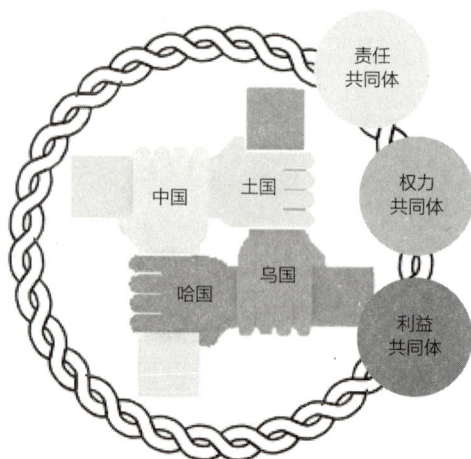

图9-3 跨国工程共同体的责任、权力和利益

大家都能接受又相对合理的利益分配协调机制往往要经过多次的博弈过程才能形成。在相对合理的利益机制下，跨国工程共同体才能形成运行动力；工程实施中的不确定性，会持续引发各种利益冲突与矛盾，利益协调机制必须平衡这些冲突与矛盾，才能保证工程的完成。

由于地缘政治因素，中亚各国间的关系比较紧张，存在民族矛盾，相互之间交往较少。中亚各国的历史和文化差异还造成了各方对相关商务问题的理解和处理方式不同，容易引发争议。中亚天然气管道项目虽然将四国利益相连，但四国的利益诉求却存在很大差异（图9-4）。中亚管道公司需要与其他利益相关方进行协调，在复杂多

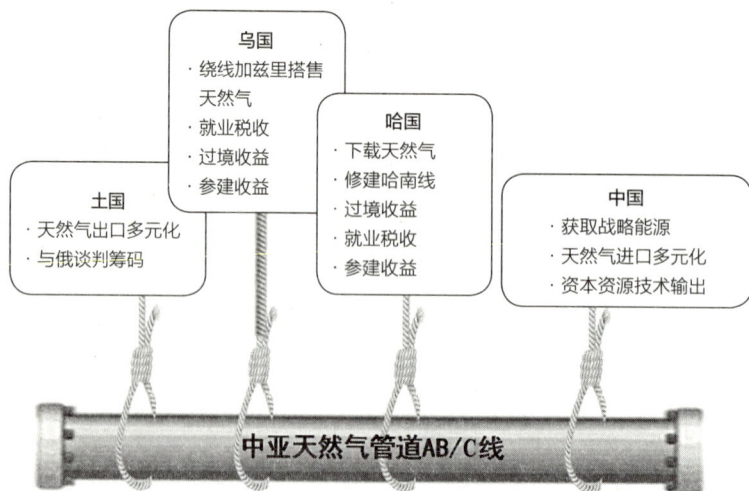

图9-4 利益诉求关系

变的商务环境中既要关注各方的利益诉求，又要确保中方核心利益的实现，并最终寻找到共同体的最大利益均衡点。

中方是中亚天然气管道的核心投资者，位于四国关系网络的中心，土、乌、哈三国都有中方的核心利益存在，且中方与各方关系比较稳定，扮演着居中协调、化解矛盾的角色。因此中方秉承"互利共赢，抓大放小"的原则，在确保中方核心利益的前提下，关注各方重大利益诉求，在利益的博弈中寻找均衡状态，使管道沿线各国能从管道的建设和运营中各取所需，从而构造一种"激励相容"的共同体制度安排，实现共商共建和共享。

2）共同认可的价值观与规范

工程活动是一个创造价值的过程，但工程活动只有在共同体成员共同协商达成一致的基础上，才能实现工程活动的价值。在彼此尊重下的"共商共建共享"是工程共同体成员共同认可的价值观，也是共同体形成凝聚力的关键要素之一。中、土、乌、哈四国虽然国家制度存在差异，但彼此尊重，从政府间协议的签署，到公司间协议的达成，再到协议的执行，全过程体现了"共商共建共享"的价值观。

中亚天然气管道的成功实施依赖于跨国工程共同体成员行动的一致性，为确保行动的一致性以尽量减少组织不必要的内耗，就需要遵守共同认可的关系规范。任何共同体都会有自己的组织行为规范，跨国工程共同体的行为规范表现为跨国工程活动中应遵循的在"共商共建共享"价值观下的行为规则：

①遵循自然规律。工程是人类改造世界的实践活动，工程活动既要符合工程共同体的目的，同时共同体的诉求也必须符合客观规律，承认工程活动有其共同的、普遍的、应遵循的逻辑准则，并落实到工程活动的可行性研究、勘察设计、采购、施工、竣工验收与试运行、运行和生产调度等工作中。这一行为规范也使得各类工程知识得以在工程实践中创造和传承。中亚天然气管道建设工期很短，但整个实施过程仍然严格遵守工程建设的自然规律，实现工程与自然的和谐共存。

②遵循灵活性。灵活性是一种根据环境变化而做出适应性行为的调整。工程活动是在一定的时空环境下，在一定的人力、物力、财力条件下才能完成工程。任何条件的改变，都可能影响到工程本身的改变。灵活性强意味着共同体成员能够适时、适当地调整行为以更好地适应环境变化以及不可预见的事件。中亚天然气管道单线全长1833km，穿越多条河流，自然地理条件和气候条件多变，采用可行手段适应和保护环境是项目实施过程中的关键控制点。

③共享与工程相关的信息。信息交换是一种主动为共同体的其他成员提供有用信息的行为。共享信息的程度越高，意味着共同体成员合作精神的增强和凝聚力的提升，并进一步促进深度合作。乌方和哈方天然气并入中亚天然气管道工程和C线的建设，均显示出跨国工程共同体成员间深度合作的特征。

④以共商方式解决问题和冲突。工程共同体是具有内部主体成员多元化形成的异质性结构，利益冲突不可避免。而对跨国工程共同体而言，利益冲突可能出现在国家间、股东间以及项目参与方间的不同层次（即多层次）。如何既确保共同体整体利益目标的实现，又能使共同体各成员的根本利益得到保障，化解利益冲突就需要本着互利互惠的利益分配原则在利己与利他的利益博弈中求解。而彼此尊重下的、基于市场的共同协商机制是解决冲突的根本原则。中亚天然气管道工程基于"双边合资+多边协作"的四国七方协调机制就是共商方式的体现。同时，由于跨国工程共同体的国别差异，也存在着文化冲突，中亚天然气管道项目建设中，各成员尊重彼此的文化差异，通过促进成员间不同层次、不同方式的人才培训、人员交流与互访，互相熟悉与认知，实现文化融合与创新。

3）共同体制度

跨国工程共同体制度是要求共同体成员共同遵守的规章或准则。制度分为正式制度和非正式制度。跨国工程共同体涉及国家、公司和项目参与方三个层次，其制度也会分成三个层次。

跨国工程共同体的成员在工程建设过程中既有分工也有合作，成员间的正式制度安排是维系共同体正常运行的核心，这种正式制度主要是依靠成员间签订的协议和合同形成对各方的约束力，包括成员共同签署的合作协议、政府间协议、公司间协议、项目层次的各类咨询服务、承包工程和采购合同等。合同明确了成员应履行的合同义务和享有的权利，每个合同目标必须与共同体的目标一致。

在共同体中，除正式制度外，还存在非正式的交流与协商制度，包括管理方式、行为习惯、交往关系、内部谈判机制等，其作为正式制度的补充，对共同体的正常运行具有重要作用。这种非正式制度也可以理解为共同遵守的行为规范。

中亚管道公司在创建项目建设与运行机制、设计合资公司组织结构、创新项目管理模式、适应制度环境和构建合资公司文化方面做出了实质性突破，全力打造责任、权力和利益下的跨国工程共同体。

（5）跨国工程共同体的成员间关系、行为和治理

跨国工程共同体的组织结构非常复杂，成员间关系既可能存在多达几十年甚至更长时间，也可能只存在几个月或1年左右的很短时间。通过中亚天然气管道工程的特点可以发现，在跨国工程共同体中存在国家、行政、市场、管理和工作关系，见表9-1。基于这些关系，各成员间形成了一个三层的错综复杂的异质网络（图9-2）。

跨国工程共同体成员间关系 表9-1

类别	含义
国家关系	国家政府间协议
行政关系	行政指令、审核、批准等
市场关系	合同关系
管理关系	管理指令（如咨询工程师与承包商间）
工作关系	参与方间的沟通、协调与配合

在这个多层级的复杂组织网络关系中，共同体的不同层次的不同成员在不同情境下会选择不同的行为策略，且主体之间会相互影响。但在项目执行层的网络关系中主要是以市场关系（即合同关系）存在，且合同期较短，具有临时性和唯一性的特点。项目执行层的各参与方间的网络关系会随着建设期产生动态变化，作为卖方的承包商、供应商、分包商等在合同履行完毕后，即退出共同体，同时会有新的承包商、供应商和分包商进入网络。在建设期结束时，项目执行层网络关系因大部分成员的退出也将变得比较简单。这种临时性会影响到成员的组织行为，因此，在项目执行层的网络关系中是以合同治理为主，即严格遵守合同约定，否则将受到违约惩罚。

在国家层和公司层的关系治理主要是依据政府间协议和公司间协议进行治理。此类协议更多的是原则性和程序性规定，是一种关系性契约，面对合作过程中出现的问题和冲突采用共同解决问题的平等协商机制，达成一致后共同遵守执行。

9.1.2 跨国工程共同体利益均衡的实现：合作创新

面对各方利益诉求的差异和只有28个月的超短工期目标，中亚管道公司与合作方运用创新性思维，努力寻找实现四方联合收益最大化的均衡点。基于责任、权力和利益下的跨国工程共同体理念，实施了系统的管理和技术创新（图9-5），最终实现28个月单线投产通气的工期目标。

"一带一路"建设将由大家共同商量，
"一带一路"建设成果将由大家共同分享。

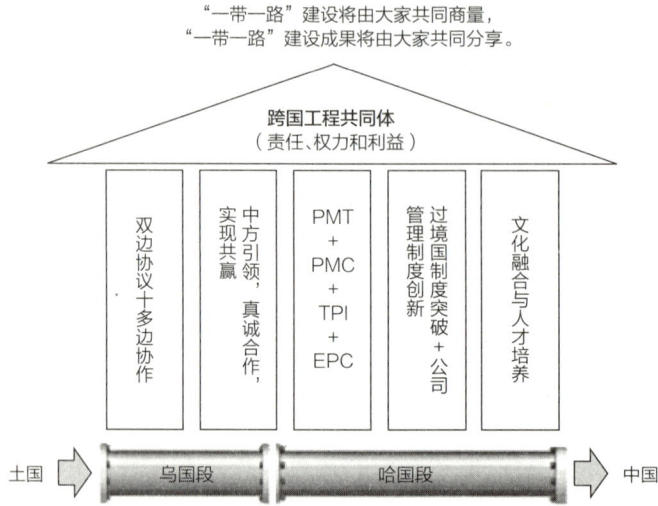

图9-5　中亚天然气管道项目管理创新

中亚天然气管道项目主要的管理创新包括：

1）中亚天然气管道项目治理机制创新：双边协议＋多边协作；

2）中亚天然气管道项目组织设计与管控创新：中方引领，真诚合作，实现共赢；

3）中亚天然气管道项目管理模式创新：PMT＋PMC＋TPI＋EPC；

4）中亚天然气管道项目制度环境与压力应对：过境国制度突破+公司管理制度创新；

5）合资公司文化建立与变革：文化融合与人才培养。

9.1.3　跨国工程共同体利益均衡的实现：举集团之力

中亚天然气管道项目的成功实施需要化解因过境国制度产生的压力，如劳务签证、清关等问题，而这些问题单凭中亚管道公司的一己之力是无法应对的。中亚管道公司在应对制度压力时，出现了多组织集体应对制度压力的组织形式。在一些事件的处置过程中，被动员的组织数量多达十几个，甚至动员到最高级别——国家政府。多组织集体应对制度压力的核心是中方从政府、母公司、投资方再到咨询方和承包商形成的纵向一体化协同组织，分层次引导和动员乌国和哈国的合作伙伴，形成中外多组织成功应对制度压力的局面，如图9-6所示。

应对过境国制度压力的中方核心力量是中石油集团形成的纵向一体化优势格局，举中石油集团之力，解决面临的一切问题。中亚天然气管道项目的组织动员过程可以

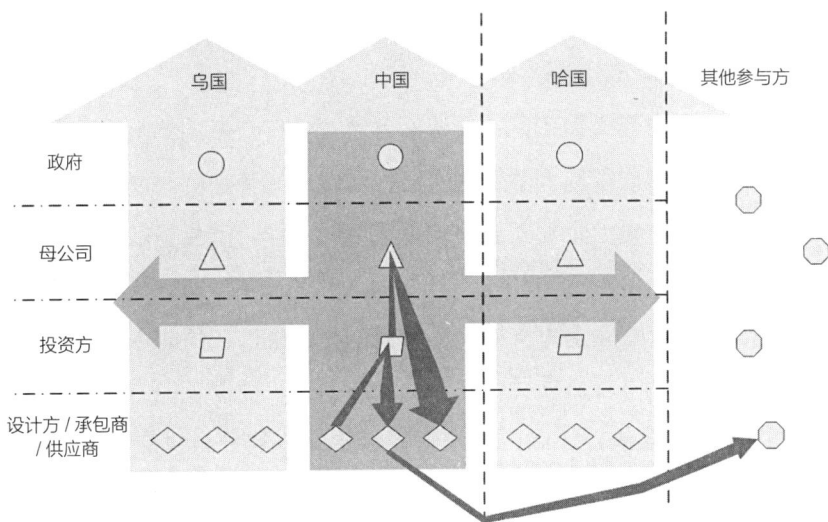

图9-6　多组织动员应对制度压力

分为五个类别：

（1）纵向动员

纵向动员可以分为政府、母公司、投资方、设计方/承包商/供应商四个层次。处于下层次的组织通过动员上一层次的组织来获得更多权力和合法性以应对制度压力。

中亚管道公司借助中石油集团之力，充分发动国家部委的力量并利用政治外交资源，协调推进项目。例如，中亚管道公司在外交部、大使馆的协调下解决了劳务指标问题。每当中亚管道公司遇到难以解决的困难时，都会第一时间向中国驻当地大使及团队求助，而大使们也成为国家领导层与项目管理人员之间沟通的纽带，为中亚天然气管道的建成做出了重大贡献。

（2）横向动员

横向动员可以按照不同国家进行分类。不同国家、同一层次之间的参与方可以进行游说、谈判，从而达成共识。

在国家层面，党中央、国务院领导极为重视中亚天然气管道建设，利用出访中亚各国、参加外事会议的机会，与土国、乌国、哈国领导人进行会谈，敲定双方政府间高层战略协议，为企业间协议的签署指明了方向。

中亚天然气管道建设面临着严峻的管材和设备运输形势，中石油集团通过与铁道部沟通实现了运输方案的优化，在同等条件下保证中亚天然气管道管材运输先行。中亚管道公司还动员海关、边检等部门实现了绿色通关，通过铁路3.2万节车皮和公路

1.22万车次的运输，国内供应的76万吨管材仅用13个月便全部及时运抵现场。

（3）基于合同的科层结构的动员

中亚天然气管道项目横跨多国、投资额巨大且拥有众多的参与方。招标采购过程中企业间签署的合同形成了庞大的合同网络，而合同间存在的隶属关系形成了科层结构并由此组成供应链。链上企业在合同约束下协同工作，产生了基于合同的科层结构的动员。

中国宝钢、武钢等企业全力支持管道所需钢材的生产，同时中国管件和阀门等设备制造商也为中亚天然气管道项目优先安排生产供应，确保了中方对核心资源以及项目整体管材供应的成功掌控。国内的快速供管给外方的管材供应带来了压力，国外78万吨管材也按合同约定如期到货，项目施工中从未因管材短缺而停工或降效，对项目的快速推进起到了决定性作用。

中亚天然气管道项目既借助合同动员签约方严格履行合同，同时也借助中方承包商、供应商和服务商力量协同作战，在技术和管理上提升外方履约能力。

（4）以集团公司为中心的科层结构的动员

中国在家长与家庭其他成员之间形成了"命令-遵从"的关系，与欧洲封建社会中君与臣之间基于"权利与义务"的关系有所不同。这种"命令-遵从"的文化特征在中国以集团公司为首形成的公司网络中表现得尤其充分。中石油集团公司与各个下属公司即存在这种"命令-遵从"的科层权力关系，这也是举整个集团之力可以实现共同体利益均衡目标的关键。在这种以集团公司为首的公司网络中，几乎不存在制度复杂性，因为项目参与方相互之间的冲突可以在高层得以解决，高层内部协商确定或者主导者强制遵从提高了问题解决的效率。基于集团公司的科层结构比基于合同形成的科层结构，更能推动集体行动的出现。

中石油集团内部的科层结构动员为中亚天然气管道项目提供了充分支持。中石油集团上、中、下游一体化的优势在中亚天然气管道项目的筹备和建设中得到了充分的体现和运用，集团高度重视、充分授权、战略指导、亲自推动、急事急办，倾集团公司的优势资源与力量为中亚天然气管道项目护航，具体表现在：

1）依托集团公司物资采购部和物资采购中心，协调国内用钢需求，提前锁定21.6万吨钢材；

2）依托中石油制造板块的制造实力，全力协调国内管材生产资源优先满足中亚天然气管道需求，为保障国家利益，提前供管促成现场开工；

3）依托中石油集团公司提供建设期担保，在严峻的融资环境下实现项目融资；

4）依托集团公司统一协调解决劳务指标问题，为按时开工打下基础；

5）依托管道局设计院、规划总院的雄厚设计能力，提前启动并完成详勘，主导完成可研和初步设计及优化；

6）依托管道局和工程公司的专业优势，在项目建设中发挥主力军作用，建设过程中承担一半以上线路建设以及首站建设任务，提前动迁1500台套施工设备保障开工；

7）利用国际市场公开竞争性招标，通过提高竞争强度、降低投资，同时由中方承包商出面对外方承包商提供帮助和支持，以提升施工效率。

在中石油集团公司领导的亲自指挥和安排下，在人力资源部门和兄弟单位的大力帮助下，中亚管道公司直接从集团公司内部通过抽调、借聘借调、市场招聘等系列方式，从中哈管道公司、中国石油工程建设公司、中国石油规划总院、辽河油田等兄弟公司召集了一批有丰富海外管道工程建设经验的精兵强将，利用集团公司多年来的人力资源储备，在短时间内完成了人员的快速集结，为中亚天然气管道项目的快速优质建设提供了坚实的人力资源基础。

（5）动员项目的外部利益相关者

集体行动中动员组织的过程既包括在已有联系的组织之间建立新的关系，又包括引入新的组织（即利益相关者），如当地的交通管理部门、公众、社交媒体等。通过这些组织对中亚天然气管道工程的正面宣传与支持，使得项目的建设得到当地百姓的支持，有效管制社会环境风险。

9.2 中亚天然气管道建设与运行机制创新：双边协议＋多边协作

9.2.1 跨国管道建设与运营通用模式

国际上目前正在运营的跨国长输管道项目的合作模式有三种。

（1）独立建设与运营管道模式

在独立建设与运营管道模式下，油气购买国公司与资源国公司、管道过境国公司和其他投资公司共同协商确定投资比例，共同出资组成一个多边股份公司负责整条跨国管道的建设和运营。合作各方按投资比例共担风险、共享利润，但上游（资源国）、中游（过境国）、下游（购买国）均独立运作。

（2）分段建设和运营管道模式

这种模式可进一步细分为三种：分段合资模式、分段合作模式和分段BOT模式。

在分段合资模式下，通常由管道所在国控股合资公司（即单边控股＋多边投资）负责该段管道的建设与运营。合资公司的投资股东可能是资源国、过境国和购买国的公司。在这种模式下，为保证管道的顺畅运营，需要成立各方参与的管道运营协调委员会。

分段合作模式是指管道经过的各个国家和地区独立（独资）承担本国或本地区境内的管道建设和运营，而不是共同投资。这种模式下，也需要成立各方参与的管道运营协调委员会。

分段BOT模式是指油气购买国和过境国组建合资管道公司，管道公司在建设期全部由购买方控股，管道所有权也归属于购买方，在管道建成后15~30年的运营期内，管道所有权逐步向过境国转让，30年后管道所有权完全归属过境国。

（3）一体化建设和运营管道模式

这种模式可进一步细分为合资公司一体化和油气购买国公司一体化。

合资公司一体化是上游（资源国）、中游（过境国）和下游（购买国）的公司共同投资组建合资公司（多边投资），同时负责上游的油气勘探开发、中游的油气运输和下游的销售。

油气购买国公司一体化则是完全由油气购买国公司独立负责油气勘探开发、运输和销售，即独资公司运作。

中亚管道公司基于中亚三国之间复杂的地缘政治和社会关系，考虑28个月的固定工期并遵循跨国工程共同体的合作理念，首次创新性地提出"双边协议＋多边协作"的管道运营管理新模式并获得成功，实现了"中方有效掌控"。

9.2.2　分国分段的双边协议

分国分段签署双边协议是中亚管道公司面对28个月超短工期内完成单线建成通气目标的必然选择。

中亚天然气管道项目起自中亚地区的土国，途经乌国和哈国，最后到达中国。如果四国共同投资组建一家项目公司负责中亚天然气管道的整体运营，那么就各方利益诉求的前期谈判将是一个漫长的过程，这意味着28个月建成通气的目标将无法实现。这条管道的建成既能满足资源国的能源战略安全要求，又能带动两个过境国的经济和社会发展，因此，对中亚三国而言，由这条管道带动的社会和经济发展的效应是巨大的，极具吸引力。中亚管道公司同时也注意到，三国彼此间存在一定的民族矛盾和文化差异、较为紧张的国家关系以及在技术标准和商务规则上的差异，这些因素都会严重影响管道的建设和运营，必须给予高度重视。基于此，中亚天然气管道项目创新性地提出了两个过境国分段进行建设和运营的管理模式，即在边境计量站将天然气资源买断，并将境内外管道建设与运营、天然气的买卖与上游资源勘探开发分开，分别在乌国和哈国成立中乌、中哈合资公司作为管道建设和运营主体。较之多边谈判，双边谈判更容易达成一致，可大幅缩短谈判周期。

分别成立中乌和中哈合资公司巧妙回避了中亚国家关系紧张带来的敏感问题，并且将上下游的风险分散在项目不同阶段，用短短6个月时间完成了国际同类项目需要2至3年甚至更长时间才能完成的法律层面的谈判工作，最终按照分国分段实施的原则，分别与乌国和哈国签订了双边的政府间协议和企业间协议。中亚天然气管道的建设由此形成了一种"双边协议"新模式。

9.2.3 跨国多边协作

"双边协议"模式下，管道建设和运营分国分段进行，天然气买卖与上游资源勘探开发分别进行。但各方毕竟在同一条管道上，上、中、下游公司之间相互制掣，加之各公司分属于不同的国家，由此形成了"双边协议 + 多边协作"的格局（图9-7）。这种格局在前期降低了组建合资公司的难度，却增加了后期协调的难度，但后期协调的谈判对中亚管道公司而言有充分的时间。双边协议下的多边协作是统筹项目建设与运营、形成共同体合力的关键。

为了保证管道顺利建设和畅通运营，必须创造一个"目标统一、责任共担、协调有力、合作共赢"的运营环境。经过探索与协商，中亚天然气管道项目在无统一法律和合同约束的条件下明确了涵盖购气、供气、输气等相关方的权力、责任和利益，在四国七方各自之间商务合同的基础上建立了一个跨多国联合调度的工作机制，即土、乌、哈、中天然气管道"运行协调委员会"，涉及土库曼斯坦国家天然气公司、阿姆河天然气公司、乌兹别克斯坦亚洲输气公司、哈萨克斯坦亚洲天然气管道公司、中国

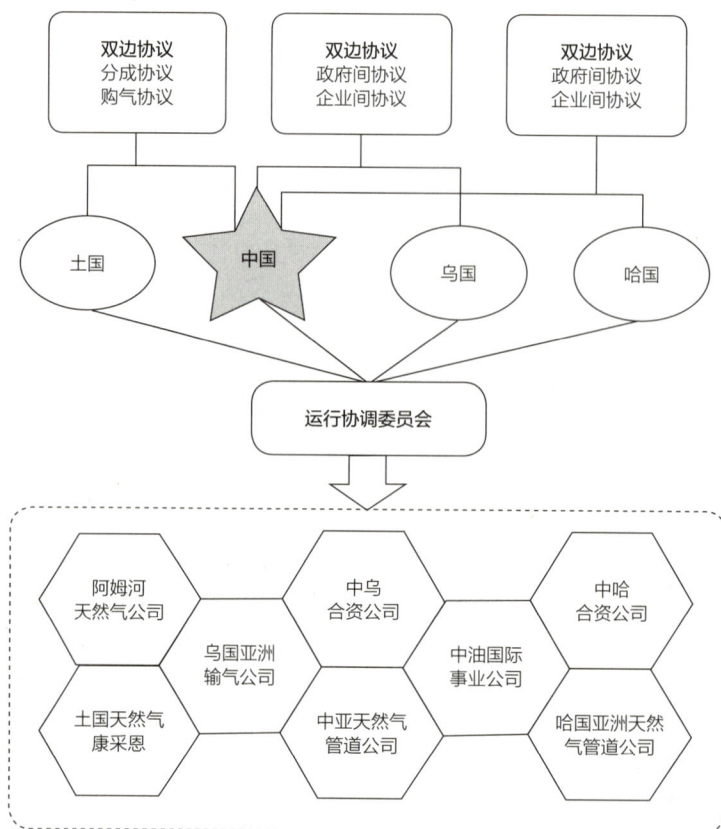

图9-7　四国多方协调机制

石油国际事业有限公司、中国石油北京油气调控中心和中亚管道公司七家公司。"运行协调委员会"以协调工程运营过程中的技术和操作问题为主，对管道运营中的分歧与冲突进行集中统一管理。在此平台上，以中方为主，建立全线联通制度，可以保证顺畅的沟通协调，实现未来管道的平稳运行。随着更多的利益相关方融入中亚天然气管道的大协调环境，中亚管道公司创建的"四国七方跨国协调机制"变成了"四国多方跨国协调机制"（图9-7）。"运行协调委员会"为多边协作奠定了组织协调基础，将土、乌、哈、中四国的责任、权力与利益紧紧相连。

中亚天然气管道是世界上第一条由多个法律主体分别建设和运营的跨多国长输管道。"双边协议+多边协作"模式快速破解了建设期因无法律实体而阻碍管道建设的困境，但同时也带来了在运营期间出现变化时，各法律主体因利益冲突产生的多边协作困难。成立"运行协调委员会"形成的四国多方跨国协调机制顺利化解了这一难题，实现了双边协议与多边协作两种运行机制的优势互补。

9.3 合资公司组织设计与管控创新：中方引领，真诚合作，实现共赢

中亚天然气管道项目的投资超过100亿美元，且主要出资方是中方，中方对项目，特别是项目工期的重视程度远远超过其他方。分国分段建设与运营的模式使得土、乌、哈三方相对独立，而中方则成为联系各方的枢纽。要想按计划实现项目预期目标，中方必须引领各方共商、共建合资公司，同时共享合资公司产生的利益，这些特殊的情境使得中方必须承担引领者的角色。同时，各合资公司也都建立在中方与当地公司签订的双边协议之上，中方在多边协作中必须扮演核心协调者的角色，共商解决问题的策略。

为此，中亚管道公司提出"中方引领、真诚合作、实现共赢"的思想实现对合资公司的引领（图9-8）。由于中方是管道的主要投资者，加之中方处于各方沟通的枢纽地位，这决定了中方的引领角色；真诚合作是指尊重彼此的利益关切，尊重对方的社会制度和社会习俗，包容对方的失误；实现共赢是在尊重包容中，形成团结和谐的合资公司文化氛围，共同进行价值创造，实现各方联合收益的最大化。

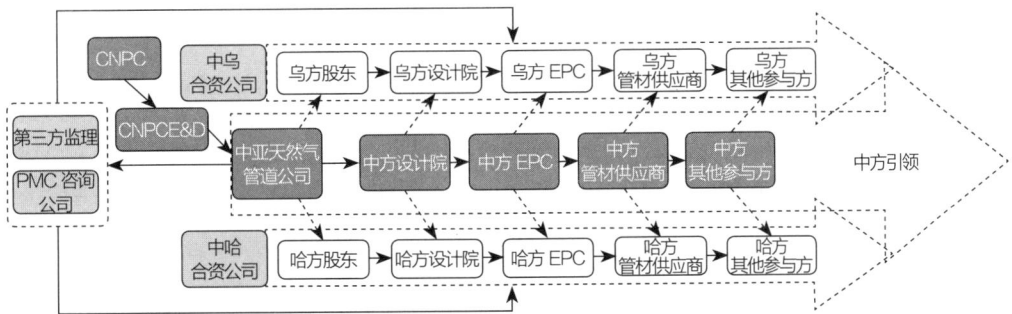

图9-8 中方引领的项目管控模式

9.3.1 合资公司股权与组织结构设置

（1）当地法律下的对等股权设置

合资公司中的股权占比决定了一方对合资公司控制权和决策权的大小。

哈国法律明文规定，哈国公司与其他外国公司投资组建合资公司时，外国资本不能占到股权的50%以上，这对中方控股构成了实质性的障碍。管道过境国在合资公司

中所占股比超过50%，会严重降低中方对管道运营活动的话语权和控制力，引领作用更是无从谈起。另外，管道投资额巨大，以当地公司的实力不可能在合资公司中投入大额的资本金，这也为合资公司的融资产生障碍。因此中方借鉴中哈原油管道的合资模式，极力争取合资公司股权，经过多轮艰苦谈判，最终中哈合资公司的中外方股权比例确认为50∶50，这是依据东道国法律中方能争取到的最大的合资公司股比，形成了对等股权。

乌国法律对合资公司的规定与哈国相同，基于中哈合资公司达成的对等股权协议，中乌合资公司也采用了50∶50的股权设计。

对等股权是在遵守当地法律条件下形成的一种对中方比较有利的合资公司股权设置，为中外双方的真诚合作、互利共赢建立了股权基础，同时实现了责任共担并合理保护了投资各方的共同利益。

（2）超短工期目标下的组织结构设置

在对等股权下，中外双方对关键职位一般拥有对等的提名权，合理有效地组织控制是实现中方股东对合资公司以及合资公司对项目实质性管控的重要途径，建立双方共同接受并满足合资公司经营发展需要的组织结构是双方互利共赢的根本保障。中亚管道公司更关注建设工期目标，因此在对等股权下，可以争取对建设期的管控决策权，以实现中方引领。

中亚管道公司通过以下方法实现对合资公司的组织控制，并进而控制建设期（以中哈合资公司为例）：1）安排总经理职位。总经理负责管理公司的全部事宜，掌握公司的日常运营和实际权力，中方建议由哈方任总经理。同时，为了保证中亚管道公司在项目建设期间的目标，确保项目按时保质投产，中方以主控项目建设为重点，借助PMT项目管理平台，坚持中方人员出任第一副总经理兼PMT Leader。2）控制关键职能部门。采购、技术、文控等部门是项目建设阶段的关键部门，中方坚持由中方人员出任PMT主要部门的部门经理，外方人员出任部门副经理，形成了以中方人员为主要力量的建设管理团队。通过对合资公司机构设置和岗位权限的设置以及派入股东方员工的方式，中亚天然气管道项目保障了股东的核心利益和建设过程中的中方引领，提高了中方在项目建设过程中的话语权和决策权。在双方对等的人员配置原则指导下，中外双方扬长避短、各司其职，同时又在尊重对方的"双签"机制下共同决策，在合资公司形成了责任、权力与利益均衡机制。

9.3.2　中方引领下的合资公司项目管控

为了确保工期目标，中亚管道公司对派驻合资公司的中方人员实施"中方项目部"式的行政管理，构建海外投资项目的管控体系。以"中乌天然气管道项目"和"中哈天然气管道项目"引导对方，形成合资公司对管道工程建设期的高效管理，如图9-8所示。

合资公司股权治理体现在合资公司运行所依据的与东道国签订的股东协议、合资公司创建协议以及公司章程等方面。董事会、监事会和审计委员会是股权治理的重要机构，股东对合资公司的治理具有强制执行性，股权比例、合资公司组织结构、合资公司章程使中外合作伙伴在框架内相互制衡，互利共赢。

中方项目部的管理主要依据中亚管道公司制定的各类管理规定，通过战略方向的管控、业务职能的管理以及关键人员的选派维护中方核心利益。通过包括建设管理、技术管理、运行管理、人力资源管理等在内的行政和职能管理，将中方股东的意志传递给中方项目部，再通过中方人员的具体工作将中亚管道公司的战略意图落实到中亚天然气管道项目的建设与运营中，实现合资公司工作中的中方引领。

合资公司股权与组织结构设置为中亚管道公司对海外合资公司和海外项目的管控提供了股权和组织基础，也是实现在合资公司所构建的跨国工程共同体下中方引领、推进工作的重要前提。在"十三五"发展新阶段，中亚管道公司正在推进管理方式转变，逐步实现由管中方项目向管合资公司转变。合资公司是海外业务的成本和利润中心，通过股权治理实现母公司对海外合资公司的管控更加直接，是合资公司健康运行和持续发展的重要基础。

中方一体化的优势为中亚天然气管道项目的顺利推进提供了保障，中方利用己方的资源和组织优势，形成了在技术标准、设计方案、管材、设备、施工管理、关键工程以及投产试运等方面贯穿项目全生命周期的主导和引领态势，在项目前期和实施过程中进行科学决策，利用中方资源形成中方引领现实的基础，为项目攻坚克难提供了坚强后盾，为项目的成功与跨国工程共同体的构建提供了强有力支撑。

中方引领作用主要体现在：1）发挥中亚管道公司主导地位，未雨绸缪、统筹协调，对外方的利益诉求进行深入分析，建立行之有效的制度框架，最大限度地协调中方核心利益与外方利益；2）发挥中方管材供应商的主导和推动作用，通过中方管材供应商的积极主动和充分供应带动外方管材供应商加快供货速度，保证了工程的顺利开展；3）发挥中方设计力量的带动作用，实行联合设计并勇于突破设计标准和设计方案，保障项目质量与进度；4）发挥中方EPC承包商的主导和带动作用，通过合同规定，促使外方EPC承包商积极按照合同工期开展工作，并为其提供技术支持，保障项目按时完成。

9.4 中亚天然气管道项目管理模式创新：PMT＋PMC＋TPI＋EPC

中亚天然气管道项目只有28个月工期，面临时间异常紧迫、资源严重不足、政治和商务环境极其复杂的严峻挑战。中方提出"统筹安排、强化协调、抓大放小、死保节点"的十六字工作方针，在保证中方核心利益不动摇的前提下，创新性地提出"PMT＋PMC＋TPI＋EPC"的项目管理新模式，以实现工期目标。

9.4.1 充分发挥和引申各参与方的作用

（1）PMT

合资公司是工程建设运营的执行主体，是法律上的业主，股东是合资公司的决策主体。中方股东努力发挥引领作用，扮演"影子业主"的角色，即在合资公司中派驻中方人员组成了隐形的"海外项目部"模式（图9-9），在建设期的关键问题上确保中方决策的一致性，从而引导合资公司的决策以及主导决策的执行。PMT在合资公司成立前后扮演了不同的角色。

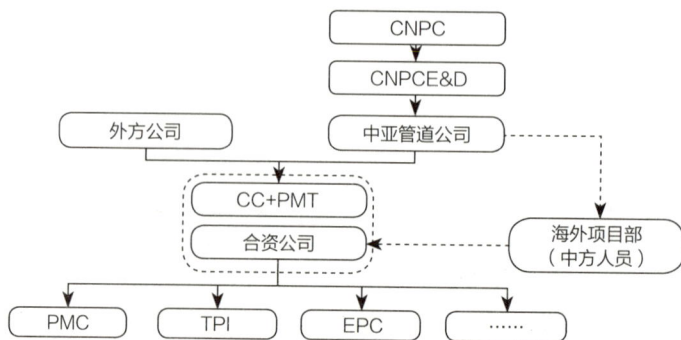

图9-9 中亚天然气管道项目海外项目部模式

"CC+前期PMT"模式：在合资公司建立之前，中方积极与乌、哈两国合作伙伴沟通并取得对方理解，采用CC（项目协调委员会）和前期PMT（业主项目管理团队）开展先期工作。CC负责重大事项的决策，前期PMT负责执行决策。一方面中方积极推进组建合资公司的谈判，另一方面前期PMT依托中方在当地的机构和资源，开展项目可行性研究报告编制和线路详细勘察，提前组织初步设计。由于中方为主先期完成了主要工作内容，在很多方面成功地引导了对方。

"股东+合资公司"模式：2008年初，合资公司在前期PMT的基础上成立。PMT角色在中哈合资公司中得到保留，而在中乌合资公司中PMT职能直接转入合资公司中的相关部门，但中方仍在实质上掌控建设期的决策。合资公司的决策权限在公司成立后受到了更加严格的限制，重大事项均由股东大会决定、合资公司执行。中方股东一方面积极说服外方股东设置工程的关键节点，保证工程按期开展；另一方面充分利用合资公司的中方人员，推动合资公司执行相关决策。中方股东的引导地位使其在项目准备、建设实施和运营中都对合资公司产生了重大影响，实现了合资公司的价值创造，中方的核心利益也得以实现。

（2）PMC咨询机构

中亚天然气管道项目通过国际竞标，选择国际咨询公司（德国ILF）作为项目管理咨询机构（PMC）。首先，业主对传统PMC的职能进行了拆分和比较严格的限制，PMC并不参与工程全方位的决策，这一职能归入PMT（业主）的职能范围。其次，中方股东发挥引领作用，对PMC形成决定性的影响力，可以在中方股东需要的时候，由PMC从独立第三方角度阐述其观点，以影响外方股东决策。中方股东利用PMC在技术与管理方面的权威，成功地解决了中方股东与外方股东在技术标准、操作规范等方面的分歧，消除了外方股东不合理的诉求。例如，在项目上采用螺旋焊缝钢管。

（3）第三方监理

中亚天然气管道项目通过国际竞标，选择英国Moody公司作为第三方监理，开创了乌国引入第三方监理的机制的先河。业主根据实际情况对第三方监理的职能进行了延伸，全方位地利用第三方监理对于承包商、供应商（包括承包商的供应商）甚至下游分包商进行管理。对于关键路径设备，通过驻场监造保证质量，通过催交催运保证工期，从而将业主的管理贯穿于整个工程的管理链条。

（4）EPC承包商

在关注对方合理利益的前提下，业主创新性地利用中方EPC承包商的技术和管理优势对外国EPC承包商形成制衡。例如，在竞争性投标阶段，利用中方EPC承包商的合理低价，在价格上形成了对外方承包商报价的制衡；在项目实施阶段对外方起到了传帮带的作用；同时，做好备用方案，一旦外方未能按照计划和要求完成关键节点，中方EPC可以随时接替，保证工程的进度和质量。

9.4.2 以我为主，引导对方，实现工程各参与方协调配合

图9-8显示了中亚天然气管道以中方股东为引领的各参与方组织协调关系。

（1）中方股东在项目决策中的引领地位

中方股东在项目决策中的引领地位主要表现在以下几个方面：

1）中方股东通过外交途径积极推动了外方政府法律和商务合同的批准进程。在组织报批过程中，积极主动，有问题及时跟踪处理，使相关文件能很快得到批复。

2）在项目前期，中方股东组织国内外单位与外方多次交流和研讨，最终使外方股东接受了"单管变双管"、"直缝变螺旋缝"的技术方案，实现了中国技术标准"走出去"。

3）中方股东积极对PMC和第三方监理施加影响，使其能够为业主所用，能够按照中方股东的意志消除分歧，统一标准。

4）中方股东发挥设计引领作用，积极组织中方的设计单位介入项目，提早开展可行性研究、初步设计和详细勘察，对推动外方股东执行合资公司决议，统一中乌、中哈段的工程技术标准起到了重要作用。

5）中方股东在维护国家和业主方利益的同时，切实帮助中方参与方排忧解难。中亚管道公司与中国政府与外方政府多次协调，解决了中方EPC及其他中方承包商的劳务许可问题，这是中国石油在哈国历史上第一次主要依靠项目公司解决施工单位劳务指标问题。同时中亚管道公司与铁道部、海关总署积极沟通，帮助中方管材供应商解决管材、设备的运输通关问题。

6）中方股东始终以管材供应商和EPC承包商管理为重点，在设计、施工、采办、控制等PMT关键部门和岗位始终控制管理权，并由此确保了对外方管材供应商和EPC承包商的有效管理。在关键控制性节点工程中，中方股东指派业主代表常驻现场，有效地协助了EPC承包商的现场施工。同时，中方股东利用外方EPC承包商参加中石油的其他项目对其施加影响，也保证了中亚天然气管道项目的顺利实施。

7）中方股东充分利用集团公司的资源，对GE以及阀门供应商等核心设备的国际

供货商进行监督，确保设备符合质量标准和按期供应。

（2）中方EPC的引领作用

在项目建设中引进中方队伍是保证建设工期的重要措施。首先，中方EPC承包商高效集结人员和设备，保证了任务的快速、高质量完成。为了调动外方EPC承包商的积极性，合资公司与EPC承包商通过合同约定，如其未能按期完工，合资公司将重新分配工作量，由其他承包商来施工，这促使外方EPC承包商严格按照工期开展工作。同时，在工程的关键节点上，中方EPC承包商主动为外方EPC承包商提供技术支持，带动他们按时完成任务。

（3）中方管材供应商的引领和推动作用

中亚天然气管道项目管材供应任务重、困难大。中方管材供应商通过提前锁定管材，做好制管、运输准备，确定合理的运输方案保证中方的管材供应。合资公司与供应商通过合同规定，若供应商未能按期供货，则不足部分由合资公司另行安排供应商，中方供应商的积极主动、充分供应，也带动外方的管材供应商加快供货速度，保证了工程的顺利开展。

9.5 制度环境与制度压力应对：过境国制度突破+公司管理制度创新

中亚天然气管道项目横跨四国，各个国家的制度环境存在显著差异，这无疑会影响项目能否成功实施。该项目是土、乌、哈、中四国首次开展跨境天然气管道的建设与运营合作，中亚管道公司面临着同时来自四个国家的制度压力，唯有制度创新才能化解压力，实现合作共赢。

制度创新的核心内容是国家的社会政治、经济和管理等制度的革新，是支配公司（或组织）行为和相互关系规则的变更，是公司（或组织）与其外部环境相互关系的变更。这些创新是国际市场需求和国家经济发展需求的结果，并将进一步激发公司（组织）的创造性和积极性。制度创新的目的是增加合资公司在当地经营的合法性。

制度环境包括三个要素：规制性制度、规范性制度和文化认知性制度。由这三大要素构成的制度对组织形态、结构或行为有重要影响，这种来自于制度的要求和影响

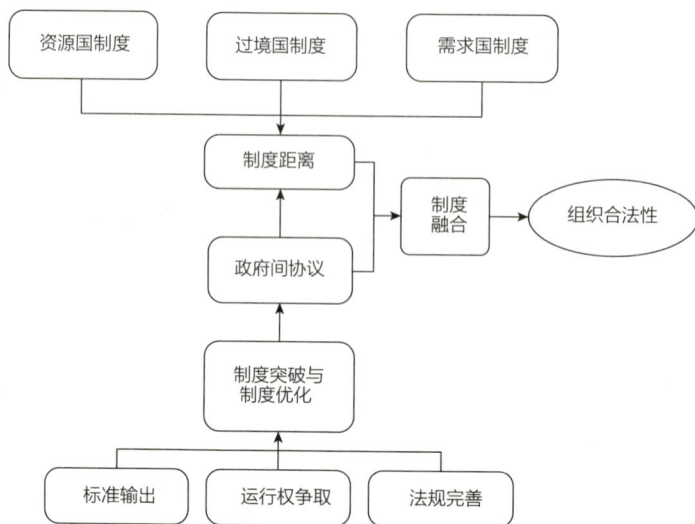

图 9-10 制度压力应对与组织合法性

就是制度压力。组织在面对制度压力时可能采用顺从、妥协、回避、抵制、操纵等五种应对策略，这五种策略与制度压力的对抗程度逐渐增强，从被动的顺从策略到主动的操纵策略逐渐过渡。

在中亚管道工程建设过程中，中亚管道公司需要恰当应对来自不同国家的制度压力，以增加合资公司在当地经营的合法性。中亚天然气管道项目的实施既涉及国家层面的制度，也受到合资公司制度的影响，其制度创新涵盖了国家制度和公司制度，如图9-10所示。

9.5.1 过境国的制度突破

任何一个项目都会受到其所处的制度环境的影响，项目所在国政府通过制度约束来塑造项目，而跨国投资公司也常常要求完善或改变现有的制度以增加项目的合法性，有效推进项目。项目的投资方需要理解并有效应对来自东道国的规制性制度、规范性制度以及文化认知性制度的压力。中亚天然气管道项目同时受到了四个国家制度环境的影响，这种多元制度环境带来的压力是跨国能源基础设施投资项目的主要特征。

中亚管道公司从一开始就关注到土、乌、哈三国不同的制度环境，并识别出对中亚天然气管道项目建设与运营可能产生的风险，秉承共建跨国工程共同体原则，分析规制性制度的刚性、规范性和文化认知性制度的柔性以及制度压力的产生时机，主动应对制度压力，勇于突破、敢于创新，恰当地选取制度压力的应对手段，以保证合资公司经营的合法性，进而实现项目目标。

（1）规制性制度的完善

过境国乌国和哈国的法律制度为中亚天然气管道项目的实施带来了挑战。乌、哈两国法律对中、乌公司之间和中、哈公司之间的投资合作模式的规定或存在空白，或无法适用现行的法律，必须通过创新法律制度实现中乌公司、中哈公司之间的合作，这种对现行法律制度的突破是通过签订政府间协议实现的。乌国和哈国通过议会批准了政府间协议，形成了新的法律制度。例如，中方提出的分国分段建设和运营中亚天然气管道项目，明确写入了政府间协议，包括CC和PMT的设立及职能、权限定位等。

关于EPC合同招标，哈国的采购法（政府采购法和国有企业及国有企业控股公司采办条例）规定必须以公开招标为原则，但这两个法律都不适用于中哈合资公司（AGP）的采购。为此，政府间协议中对采购做出新的规定，且经哈议会批准后，该规定超越哈国法律而存在。故哈国段管线EPC合同的招标采用的是封闭招标，首先进行调研选定短名单，再由股东大会批准短名单，从短名单中最终选定EPC承包商。

（2）规范性制度创新：中国标准输出

中亚国家受苏联的影响，在管道工程建设中通常采用俄罗斯标准。中亚管道公司在与乌方和哈方就管材标准谈判时，创新性地提出"采用当地标准以及不低于当地标准的国际标准"，中外双方就此达成一致，为中国标准的输出埋下伏笔。

在管材标准选择和供应渠道的谈判中，中方通过充分的技术论证、比选和交流，成功说服外方采用国际标准，接受螺旋焊缝管的技术方案，避免了对外方管材供应的完全依赖。最终，将近50%的管材由中方生产和供应，管材供应渠道掌控在中方手中，保障了中亚地区管道项目的管材供应。此外中亚天然气管道的建成也打破了中亚地区一直采用俄罗斯标准和直缝管技术方案、无10MPa及以上高压管道、无高于X65等级管材的惯例，在提升中亚整体管道技术水平的同时也将国际标准下的中国先进技术输出到中亚地区。

为推动中方认可的标准在项目所在国及合资公司的交流和应用、提升中方在合资公司的技术引领权、话语权和影响力，中亚管道公司先后完成129项技术标准手册的英俄语翻译，并推动合资公司成立专业技术组，通过以中方技术组引领合资公司技术组的方式，推进技术标准的修改完善以及版本升级。目前，中亚管道公司各职能部门组织编制的很多专业标准，因其针对性强已经在合资公司逐步开展推广应用，形成合资公司标准手册，实现技术标准的落地实施，如《中亚天然气管道工程用热轧钢板技术条件》等22项技术标准已在AB/C线建设期间实施；管道运行系列标准已下发各项目，组织开展技术标准翻译并在合资公司层面试行；《HSE管理标准》已经发布至各海外项目，并开展先期宣贯。

（3）规范性制度创新：项目运行权

保证合资公司的运行主体地位既是共建跨国工程共同体的重要手段，也是中亚天然气管道平稳安全运行的关键，是保障我国的战略核心利益与利益相关国的长期能源战略安全的重中之重。

乌国和哈国境内的天然气管道一直沿袭由过境国天然气运输公司垄断运行的管理方式，A线主体焊接完工时，哈方单方面提出要以签订有偿服务合同的形式，委托哈方股东下属子公司ICA负责中哈天然气管道运行及管线、压气站设施运行维护工作，直接挑战中亚天然气管道由合资公司掌握的运行权。但是，中方在合作之初便预先谋划，在政府间协议、企业间协议以及可研、初步设计等相关法律和技术文件中已经明确了管道运行权问题，从而在运行权谈判开始时就占据了主动。面对哈方的运营权挑战，中亚管道公司迅速反应，明确哈方真实意图并按照"求大同而存小异，求大益而弃小利"的原则，在政府间协议、企业间协议等法律框架内合理运用协调、谈判、行使股东权等手段，与哈方就管道运行模式进行谈判。在中方的据理力争和科学分析下，哈方最终同意中哈合资公司在哈国段管道的运行法律主体地位，ICA或哈方当地公司提供管道日常运行管理服务。

在无法实现合资公司控股的情况下，中方通过建立跨多国运营协调机制实现运营掌控，打破了哈国境内能源资产需由本国运行的限制，首次在中亚地区获得管道项目独立运行许可资质，从而改写了途经国境内管道只能由该国运行的历史，保证了管道的长期平稳运行与各方共同发展。

（4）制度压力应对：借力政府高层

中亚管道公司通过多方推动和协调，借助政府高层的力量解决项目筹备和建设过程中过境国与中国的制度距离带来的系列问题。

合资公司成立阶段，在完成了股权谈判和合资公司注册谈判后，中方出面在乌国申请了专门针对中乌管道项目颁发的总统令，在哈国则通过哈国议会批准了已签署的中哈政府间协议，在乌国和哈国形成强大的政治压力，推动所在国政府的相关部门加快法律和商务合同的批准进程。

面对哈国的劳务签证限制，中方采用了操纵的制度压力应对策略，引导哈国政府接受中方的价值观念，并表达了双方的共同利益诉求，中方外交部、大使馆先后出面，甚至利用国家领导的出访，有效争取到了劳务签证，化解了该制度压力。

面对乌、哈两国的制度差异，中方在税务筹划过程中遵守哈国制度规定，努力实现非侨民税的减免；而在乌国则积极争取获得总统令以实现消费税的豁免。

大型跨国能源投资项目为投资主体带来了多元制度下的挑战，保持与当地制度环境的契合是组织获得合法性、确保项目成功和可持续发展的关键。投资主体在受到过境国制度约束的同时，不能拘泥于过境国法律和规范的约束，必要时可以与施压方合作，在双方互利共赢的原则下共同商讨制度压力的应对策略，为过境国制度的完善做出积极的努力。

9.5.2　公司管理制度创新

为了实现项目的有效推进和合资公司的持续发展，中亚管道公司完成了合资公司一系列的制度建设与创新，建立了对管道项目建设的管控制度，建立和完善了国际工程人才培训制度。

（1）跨国管道项目管理体系

中亚天然气管道项目在建设实施过程中形成了一套完整的项目管理体系，完成《中亚天然气管道项目管理手册》编制并形成了一体化的中亚天然气管道项目管理平台，使中亚管道公司的项目建设管理更加国际化、标准化和规范化。项目管理体系针对项目全寿命周期内各管理要素规定了主要管理控制点，是中亚管道公司实施对海外合资公司管控和海外项目管控的主要依据。

《中亚天然气管道项目管理手册》为中亚管道公司的管控提供了指导，通过明确中方管理事项及流程使中亚管道公司能够及时、全面、准确地掌握和监控在建项目的全周期、全方位综合信息，并完成合资公司对项目的管理活动。在项目管理体系的管控下，中亚管道公司发挥业务管理、控制与服务职能，总部业务部门将对合资公司的对口部门进行业务管理，并通过对其进行业务考核的方式来强化管理。

中亚管道公司着力做好管理体系顶层设计，对合资公司以及项目进行过程管控、结果管控以及社会化管控：1）过程管控旨在厘清公司总部、中方项目、合资公司的职责与定位，明确项目全周期内各项管理活动的工作程序和界面，形成一体化的项目管理平台；2）结果管控依托项目管理体系并结合绩效考核机制，对项目管理执行结果进行全方位的绩效考核和评价，进一步优化项目管理过程，充分激发合资公司中各方的积极性、主动性和创造性；3）价值观及企业文化控制是对合资公司进行社会化管控的手段。合资公司人员的培训是社会化管控的有效手段，价值观和管理思想的宣贯有助于使合资公司员工在思想上产生对母公司的认同感和亲近感。

（2）全过程质量制度保障，HSE管理持续精进

质量与职业健康、安全和环境（HSE）管理是工程建设永恒的主题。中亚天然气管道项目重视质量和HSE管理，善于吸收先进的管理经验，并结合项目特点与需求建立起完善的项目质量管理体系和HSE管理体系。

作为能源民生工程，中亚天然气管道建设秉承"安全源于设计、安全源于过程、安全源于控制"的管理理念，贯彻全面质量管理的思想，在满足规范、标准的基础上抓关键质量控制节点，兼顾各个环节形成全企业、全过程和全员参与的质量保证体系与严格的质量管理监督体系，同时利用国际知名公司ILF和Moody的技术优势和权威性，通过PMC审查、会审制度、程序审批、现场监督、监理驻场及严审资质完成工程规划、决策、设计、施工、竣工过程的质量把控，保证管道在全生命周期中的质量安全。

中亚管道公司引入中石油完善的HSE管理理念和体系，借鉴国际先进的杜邦公司管理体系，在结合当地法律之后贯彻进合资公司的管理工作中，确立"以人为本、预防为主、全员参与、持续改进"的HSE方针，确保了HSE管理和控制指标的实现。

9.6　合资公司文化建立与变革：文化融合与人才培养

文化被视为政治、经济、军事之外的第四种战略力量，文化通常被理解为人的生活方式和工作方式。中乌和中哈合资公司的中方员工与当地员工一起工作，由于生活国度各异，其工作方式也会不同。这种差异为合资公司不同国别的员工如何协同工作以实现公司目标带来了挑战。中亚管道公司在识别文化差异、发展文化认同的基础上，通过文化融合实现合资公司企业文化建立与创新，解决跨国情境下由于多元文化差异所产生的各种矛盾和冲突，将不同文化背景的员工凝聚在一起，实现合资公司员工的有效沟通与协作。

9.6.1 跨国文化差异与融合

（1）正视差异，尊重和宽容

在责任、权力和利益共同体下，中亚天然气管道项目强调共商、共建和共享。各参与方本着共同发展、互利共赢的愿望展开合作，正确识别和对待文化差异。中国与乌国、哈国存在较大的文化差异：乌国共有134个民族，乌兹别克族占78.8%，塔吉克族占4.9%，俄罗斯族占4.4%，哈萨克族占3.9%，大多信奉伊斯兰教，为政教分离的伊斯兰国家；哈国有125个民族，其中哈萨克族占64.6%，俄罗斯族占22.3%，乌克兰族占3%，主体民族哈萨克族信仰伊斯兰教（约占人口总数的69%），第二大宗教是东正教（约占人口总数的30%，主要是俄罗斯族），施行世俗化的治国方针，奉行政教分离政策。相较于乌国，哈国有更高的对外开放度。中亚国家的宗教风俗习惯较多，如做礼拜、斋月等。早晨见面握手也是当地一大习惯，如果见面不和当地员工握手，对方会以为瞧不起他，即使人多时也要认真和每一个员工握手，不能拒绝和排斥。

中亚天然气管道属于能源项目，中方、乌方和哈方股东都为国有企业，合资公司中的员工既是合资公司中的一员，同时又代表着本国公司，这种双重角色也常常形成对立和冲突。如在工作方式上，哈方的合作是反向方式，中方往左，哈方则一定往右，但不是绝对的反对，只是为了弄清中方的意图，之后通过更进一步地沟通，寻求一致的目标和解决方式；乌国的合作则是三角形的方式，中方提出一种方案，乌方不是直接否决，而是想尽一切办法提出不跟中方完全一样的另一方案，双方再经过多次的协商，再回到最初的目标点上找到解决的方案。不管是乌方还是哈方，这种差异性沟通方式的共性在于双方之间并没有完全融合在一起，依然存在一定的隔阂。

组织文化对公司的业绩有极大的影响，优秀的组织文化能够营造出良好的组织环境，提升员工的文化素养和道德水准，形成组织凝聚力、向心力和约束力。中乌和中哈合资公司不但要在文化差异下建立跨国的公司文化，而且还要将这种跨国文化明确地表现出来，以体现企业的价值观。这种价值观不仅要具备区别于其他公司的独特性，还要与中国、乌国、哈国的特有习惯区分开来，强调对文化差异的尊重和宽容，同时解决文化之间的相互认同问题。

在与乌、哈两方合作过程中，中方主动适应当地文化，充分理解并尊重双方的工作风格差异，尊重外方股东在管理方式、方法和理念上与中方的差异，同时也表示出善意与包容，耐心解释和积极引导对方，在维护合资公司利益（即中方的核心利益）的同时，努力实现乌方和哈方的利益诉求。

（2）文化认同，融合创新

在充分了解并尊重文化差异的基础上，中方倡导文化融合，并在具体操作上实施"我们是一家、不分彼此"的跨国文化管理策略，建立具有高度包容和适应性的合资公司跨国文化，即建立既能够适应乌国、哈国特定社会文化环境，又具有本合资公司特色的多元文化相融合的企业跨国文化，只有这样才能减少合资公司在运营中的冲突，使得每个员工能够把自己的行为方式同合资公司价值观和目标紧密结合起来，有利于中乌和中哈合资公司的可持续发展。

例如，在中乌合资公司的文化建设中，中方努力打造以"尊重、包容、团结、和谐"为核心的"合金"文化（图9-11）。合金文化的四个层面层层递进：首先，要尊重当地的宗教与文化习俗、社会制度以及当地人民；其次，要包容对方和帮助对方，对当地员工不懂或者做错了事，在尊重和包容的前提下善意引导和帮扶，提升其管理水平；第三，在尊重和包容的前提下提倡团结，合资公司是一个共同的家，每个人只是分工不同，做好本职工作的同时，也要相互配合和协作，在公司中强调团结和互补，不明显区分你们和我们；最后是和谐，中方与乌方、哈方的合作关系不能是焊接在一起的关系，而是两种文化经过化学反应后的融合，从而形成一种新的"合金"文化产品，打造出更高层次的、全新的、和谐一体的合资公司文化。合金文化的提出正是希望把不同文化中最优秀的地方融合起来使之拥有金子般闪亮的品质，并将这种合金文化融入企业的运营管理中，促进合资公司健康发展。

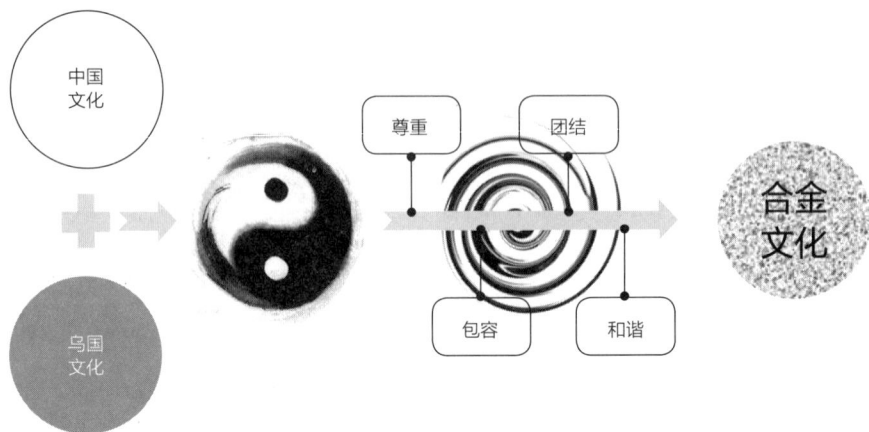

图9-11 合金文化的打造过程

在提出合金文化的同时，中乌天然气管道项目面对各种复杂环境下的急难险重任务，开拓创新、攻坚克难，将大庆精神、铁人精神和中亚管道公司"智慧+拼命"的海外创业精神逐步属地化，形成了项目独有的"踏实干（塔什干）精神"，其基本内涵是"踏实做事、干净为人"。中方内部也提倡一帮一、师傅带徒弟的模式，通过潜移默化的影响，一代代地传承与沿袭，形成了一个良好的整体风气。

又如，中哈合资公司着力打造以"尊重、平等、合作、共赢"为核心的企业文化，即以尊重为前提，尊重当地的风俗文化和工作方式，尊重外方的利益诉求；以平等为基础，搭建中外双方平等交流、平等对话的平台；以合作为手段，合力完善合资公司制度建设和推动项目实施，合力创造文化融合的机会；以共赢为目标，秉承互利共赢的态度创建共赢氛围，实现共同发展。

文化沟通是实现文化融合与创新的重要手段。为促进中外双方文化认同，合资公司鼓励中外员工之间多沟通、多联系、多交流，语言技术培训、员工关爱、联谊活动等多项活动有效推动了合资公司的文化建设。合资公司鼓励外方员工学习中文，同时鼓励中方员工学习俄语。工作中"师傅带徒弟"的模式也出现在中外员工之间，中方员工将自己的知识和技能传给外方的徒弟，帮助其提升管理水平；合资公司也经常组织各种形式的集体活动，邀请中外所有员工及家属参加，以轻松的互动活动营造融洽的沟通氛围。合资公司尊重外方员工的宗教习俗，在饮食上分中、外两个食堂，每逢遇到哈萨克斯坦的节日，公司会放假并为外方员工发放过节费；在当地员工婚嫁时，也会接受邀请送上一份代表同事间真情友谊的贺礼。合资公司尊重当地的体育文化，如足球文化，在中乌合资公司建立中乌方混编足球队，同时部门之间交叉组队，以踢足球为契机加深中乌双方从高层管理层到普通员工之间的了解和沟通。合资公司利用节假日组织郊游、宴会、晚会等多种形式的集体活动，邀请所有员工都参加，并欢迎带上家属，鼓励大家表演节日。随着大家互相之间熟悉加深，很多员工主动尝试去表演其他民族的节目，有些当地员工学唱中文歌，一些中方员工学习朗诵俄文诗歌、演唱当地歌曲等。同时，中外员工间也形成了一种默契，在工作场所不谈宗教和政治，专心做好工作。为促进融合，中外双方的员工在住宿上施行混住方式，倒班村的每一层楼都住有中方和外方的员工。

无论是中乌合资公司还是中哈合资公司，都存在着亚文化，即中方项目团队和外方项目团队形成的反映各自所属国家特征的亚文化，这是员工双重角色所致。这种亚文化会持续很长时间，但随着主流合资公司文化的形成和发展逐渐弱化。

9.6.2 合资公司人才培养

合资公司人员来源渠道广、劳务形式多，且中亚地区官方语言为俄语，而在中国，俄语为小语种，绝大部分人员学习的是英语，这无疑增加了中外方人员工作融合的难度，面临技术、管理、商务等多方面的融合问题。中亚管道公司从建立之初就关注到中外的融合问题，通过建立跨文化的员工培训与交流体系增进彼此的了解与认同，进一步引导建立新的、和谐的合资公司文化，统一员工的管理和实践认知，提高工作效率。

在AB/C线的建设过程中，多次组织外方专家团队到中国参观访问，在了解中国文化的同时，通过到现场实地考察中国境内已经建成的管线，促进外方了解中方的先进技术和管理水平。对合资公司的外方员工则在国内和当地投资办学开展员工培训，建立起日益完善的合资公司员工培训制度，规范中亚管道公司对合资公司培训管理的指导原则，搭建国际领先水平的培训体系框架，图9-12所示为公司人才成长框架图。中亚管道公司的人才培养模式在提高员工工作能力的同时，也进一步提升外方员工对中国文化价值观的认知，以建立起一支融合了当地文化与中国文化的高素质的管理和专业技术人才队伍，保证中亚天然气管道项目的顺利完成与后续项目建设。

中乌、中哈合资公司人力资源部一方面负责落实中亚管道公司下达的培训计划，另一方面结合当地文化、商务和管理习惯以及海外项目工作需求制定培训方案并组织落实。中亚管道公司根据员工的不同管理岗位和知识需求，制定差异化培训方案，培训内容涉及技术知识、管理知识、社会文化以及语言。在培训人员的具体组织形式上划分为中方员工培训班、外方员工培训班以及中外方员工混编培训班，并且以中外方员工混编培训作为主要的培训方式，以促进双方员工的认同和融合，形成合资公司的"家"文化。

除培训外，中哈合资公司还开展了本科学历教育。由于哈国更高

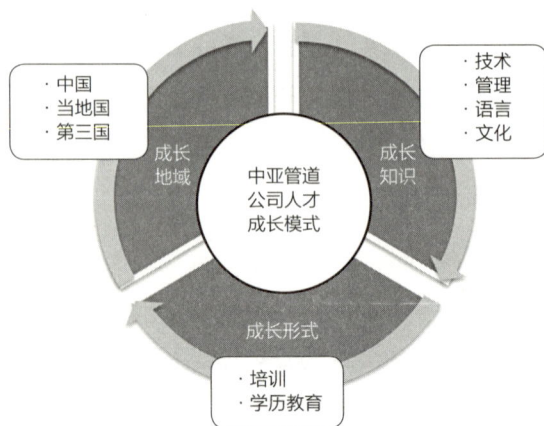

图9-12　人才成长框架

的对外开放度，中哈合资公司从长远考虑为公司培养和留住人才，实施了独具特色的学历教育。做法是从哈国当地选拔综合素质符合要求的年轻人到中国的大学中学习相关的专业技术知识，作为正式的本科生，遵从中国大学的教育规定，修完相关课程，由中国大学颁发毕业证和学位证，毕业后需要在合资公司服务相应的年限。人们都想去外面看世界的想法使这种做法在当地产生了很大的影响，打造了重视人才的中哈合资公司文化。

中亚管道公司先后办了多期培训班，选择合资公司建设、运营以及其他关键技术部门的人员来中国进行技术培训和语言文化培训，增进对中国的了解，消除偏见。培训过程中逐渐形成了培训员工的选拔制度、技术比赛文化、全方位培训评估等成熟的培训制度。中亚管道公司对中方员工的跨文化培训以半年脱产俄语培训为依托，主要包括四个方面的内容：对乌国和哈国民族文化的认知和了解、对文化敏感性和适应性培训、语言培训、冲突处理能力培训等。此外，中国石油大学在哈萨克斯坦建立办事处，与当地孔子学院、哈英技术学校合作开展长输管道的当地学历培训。

员工属地化是实现合资公司长期可持续发展的必然选择，同时也是实现中外双方利益共享和责任共担的必要手段。通过员工属地化管理模式，中亚管道公司的人才培养和配置更加科学合理。截至2015年底，合资公司入职人员中外方比例约为2：8，员工地域结构的国际化趋势更加明显。中亚天然气管道项目的建设促进了当地国人才的快速成长，中方通过组织合资公司外方人员在中国学习培训及参观交流，有效影响合资公司员工的价值观和行为方式，提升了外方管理水平，为母公司对合资公司的管控奠定人力资源基础，也为中亚国家人才的培养做出了突出的贡献。

9.7 中亚天然气管道AB/C线经验总结与应用：D线的策划与组织

9.7.1 D线项目概况

2011年土库曼斯坦提出，在已签署300亿立方米/年供气协议基础上，向中国增供250亿立方米/年的天然气。2011年11月23日，中土政府签署土国向中国增供250

亿立方米/年天然气的政府间协议，自此中亚天然气管道D线开始筹备。D线是继中亚天然气管道AB/C线之后又一条引进中亚天然气的大动脉，是我国西北能源战略通道的重要组成部分。2011年11月，中亚管道公司组织规划总院、中石油管道工程有限公司（简称管道工程公司）、中石油勘探开发研究院（简称勘探开发研究院）、管道局、中技开等单位共同开展了"中亚天然气管道D线工程预可行性研究"以及与之相关的天然气资源、控制性工程、安全风险和物流运输等四个专项课题的研究。D线成立以规划总院牵头、管道工程公司、勘探开发研究院、管道局、中技开参加的联合体，具体负责预可研和相关专题研究工作，并且在中亚管道公司成立预可研及专题研究工作领导小组和项目组，从整体上把控D线的预可行性研究的协调和管理。规划总院负责项目预可研和专题研究，同时负责联合体牵头和协调，承担其他相关部分的汇总和预可研总报告的编制；管道工程公司承担工程技术报告的编制、投资估算及相关调研工作；勘探开发研究院负责天然气资源专题研究报告的编制；管道局负责工程施工和运行专题研究；中技开负责管道路由、物流的专题研究。

AB/C线采用多管道同走廊敷设给管道的建设和运营管理带来了方便，但是大量进口资源集中于唯一通道也存在因政治因素、自然灾害、人为破坏等导致供气全部中断的潜在风险。在AB/C线建成运行过程中，乌国、哈国作为过境国，利用中亚天然气进口通道的唯一性以及我国对引进天然气资源的迫切性不断提升过境价码，增加管道的运输费用，抬高了中国从中亚进口天然气的成本；同时过境国合资公司50：50股权结构和分成的商务合作模式使得一半管输利润被过境国所获取，中方无法根本上获得管道经营的掌控权，不利于管道长期运营管理。

为实现中亚天然气进口通道多元化，D线并未沿AB/C线并行敷设，而是另辟蹊径，D线预可研报告提出了土、乌、塔、吉、中管道走向和土、阿、塔、吉、中管道走向两种路由方案，但后期考虑到阿富汗严峻的国内形势，阿富汗短期不具备建设条件，可研最终确定D线起自土库曼斯坦，途经乌兹别克斯坦、塔吉克斯坦和吉尔吉斯斯坦，最终从中国南疆的乌恰县入境。D线全长966km，管径1219mm，输气压力为12MPa，设计输气量为300亿立方米/年，D线中直缝管和螺旋管均有使用。D线的实施能够打破现在单一通道的限制，构筑新的利益格局和战略合作伙伴关系。同时新的路由大幅缩短境外输送距离，降低投资运行的费用和土国天然气运送至中国边境的到岸气价。D线的建设促进中方与中亚其他国家的合作与交流，推动中国与中亚数国的能源外交。

D线项目已完成过境国相关协议的签署，项目公司组建也已经完成。可研、勘察、初步设计等前期准备工作基本就绪。2013年初中亚管道公司完成D线的可研报告，2014年9月13日，上合峰会期间，在中国和塔国领导人的见证下，中亚天然气管道D线塔吉克斯坦段举行开工仪式。但是由于国内天然气消费增速下滑，市场发育滞后，D线建设和运行计划暂时放缓，原定于2016年年底的通气计划也延迟。但是因为D线各项目公司都已经成立，项目公司中也有中方和当地员工维持着日常运营，D线建设和运行计划虽然暂时放缓，但是前期的策划和初步设计都在不断完善。目前，根据天然气市场情况的变化和经济形势的好转，综合各方面因素考虑，D线建设重新启动。实现管道数字化是D线建设的一大特点，其主要思路在于：结合全生命周期的数字化管道理念，做好总体规划和顶层设计，统筹推进。已开展的工作主要体现在数字管道建设工程招标、工作界面、技术方案及组织领导等方面。

9.7.2　D线项目组织和运作

（1）分国分段建设和运营

D线选择了乌国、塔国和吉国作为过境国，虽然每个国家的具体情况各有不同，但是由于同样位于中亚地区，中亚五国还是有很多共性的特点。中亚地区自然资源的分布不均衡，经常引发国家间的矛盾与冲突隐患。近年来，乌、塔、吉三国矛盾冲突不断，能源安全和水资源安全问题愈发突出。以乌、塔、吉国作为D线的过境国，跨境协调需要大量的工作。

中亚管道公司在分析D线管道项目特点的基础上，对面临的经营环境、经营目标及责任和使命进行全面分析，从过境国之间关系、项目完工目标、谈判时间成本以及确保各国利益等方面看，与AB/C线一样，D线同样采取分别与乌、塔、吉三个国家签署政府间协议和企业间协议的方式，降低与过境国谈判难度，并据此创建和实施包括合作协议、法人治理、制度建设、管理机制和法律风险防范在内的全要素的管理体系，有效减少了各方之间出现争议对天然气管道跨境带来的不利影响。中亚管道公司最开始成立D线整体工作组负责D线前期准备工作，在项目开展之后拆分成不同的工作组分别负责乌、塔、吉国的商务谈判和工程建设工作。中亚管道公司与乌、塔、吉三国分别组建的项目公司（乌、塔国为合资公司；吉国为中方独资公司）已经成立，可研、勘察、初步设计等前期准备工作基本就绪。

（2）D线项目公司股权结构和管理

在项目公司创立和管理方面，D线借鉴了AB/C线管道建设运行中合资公司的管理实践，并在原有基础上进行了改进和创新。AB/C线由中亚管道公司和乌国、哈国国内的石油公司成立合资公司，而在D线中，中亚管道公司首先在香港成立中亚天然气管道（香港）有限公司，由中亚天然气管道（香港）有限公司与乌国、塔国共同投资成立合资公司，而在吉国则由中亚天然气管道（香港）有限公司出全资注册成立中方独资公司，如图9-13所示。

在香港成立离岸公司能够适用一些税收优惠政策，降低管道运行成本；同时管道作为境外资产，在后期有境外资产保全的法律基础，比中亚管道公司直接注资入股更加有利，避免了在后期采办、施工方面的一些法律阻碍。在吉国，中方争取到由中方成立独资公司全权负责D线的建设和运营。独资公司的方式是D线相比于AB/C线的新实践，需要提前做好前期规划防止后期出现问题，与吉国政府有效的沟通协调是独资公司在后期面临的棘手问题。

（3）项目公司管理实践

中亚天然气管道D线项目仍然分国分段建设和运营，项目公司包含两个合资公司（中乌和中塔合资）和一个独资公司（吉国由中方独资）。项目公司中的中方人员不仅履行项目公司的职责，还需要承担中亚管道公司对项目的监督和引导职责，由此形成了一个"海外分公司"的机构，以使中亚管道公司能够时刻把控大的方向，确保项目顺利建设和运营。D线项目公司的岗位多数实行聘用制，而非在AB/C线中的任命

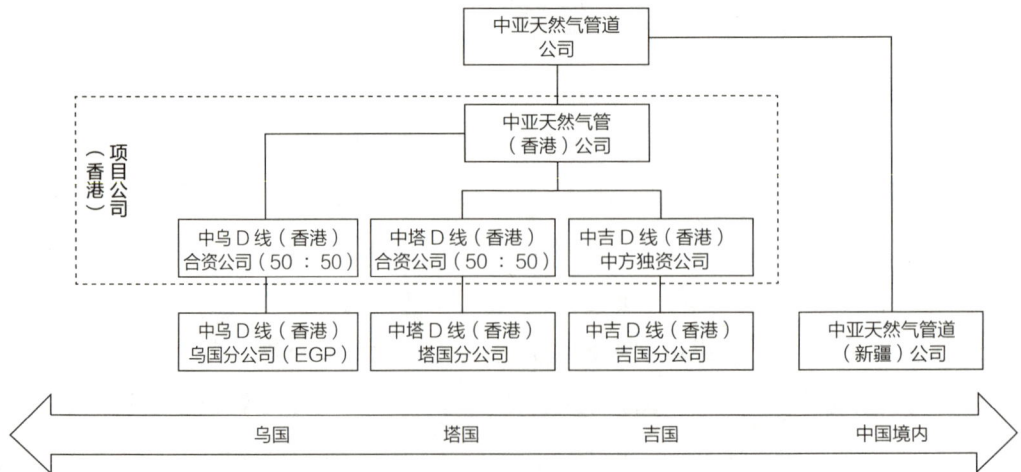

图9-13　D线项目公司组织结构图

制。员工需要通过笔试和面试才能正式入职，确保了员工的整体素质，也使得中方人员能够占据公司中的重要职位，发挥中方的引领作用。

在AB/C线税收筹划管理实践中，虽然在签署政府间协议和企业间协议过程中争取到一些税收优惠，但是在后期执行时也遇到一些障碍。在哈国的一些增值税返还优惠项目在后期申请增值税返还时，受到哈国相关机构的阻碍，哈国行政人员借口增值税交纳程序不符合规定拒绝项目的增值税返还要求，为使得增值税优惠真正落实，中亚管道公司和合资公司做了大量的协调和整理工作。基于此，在D线建设中，中方与当地政府签订的政府间协议包括了税收稳定条款，明确约定今后法律变化不适用本项目，或者说合资公司争取到的税收优惠的这几个内容是永久不变的，这是高于本国法律的政府间顶层设计，能够避免法律变动带来的税收风险。

9.7.3　塔国项目进展

（1）投资环境和项目进程

塔国交通电力基础设施落后，企业货物运输常因气候及人为原因受阻，工程承包及投资项目的设备、原材料及产品成本较高，运输周期较长。塔国水资源丰富，占整个中亚的一半左右，位居世界第八位。塔国和乌国水资源之争使得塔、乌两国关系紧张，造成乌方领土的过境货物受到影响。塔国也存在一些不稳定因素，贫困人口较多、贫富差距较大、政府廉政建设有待提高，塔国对吸引外资政策的执行力不稳。塔国在1992年颁布的《投资法》中规定塔方员工不得少于70%，虽然在2007年颁布的《投资法》中取消了该规定，但是在实际执行中塔国政府通过投资协议等方式强行增加用工比例要求。塔国公民多半在俄罗斯打工，2015年俄罗斯经济形势严峻，大量在俄的塔国劳务失业回国，导致劳动力过剩，国家面对较大就业压力，塔国对外籍劳务人员入塔比例限制更加严格。

2014年3月4日，中塔签署了合资公司创建协议；2014年3月17日，中亚天然气管道（香港）有限公司在香港注册；2014年5月12日，中亚天然气管道（香港）有限公司与塔国合资注册中塔D线（香港）公司，同时成立塔国分公司，D线塔国段的建设和运营具备了法律主体。2014年9月13日，D线1号隧道开工，并在塔国举行开工仪式。但是由于之后我国经济环境，天然气需求增速放缓，市场发育滞后，而且中方与土国天然气价格一直未最终确定，D线并未全面开工，原定2016年年底建成通气的计划推迟。虽然由于一系列外部因素导致D线建设计划放缓，但是也因此能够在AB/

C基础上进一步完善管道建设的管理机制、组织结构以及设计方案。

（2）商务策划

基于AB/C线的经验，D线的前期规划得以更好地完成。2013年，中方与塔国就D线塔国段的建设和运营相关协议进行了一系列的谈判。塔国财力基础薄弱而D线塔国段建设投资约占塔国GDP的一半，因此其对D线项目的期望很高，但是在谈判中中塔两国之间的利益博弈仍旧很激烈。

水资源之争加剧了乌塔两国的矛盾。2015年乌国曾断掉塔国天然气，导致塔国的天然气需求不能保障，中塔谈判时塔国希望能够下载天然气，以规避乌国的制约。但是中方与乌国的政府间协议明确规定不允许塔国沿线下载天然气，否则乌国不允许管道通过。中塔在利益博弈下，D线最终未能实现在塔国下气。但是在前期工作具体执行中，在塔国办理路由许可以及可研审批仍遇到了一些阻力。为解决跨国管道的协调问题，中方和塔方成立由塔国政府代表和中石油高层组成的高层协调委员会，在一定程度上促进了高层间的交流，保证了塔国政府对D线项目相关文件的顺利审批。

在合资公司股权结构、董事会决策机制和组织机构方面，D线借鉴了AB/C线的经验，保证了中方引领。在塔国依旧采用了合资公司的管理模式，中塔股权比为50∶50，中方通过PMT方式把控管道的建设。但是中塔合资公司采用了总经理负责制，而且公司职位采取招聘制，保证中方能够在关键岗位上发挥引领作用。税收优惠对项目投资管理有重要作用，但是税收筹划需要提前开展，并争取获得当地国议会的批准，防止后期法律变更带来的风险。中塔签订的投资协议中规定了一项税收统一专项税，代替当地各类税种的繁杂计算，简化了税收管理。投资保护协议还将之前签订的政府间协议的其他优惠落地，并获得议会批准，同时规定该投资协议效力高于当地的法律，并且塔国之后的法律变更不涉及该投资协议。

（3）技术难题

塔国多山、多隧道、多河流、多地震，自然灾害频发，长输管道的地理环境恶劣，且涉及自然植被保护和水土保持，对长输管道施工造成了很大困难。D线塔国段全长391km，其中隧道长度达63.5km，管道沿线60%区域位于9级地震烈度区，对D线管道防震设计方面的要求很高。D线塔国段需要穿过42个山体隧道和1个水底隧道，需在塔国建设4个站场（1座塔乌边境计量站和3座压气站）和1座维抢中心，在首都杜尚别建立管道调控中心监控和控制管道运行。D线塔国段建设尤为突出的特点就是管道建设的技术难题。而且很多路由具备唯一性，如果失败则没有替代方案。在塔国段的设计阶段中，工作人员采取多种技术创新方案，并从多方面进行论证，努力做到科学决策，提前考虑当地的环保要求，并专门开展了专题立项研究解决塔国段技术难题。D线塔国段于2016年年底基本完成隧道的详勘，2017年7月塔国的初步设计基本完成。

9.7.4 吉国项目进展

（1）投资环境和项目进程

中亚天然气管道D线吉国段全长215km，建有1座压气站，是D线海拔最高的地区，建成后将是吉国最长的现代化天然气数字管道。十几亿美元的总投资将大幅推动当地经济发展、拉动吉国内需；在建设和运营期，预计直接或间接创造近千个工作岗位；将引进国际上公认的先进技术标准、规范，可为吉国积累宝贵的天然气管道建设经验，培养一大批专业技术人才，提高当地员工素质，将推动吉国天然气管道工业的发展，因此，从吉尔吉斯斯坦中央政府到工程所在地的奥什州政府都对项目给予高度支持。吉国经济基础薄弱，缺乏支柱产业，政府部门也希望通过D线的建设和运营带来更多税收，解决更多人就业问题，能够更多利用当地资源，全方位带动本国天然气工业发展。

2013年9月11日，中吉两国政府签署关于中吉天然气管道建设运营的合作协议。2013年底，吉国议会批准此协议。2014年3月28日，吉国政府发布了关于中吉天然气管道的政府令，就政府间协议涉及的责任部门的工作予以安排。

2014年4月22日，中亚天然气管道D线吉国段可研报告提交给吉国政府审批。按照吉国相关法律，可研报告的正常审批需要3个月时间，涉及近10个政府部门。而中亚管道公司仅用2个月就完成了报批，这在吉国大型项目建设中极为罕见。吉国也是三个过境国中可研报告最先获得批准的国家。

2014年5月上海亚信峰会期间，中石油集团和吉尔吉斯斯坦政府能工部联合签署备忘录，中吉双方协商同意就D线成立高层协调委员会，并明确了双方委员会成员组成和工作机制，总体协调D线吉国段的相关工作。

（2）中方独资经营

吉国的特殊之处在于该项目在吉国设立中亚独资分公司作为管道建设和运行的主体，而不同于之前以及D线其他段采用的50：50股权比的合资公司模式。在与吉国谈判过程中，中方原本想沿用50：50股权比的合资公司模式，不过吉方人员对项目投资收益模型持怀疑态度，不肯轻易投入资本金，最终中亚天然气管道（香港）有限公司在吉国成立独资分公司负责建设和运营。但是吉国要求收取一项固定的特别专项税作为管道过境吉国的收益。如果特别专项税固定，管道建设和运行的效益与吉国的收益无关，不利于项目开展和后期运行，因此在中方的要求下，最终特别专项税与管输量挂钩，把吉国政府收益和项目经济效益绑定，更有利于D线的顺利实施。

这种公司管理模式有利有弊。中方独资可以确保中方在管道建设和运行中的绝对控制权，却不利于公司与当地政府的协调。而且吉国在中亚五国里面政体较为民主，政府权力较弱，各部委之间管理相对松散，本就不利于协调，因此独资公司与当地政府的协调会比D线其他段复杂很多。为解决这个难题，集团公司和吉国政府成立高层协调委员会推动项目开展，独资公司内部也聘用吉国当地有经验的高级顾问，专门负责与政府的协调工作，借助当地力量进行管理将在一定程度上缓解协调难的问题。

（3）征地管理

征地工作是项目建设的基础和前提。吉国土地多为私人土地，而且吉国南方民风彪悍，征地工作经常受到阻碍。汲取AB/C线征地的经验，在与吉国签订政府间协议时，从顶层设计上由吉国负责提供土地，并给项目提供便利。虽然当地政府权力较弱，但是由当地政府牵头协调会更有利于征地工作的进行；在高层协调委员会下又单独成立了征地委员会，由中吉双方人员共同开展征地工作。

在征地工作开展前，工作人员对管道沿线土地进行了详细的调研，就吉国的征地问题查阅了大量的资料；在征地工作中，引入了第三方征地评估机制，先由吉国第三方机构评估，然后以村落为单位，通过当地政府召集私人土地所有者一起进行谈判，提高了工作的效率。2017年4月，吉国的征地工作基本完成，吉国政府出具了土地移交的政府令。

（4）完善QHSE体系

科技代表着一个公司的实力。中亚天然气管道D线吉国段建设将采用国际上最先进的设计标准和先进的计算软件，使用高强度钢管和先进的防腐层技术。D线全线采用先进的SCADA控制技术，应用大量遥感数据，并采用数字化管道理念，确保管道建设安全和平稳运行。

吉国社会治安状况不佳，敲诈和抢劫案件时有发生。2016年8月30日，中国驻吉尔吉斯斯坦使馆遭到恐怖袭击，造成使馆3人轻伤。吉国的风险级别为高I级，安全形势比较严峻。

D线吉国段被群山环抱，生态环境脆弱。作为跨国能源动脉的建设者，中石油首先确立了打造绿色管道的目标，严格遵循吉国有关环境保护法律法规，采用深埋敷设方式，对周边生态环境影响较少。中石油从设计源头抓起，根据施工现场的水文、地质、气候、地形、交通等因素，制定详细的质量、安全、环境体系文件。特别规定管道施工期内，通过采取分层开挖与回填，水、气、固、噪的污染控制，穿越河流、铁路及公路的防治，生态恢复、水土保持、敏感目标保护等措施，减少和消除对环境的影响。

9.8 中亚天然气管道建设实践启示

中亚天然气管道实施过程中，中亚管道公司坚持国际化的经营理念，以全球化视野保障中亚天然气管道项目顺利优质实施；坚持项目全生命周期管理，以全过程覆盖保障中亚天然气管道项目快速推进；坚持中方引领、责权利共享共担思想，实施多层次管控，保障中亚天然气管道项目创新。

中亚天然气管道项目为"一带一路"倡议的提出和制定发挥了先行示范作用，实施过程中积累的宝贵经验将伴随新丝绸之路绵延延伸，为中石油在"一带一路"倡议机遇期下的新型油气合作贡献实践财富。

9.8.1 全球化视野

经济全球化的浪潮将全球市场竞争与合作推向新的水平，项目的战略性地位决定了中亚天然气管道项目建设与运营的国际化和开放性。早在20世纪90年代，中石油便确定了与"走出去"战略的相匹配的资源、市场和国际化战略，在国际上先后形成了美洲、非洲、中亚俄罗斯地区、中东地区和亚太地区5个油气战略合作区，增加了国际化的管理经验与资源配置能力。中亚天然气管道项目作为中亚地区油气合作示范项目，借鉴国际化的技术和管理经验，进行全球资源配置，先后有20多个国家的专家和技术人员以不同形式参与到了中亚天然气管道项目建设当中，保障了中亚天然气管道顺利、优质地完成。

国际化经营是中国企业发展的必然趋势，建设好、管理好海外公司和海外项目，使之成为可以长期依靠的重要竞争优势，是中石油"走出去"战略的重要保障，也是应对经济全球化浪潮的重大战略抉择，而中亚管道公司是这一战略的践行者。中亚天然气管道项目的国际化标准、国际化项目管理模式、国际化人才以及国际化的资源配置都让这条跨国管道有了更为明显的国际特色，也是中亚管道公司迈向国际化的第一步。

（1）国际化标准。中亚天然气管道项目将国际先进标准引入设计工作，通过标准研究与技术交流将项目采用的技术标准确定为"当地标准以及不低于当地标准的国际标准"，由此将具有世界先进水平的中国标准用于中亚天然气管道建设，助力中国标准走出去，同时也切实解决了项目的管材供应问题，争取了宝贵的时间。

（2）国际化项目管理。中亚天然气管道项目采用国际上先进的项目管理模式，充分利用国际咨询力量和监理公司的技术优势、权威性以及强势的管理理念和机制，对建设过程实施全方位的监督管理。国际项目管理理念和做法的引入，消除了外方的一些不合理诉求，为保证项目质量、提高项目管理水平、快速平稳推动项目提供了支持。从项目承包商、供应商和咨询方到项目工作人员，中亚天然气管道项目充分利用国际资源，实现了中方引领下的多方协同。

（3）国际化人才。人才国际化是经济全球化导致人力资源在全球范围内流动的必然结果。中亚天然气管道项目充分利用集团公司"走出去"战略积累下的国际工程管理实战型人才。通过实践锻炼，中亚天然气管道项目也培养了一批具有国际化管道建设与经营管理经验的人才。

（4）国际化资源配置。中亚天然气管道项目搭乘经济全球化的快车，充分利用国内外资源，实现全球资源配置：通过管道局、CPECC、KSS和ZEROMAX保障线路施工建设；通过中国、俄罗斯、乌克兰管材生产厂保障钢材供应；通过国际管道咨询公司（德国ILF）和第三方监理（英国Moody）参与项目管理，确保设计方案、项目管理达到国际先进水平，保障工程质量可靠；通过Solar、Siemens、Honeywell等厂商保障设备物资供应。

从中方的角度讲，中亚天然气管道项目作为中方海外投资项目，在完成资本输出的同时，实现了中国技术标准的输出，实现了产品、技术和合规标准"走出去"，同时伴随着对当地员工的技能培训带来的教育输出和文化输出。借助中亚天然气管道项目，中方参与并影响了全球资源配置，积累了资源输出与国际化合作经验，提升了中亚管道公司的国际化影响。

9.8.2　全过程覆盖

中亚天然气管道AB线建设时间紧、任务重，中亚管道公司积极引导，先谋而后动，采用过程集成和并行工程思想，进行全过程集成化顶层设计，实施全生命周期进度优化、投资优化以及质量与HSE管理，识别并应对影响项目顺利实施的关键风险，通过对项目前期准备与谈判、设计、采购、施工和运行等关键活动进行重组和优化，排除了影响过程效率的障碍，实现了预期的工期目标。

（1）全过程进度优化，保障工期目标。通盘考虑，不囿于教条的程序，在遵循项目建设基本规律的条件下，勇于突破、大胆创新，通过有效配置资源，实现了多个工序的深度交叉与并行执行，保障了关键节点按时完成。

（2）全生命期投资优化。通过前期投资控制、招标价格制衡以及深度压缩费用等系列优化措施，完成了项目设计、采购、施工各个阶段的投资控制和费用控制，并在整体上把握项目全生命期的投资规划，优化项目投资节奏。

（3）持续的质量和HSE管理。建立涵括建设经营全过程的QHSE管理体系，实行从驻场监造、运输到施工安装质量检验层层把关，对工程质量进行持续性的保障。

（4）全过程风险管理。全过程风险管理的思想与手段是应对项目复杂性与不确定性的关键。中亚管道公司按照实施"分段分国建设和管理"的思路，筹划了从项目前期工作到建设、运行阶段的全过程法律管理要素，理顺各方法律关系，搭建了涉及政府间协议、企业间协议以及合资公司法律文件的项目法律文件体系，合理有效地规避了项目法律风险，为项目的开展和运行奠定了可靠基础。项目建设和运行过程中，中亚管道公司不断增强项目风险抵御能力，建立分国别、分项目、分业务，涵括经营、财务、法律等方面的风险数据库并不断规范风险管理流程、持续完善内控管理制度，形成"风险识别与评估——风险策略制定——风险应对与控制——监督与考核"的风险管理闭环，对项目建设与运营期间的风险进行全面管理。

全生命周期管理的思想为中亚天然气管道项目提供了覆盖设计、建设和运行全过程，涵括进度、投资、质量和风险各方面的管理优化。考虑到合资公司的对等股权及项目环境的复杂性以及由此导致的风险，中亚管道公司未雨绸缪、统筹协调，把管道的建设和运行看作一个整体，提前谋划，积极准备合资公司运行权的谈判以及运行协调委员会的策划，同时提前开展完善的试运行组织准备和技术准备，建立了高效、职责明晰的多边运行协调机制，为中亚天然气管道项目从建设期向运行期的平稳转换提供了有力的保障。

9.8.3　多层次管控

中亚天然气管道项目主要由中方投资，按时、保质并在预期投资额内使项目建成并投产是中亚管道公司的核心目标。面对工期、资源、资金、质量等方方面面的潜在风险与现实困难，举集团之力实施从政府、集团、投资方到项目合作伙伴的多层次有效管控是实现核心目标的基础。中亚管道公司通过多层次的管控机制创新，实现了对项目投资与建设过程中核心风险的有效管控，保障了项目的快速建成与平稳运行。

（1）政府层

中、乌两国政府和中、哈两国政府就中亚天然气管道项目分别签署了政府间合作协议，而中、乌两国企业和中、哈两国企业以政府间协议为基础就中亚天然气管道项目分别签署了企业间合作协议，为中亚天然气管道项目的合规实施奠定了制度基础。也由此形成了中亚天然气管道项目的责任、权力和利益共同体和"双边协议+多边协作"创新治理机制。

（2）母公司层

中石油是中亚管道公司的母公司，也是中亚天然气管道项目贷款的担保方，其作为项目的核心利益相关者，更加关注项目的进展。中石油利用其影响力和权威，动员了政府机构、国内合作伙伴和集团内部的全部力量，为中亚天然气管道项目扫清障碍，助力护航。

（3）投资方层

中亚管道公司既是该管道项目的主要投资方，同时也是中乌和中哈合资公司的投资方。在股权对等情形下，运用共商、共建、共享的合作理念，通过谈判获得了项目建设期的控制权，同时运用"海外项目部"的影子治理机制有效行使建设期的控制权，实现了中方引领。

（4）项目层

中亚天然气管道项目的核心利益相关方包括业主（合资公司）、咨询方（可研和勘察）、PMC、TPI、承包商、供应商等，中亚管道公司实施国际化管理，创新项目管理模式，引入发达国家的PMC和TPI，利用其先进技术和权威性，充分发挥并引申其角色作用，说服外方合作伙伴，创新项目技术方案："单线变双线，直缝变螺旋"，促成中国标准的输出，实现了管材资源的可控。

中亚管道公司不断融入并强化风险管理思想,高度重视公司和项目的风险管控,建立了"以风险为导向、以控制为手段、以制度为平台、以流程为保障"的内部控制体系并落实到公司总部、合资公司和中方项目等各层次。1)以风险为导向。紧抓风险管理文化建设这一风险管理体系的灵魂,引导广大员工树立正确的风险管理理念,增强员工风险管理意识。在公司总部各部门、中方项目和合资公司,通过多种形式深入、持久地宣传道德诚信准则和风险意识,进行正反两方面的风险管理案例教育,针对不同对象,开展风险管理培训。2)以控制为手段。中亚管道公司持续建立健全风险管理组织体系,根据《中央企业全面风险管理指引》的要求,实现涵盖中亚管道公司、合资公司、中方项目的多层次风险管理。其中,中亚管道公司设有内部控制与风险管理委员会和下设办公室、风险业务归口管理部门主管风险管理,其他部门负责各自业务领域的风险管理工作;合资公司和海外项目部参照中亚管道公司建设符合自身发展的风险管理组织体系,负责所属管理范围内的生产和运营风险管理工作。各级风险管理机构设有风险管理负责人及风险管理联络人,合资公司专设风险管理归口管理部门,为及时有效的风险管控提供了分工明确的组织支持。3)以制度为平台。为提高风险管理的规范性,中亚管道公司先后发布了《中亚管道有限公司全面风险管理指导意见(试行)》、《风险损失事件管理办法》、《流程管理实施细则(试行)》、《风险损失事件实施细则》等管理制度,在公司总部层面强化内控管理制度、编制内部控制管理手册,并实现对合资公司层面风险评估和管理办法的审查批准。4)以流程为保障。中亚管道公司建立并完善内控管理流程并将其推广到海外合资公司,分国别、分项目逐步推进内控体系落地,健全海外内控管理机制。以简洁、准确和高效的内控管理流程梳理管理不畅、职责不清的业务范围,优化各级归口管理情况,保障了项目建设运行的风险控制标准化并提升了公司管理水平。

中亚天然气管道项目是中亚管道公司在复杂和不确定的项目环境下,站在全球化的高度,在共商、共建跨国工程共同体以及共享利益的理念指导下,通过全过程覆盖和多层次管控,在"智慧+拼命"精神鼓励下发挥超强适应性,优质、快速和创新地完成了中亚天然气管道项目(图9-14)。

在"中方引领,真诚合作,实现共赢"的控制思想下,中亚管道公司基于组织管理模式和管理思想的顶层设计,着力发挥其适应性,逢山开路、遇水搭桥,解决了影响项目顺利实施的一个个"拦路虎",在组织与环境的互动中完成了不同层面的制度突破与创新,体现了中国国际工程公司的国际竞争力。

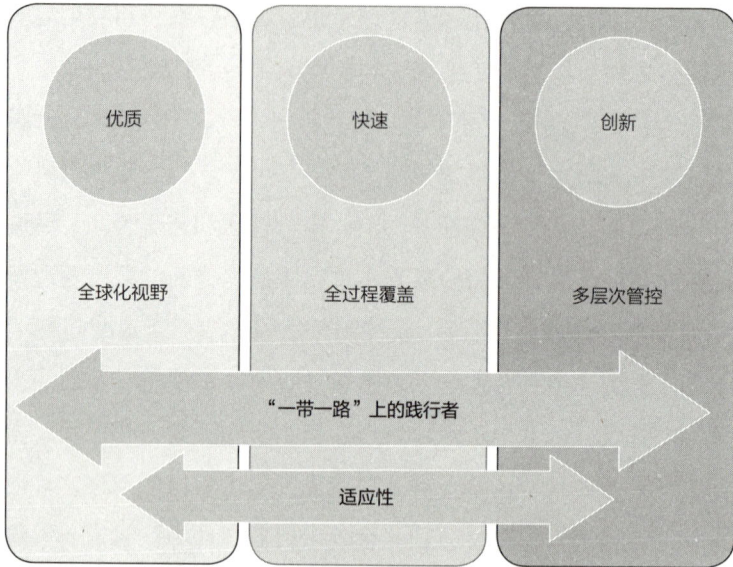

图9-14　中亚天然气管道实践启示示意图

　　权变理论认为，管理中并不存在通用的最好方法和普遍适用的组织结构形式，一个组织的结构形式要因时、因地、因任务、因人、因环境而异，企业应该根据自己的特点和条件、所处的背景和环境、业务性质和经营战略，对管理模式和组织结构作灵活的变通和差异化管理。中亚天然气管道AB线的建设是在紧迫工期压力下的风险应对最佳实践，对中亚天然气管道投资与建设过程和做法的理解一定要建立在这一特殊的情境之下。中亚管道公司AB线建设过程中特事特办、急事急办，充分发挥公司的适应性与"大中方一体化优势"，通过全球资源配置保证工期目标的实现。AB线建设之后，在工期压力放缓的情况下，中亚管道公司深刻总结反思，形成了标准化、规范化的项目管理制度和项目管理体系，在保留和发扬其适应性的基础上总结形成一般管理规律，为提高公司的项目管理水平和不确定性应对能力提供了"全球化视野、全过程覆盖、多层次管控"的宝贵借鉴，也为中亚管道公司结合项目特点对未来项目实施差异化管理提供了理论基础。

主要参考资料

[1] 纪红建，路小路. 决战中亚——中亚天然气管道建设揭秘[M]. 北京：作家出版社，2012.

[2] 孙波. 快速优质创新——中亚天然气管道工程管理成功之道[M]. 北京：石油工业出版社，2014.

[3] 王保群，林燕红，韩坤. 浅谈中亚天然气管道项目特点及管理经验［J］. 国际石油经济，2014（2）.

[4] 张少峰. 中亚管道论文集［M］. 北京：石油工业出版社，2016.

[5] 中亚天然气管道有限公司. 中亚管道公司建设项目管理手册.

[6] 中亚天然气管道有限公司. 中亚天然气管道工程自评价报告（A/B线）.

[7] 中亚天然气管道有限公司. 中亚天然气管跨国运营管理创新与实践.

[8] 中亚天然气管道有限公司. 基于复杂环境的中亚天然气管道工程目标、组织与过程集成管理创新成果报告.

[9] 中亚天然气管道有限公司. 中亚-中国天然气管道D线预可研报告.

[10] 中亚天然气管道有限公司. 中亚-中国天然气管道工程申请报告.

[11] 中亚天然气管道有限公司中哈项目. 中亚天然气管道C线工程（乌哈边境-霍尔果斯段）自评价报告.

[12] 中亚天然气管道有限公司. 跨多国输送天然气实施的管理实践[J]. 中国石油企业，2016（11）.

[13] 中国石油天然气集团公司. 油气管道建设项目后评价报告（中乌管道C线）.

[14] 中亚-中国天然气管道C线工程可行性研究报告-经济分析报告.

[15] 段运峰，李永奎，乐云，钱丽丽. 复杂重大工程共同体的社会结构、网络关系及治理研究评述. 建筑经济，2012（10）.

[16] 张秀华. 工程共同体的结构及维系机制. 自然辩证法研究. 2009（1）.

[17] 李伯聪. 工程活动共同体的形成、动态变化和解体——"工程共同体"研究之四. 自然辩证法研究. 2010（1）.

跋

POSTSCRIPT

　　大型海外投资与建设项目的实施过程是一个极其复杂的专业化交易过程。作为中石油从事海外投资与建设的一个"老国际人"，建立我们自己规范与完善的国际投资与建设项目管理知识体系，一直是我自己的梦想。这一梦想来自于我个人在20世纪90年代末参与中石油苏丹石油开发项目时的体会和感悟。当时在与其他国际跨国公司合作过程中，在对项目管理方案决策进行谈判时，对方往往能迅速拿出一套管理方案，而由于国际管理经验和知识的不足，我们也只能被动的接受或给出零星的建议，很难掌握项目管理中的主动权。经过中石油人二十多年的努力，从非洲到美洲，再从中东到中亚，在一系列项目实践中，我们日益接近这一梦想。在学习国际先进经验的同时，通过不断对海外项目实践总结、提高、创新，我们逐步建立了属于自己的投资项目管理体系，使我们海外投资项目的建设管理更规范、有序和高效。这本书就是对中亚天然气管道投资与建设的宝贵经验的一个全过程记录和总结。

　　中亚天然气管道项目是一个多约束条件下的复杂决策与实施过程，有着特殊的时代背景。为了顺利完成这一"工期紧、任务重"的战略项目，在前期整体筹划、投资决策、设计方案、工程实施、试运投产的全过程中，中石油人所展现出的"全球化视野、全过程覆盖、多层次管控"管理格局，很好地诠释了"智慧+拼命"精神。所竣工的中亚天然气管道AB/C线不仅是保障我国战略能源安全的重要硬资产，其投资建设过程中的经验结晶，甚至对某些做法不足的反思，经过系统总结与理论提升，更将成为中石油宝贵的"组织管理过程软资产"。这也是我们编写这本著作的初衷。

"一带一路"已成为我国发起的重要倡议，为我们未来投资国际能源项目提供了更为广阔的空间，同时也对我们提出更高的专业化管理要求。作为"一带一路"倡议的践行者，相信这本书所记录的中亚天然气管道项目的投资建设经历、所总结的项目经验以及管理理念，能为我国国际能源企业更好地驰骋于国际市场这个大舞台提供有益的借鉴。我相信，通过几代中石油人的不懈努力，不但我们能够接近和达到国际先进水平，我们的下一代将会引领国际先进水平。

中油国际管道有限公司总经理

2018年5月